NEWS

新闻写作技巧

苏伟 ◎ 著

中国人口出版社
China Population Publishing House
全国百佳出版单位

图书在版编目（C I P）数据

新闻写作技巧 / 苏伟著. -- 北京 : 中国人口出版社, 2022.1

ISBN 978-7-5101-8374-4

Ⅰ. ①新… Ⅱ. ①苏… Ⅲ. ①新闻写作 Ⅳ. ① G212.2

中国版本图书馆 CIP 数据核字 (2021) 第 260797 号

新闻写作技巧

XINWEN XIEZUO JIQIAO

苏伟 著

责任编辑 王建昌
装帧设计 魏大庆
责任印制 林 鑫 任伟英
出版发行 中国人口出版社
印 刷 三河市明华印务有限公司
开 本 710 毫米 × 1000 毫米 1/16
印 张 17.5
字 数 268千字
版 次 2022年1月第1版
印 次 2022年1月第1次印刷
书 号 ISBN 978-7-5101-8374-4
定 价 98.00 元

电子信箱 rkcbs@126.com
总编室电话 (010) 83519392
发行部电话 (010) 83510481
传 真 (010) 83538190
地 址 北京市西城区广安门南街80号中加大厦
邮政编码 100054

序　言

掌握各种新闻体裁很重要

——从把《诗经・氓》改写成新闻说起

笔者在《中国电力报》从事采编工作期间，有一次到一家企业采访，应邀与该企业的通讯员进行新闻写作交流。在交流时，有位通讯员拿着《诗经・氓》这首古诗，问笔者可不可以将之改写成消息和通讯。如果能改，怎么改？如果就此文配发评论？怎么写？对这个问题，笔者进行了仔细思考。笔者觉得可以通过回答这个问题，让通讯员朋友们更好地掌握消息、通讯和新闻评论的写作技巧。

《诗经・氓》是中国古代第一部诗歌总集《诗经》中的一首长篇叙事诗。这是一首弃妇自诉婚姻悲剧的长诗。诗中的女主人公以无比沉痛的口气，回忆了恋爱生活的甜蜜，以及婚后被丈夫虐待和遗弃的痛苦。全诗六章，每章十句。第一章，追叙自己由初恋到订婚；第二章，叙述自己陷入情网，冲破了媒妁之言的桎梏而与氓结婚；第三章，她对天真少女现身说法，规劝她们不要沉醉于爱情，并指出婚姻中男女的不平等；第四章，对氓的负心表示怨恨，她指出，这不是女人的错，而是氓的反复无常；第五章，接着追叙她婚后的操劳、被虐待而自伤不幸；第六章，斥责氓的虚伪和欺骗，坚决表示和氓在感情上一刀两断。此诗通过弃妇的自述，表达了她悔恨的心情与决绝的态度，深刻地反映了古代社会妇女在恋爱婚姻问题上备受压迫和摧残的情况。原诗如下：

氓

氓之蚩蚩，抱布贸丝。匪来贸丝，来即我谋。送子涉淇，至于顿丘。匪我愆期，子无良媒。将子无怒，秋以为期。

乘彼垝垣，以望复关。不见复关，泣涕涟涟。既见复关，载笑载言。尔卜尔筮，体无咎言。以尔车来，以我贿迁。

桑之未落，其叶沃若。于嗟鸠兮，无食桑葚！于嗟女兮，无与士耽！士之耽兮，犹可说也。女之耽兮，不可说也。

桑之落矣，其黄而陨。自我徂尔，三岁食贫。淇水汤汤，渐车帷裳。女也不爽，士贰其行。士也罔极，二三其德。

三岁为妇，靡室劳矣。夙兴夜寐，靡有朝矣。言既遂矣，至于暴矣。兄弟不知，咥其笑矣。静言思之，躬自悼矣。

及尔偕老，老使我怨。淇则有岸，隰则有泮。总角之宴，言笑晏晏。信誓旦旦，不思其反。反是不思，亦已焉哉！

《氓》是一首距今2700余年的民间歌谣，有些字句晦涩难懂，为了便于理解，将原诗翻译如下：

小伙走来笑嘻嘻，抱着布匹来换丝。
可他不是真换丝，借此商量婚姻事。
那天送你渡淇水，送到顿丘才告辞。
非我有意误婚期，你没托媒来联系。
请你不要生我气，订下秋天为婚期。

登上残缺破城墙，遥望复关盼情郎。
望穿双眼看不见，焦急伤心泪涟涟。
既见郎从复关来，又说又笑乐开颜。
你已求神又问卦，卦上没有不吉言。
赶着你的马车来，快将我的嫁妆搬。

桑树叶子未落时，嫩绿润泽又繁盛。
小斑鸠呀小斑鸠，千万莫要吃桑葚。

年青姑娘听我言，别把男人太迷恋。
男人如把女人恋，说甩就甩他不管。
女子若是恋男人，就会永远记心间。

看那桑树叶落时，枯黄憔悴任飘零。
自从我到你家来，多年吃苦受贫穷。
淇水滔滔送我回，溅湿我的车幔裳。
我做妻子没过错，你的行为却两样。
反复无常没准则，前后不一真缺德。

成婚多年守妇道，全家事务我操劳。
早起晚睡不怕苦，累死累活非一朝。
你的愿望都达到，翻脸对我施残暴。
兄弟不知我处境，见我回家乐得笑。
仔细考虑反复想，只有独自把心伤。

当年你说共偕老，这样到老使我怨。
淇水虽宽有堤岸，沼泽虽阔有涯畔。
回忆两小无猜时，说说笑笑乐得欢。
海誓山盟犹在耳，未料你却把心变。
誓言全都忘一边，从此分手不相干。

（《诗经》，中华书局2006年9月第1版，王秀梅译注，第82~86页）

要将之改成新闻，我们首先要弄清楚新闻的六要素该诗是否齐全。这六个要素就是时间、地点、人物、事件、经过、结果。仔细分析这首叙事诗，可以看出，该诗这六个要素并不齐全，故事发生的时间没有具体到年月日，女主人翁的身世姓名没有交代清楚，地点不详细。除此之外，其他的要素都具备。假定是新近发生的事实，将主人公的身世情况等要素补充完整后，完全可以写成消息和通讯。

如果按照当今消息的写作要求，为都市类报纸写稿，可以将这首诗歌这样改成消息：

曾经的海誓山盟受不了岁月的杀猪刀

一纯情女被渣男丈夫始乱终弃

本报讯　×年×月×日，一结婚数年之少妇，不堪丈夫家暴和背叛，深悔自由恋爱之非，果断与其分手。

据悉，该少妇名为×××，为×××之女，数年前初夏，女在街头卖丝，一个名叫“氓”的男子，借买丝为名，向她苦苦追求，×××（女子姓名）见其外貌敦厚，不久便倾心相爱。

×××（女子姓名）嫁到男家后，始知男家经济情况不佳，但因深爱对方，早起晚睡，辛勤操作家事，数年如一日，没想到丈夫却嫌她年长色衰，逐渐变心，她越顺从，丈夫的脾气越大，再也不以往日的海誓山盟为念，女既伤心，又后悔，经过漫长的煎熬，最后痛下决心与她的丈夫分离。

女子离婚后，她的兄弟才知她在婆家过着牛马不如的生活。

这条消息采用双行标题，引题带有评论性质，主标题直接陈述新闻事实；第一段是导语，引导读者读下去；中间一段是消息主体，告诉读者事情的经过和结果，其间还有背景交待；结尾则补充新的新闻事实。可以说，这么写中规中矩。笔者这么改后，很多通讯员朋友都觉得很受启发：原来消息应该这样写。为什么有这种感觉？笔者不过是严格按消息写作的要求写作罢了。在本书的上编，笔者将用大量的具体事例示范讲解消息的各个部分，以帮助大家提高消息写作水平。

如何将这首诗歌改写成通讯？在没有补充其他材料、细节的情况下，笔者也做了尝试。下面是改写的通讯全文：

此恨绵绵无绝期

×××（女子姓名）还记得，那一年（具体年代）的初夏，氓来她位于××地方的店铺买丝的情景，他哪里是来买丝啊，他分明就是来勾搭她的呀！在氓敦厚的外貌吸引下，×××（女子姓名）无可救药地堕入了爱河。她哪里知道，她迈进的是一个注定没有结果的婚姻！她伤心，可她只能独自垂泪；她后悔，可世上没有后悔药！

其实，他们的爱情开头还是蛮甜蜜的。那一天（×年×月×日），氓没事找事借买丝的名义来搭讪她，一来二去，两人熟悉了，相爱了，连短暂的分开都不能忍受，真个是郎有心，妾有意：天很晚了，他要回家，她对他难舍难分，送他渡过淇水，一直送到他家附近。他几天没来找她，她急得抓耳挠腮，登上高地向男子住所复关眺望，看不到男友便泪流不止，看到他后，她高兴得又笑又跳。在他们陷入爱河如胶似漆的时候，她恨不得早点嫁给她，甚至还埋怨氓没有找好媒人来说媒。

出嫁前，氓的家人为他们的婚事卜卦求神仙，卜筮的结果大吉大利。于是，双方家里约定了婚嫁日期。出嫁的那天，氓人逢喜事精神爽，逢人又说又笑，喜洋洋地从复关赶着马车来迎亲，而女方家里也为她准备了丰厚的嫁妆。

她陷入爱河的时候，一点也不关心氓的家庭条件，嫁过来后才知道氓家庭条件一般。因为她爱氓，于是她无怨无悔地承担起繁重的家务活。春天来了，桑树吐出新芽，她采桑树叶养蚕，夜以继日抽丝剥茧为家人制作衣服。盛夏来临，桑叶像水浸润过一样有光泽，桑葚也成熟了，为了让贪吃的斑鸠少吃桑葚，她起早贪黑去采摘，与斑鸠拼速度。在干活的路上遇到其他的年轻男人，她怕他多心，都不敢与他们打招呼。

作为一名女人，她严守妇道，左邻右舍都称她是好媳妇，作为一名妻子，她辛勤操劳，都快变成黄脸婆了。在她的操劳下，家里的日子也一天天好过起来。她扪心自问对得起氓，对得起婆家，可是，渐渐地，她发现丈夫变了心，对她不再温柔呵护，而是轻则辱骂，重而殴打，并且氓还在外面有了女人。由于日子没法过了，她抽空回了趟娘家，把她的处境告诉了娘家人，她的兄弟开始不知道她的遭遇，现在知道了，都埋怨她早知今日，何必当初。结果，她欲哭无泪，欲诉无门，只能独自伤心。看到那些沉入爱河的少女，她真心奉劝她们，要擦亮眼睛认清自己的男友，不要被他们看似诚实的外表欺骗！

那一年（××××年）秋天，桑树的叶子开始枯黄，最后纷纷掉落了。在那个萧瑟的季节，不堪忍受氓的家暴和背叛的她最终与氓结束了这一段婚姻！

首先，通讯的标题很虚，符合标题的要求（通讯的标题可实可虚）。其次，整个文章通过记叙的方式，运用叙述、描写、抒情、议论等多种手法，具体、生动、形象地反映了男女主人公从相知相爱到相恨直至最终分离的故事。在改写的通讯中，笔者几乎没有增加新的材料，通讯员朋友们都觉得受益良多。

那么，可否以这个始乱终弃的故事（假定是当今发生的新闻事实）作为由头，写一篇新闻评论呢？笔者个人认为，就这个由头写一篇杂文是非常合适的。这样的杂文可以用含蓄的语言或夸张的手法，讥刺、嘲讽当今这种社会现象，并以这个具体的现实生活现象引出对整个社会爱情婚姻观的思考，深化人们的认识。通过精读本书的下编，多多练习，写篇像样的杂文应该不是难事。

举上面这个例子，笔者的本意是为了说明，学习新闻写作，掌握各种新闻体裁非常重要。

新闻体裁，是指新闻报道作品的规范化的基本类别和样式。根据新闻界的传统，一般将新闻体裁分为消息、通讯和新闻评论。虽然新闻事业的快速发展特别是新媒体、自媒体的诞生和发展，带来新闻报道种类的增多，新闻体裁也在发展和变化，但万变不离其宗，将这三种体裁掌握了，新闻写作时与时俱进并不困难。本书的上编、中编、下编就是按消息、通讯和新闻评论分别讲述。

需要说明的是，为了让大家更容易了解各种新闻体裁的特点，本书搜集了大量的范文。这些范文有些是国内外通讯社、报刊和网站的作品，其中很多获得过各类新闻奖或者入选过中学课本或新闻写作教材，范文的典型性毋庸置疑。另有部分范文是笔者所在媒体《中国电力报》上刊登的作品，主要是笔者的作品，所选范文也力求有代表性，旨在从实际操作层面来阐明问题，以使有志于新闻写作的朋友快速了解各种体裁的特点并进行学习模仿。

毋庸讳言，由于水平所限加之时间仓促，书中肯定存在瑕疵与不足甚至错误。有些新闻体裁或基本类别本书中阐述的不够准确或不够透彻，有的甚至没有涉及，比如新闻述评等。我们可以通过阅读其他的新闻写作教材来弥补。

不管我们掌握了多少新闻学理论，阅读了多少新闻写作范文，我们要牢记，只有一次又一次地实际采写练习，才能最终成长为一名优秀的新闻工作者。

苏　伟

2021 年 10 月 30 日于白广路 2 条 1 号

目　录

上编　消息写作

中编　通讯写作

下编　新闻评论写作

上编

消息写作

XIAO XI XIE ZUO

第一章　消息概述

第一节　消息的定义及分类

一、消息的定义

消息是最为重要的新闻体裁之一。它以简要的形式，及时地告知受众国内外新近发生的重要事情，是报社、通讯社、广播电台广泛使用的报道形式。

通常，重要新闻的传播，都首选消息这种体裁，产生传播的“第一印象”；发布完消息之后，才会是通讯、评论等其他新闻体裁的跟进，对新闻事件的报道求深、求广、求趣，以便给受众以更多的信息。

消息的特点：一是“新”，力求及时报道新近发生的事实；二是“短”，力求文字简明扼要，篇幅短小；三是“活”，即表现方法灵活，生动活泼。

消息一般由标题、导语、主体、背景和结尾组成，本编后面的内容主要按这五个方面讲解消息写作。

二、消息的分类

消息可以按不同的标准分类。

从报道内容上分类，消息可分为政治消息、经济消息、文教消息、军事消息、体育消息、法制消息、社会消息等；从报道事实的特点上分类，消息

可分为事件消息和非事件消息；从篇幅长短上分类，消息可分为标题消息、一句话消息、简讯、短消息、长消息等；从写作特点上分类，消息可分为动态消息、综合消息、典型消息、评述消息等。

消息分类标准的多样性导致消息种类的多样性。从写作的角度来看，有些分类对学习写作的帮助不大，实践中一种消息往往杂糅了多种消息的写法。从实用的角度来看，掌握了动态消息、综合消息、人物消息和会议消息的写作，其他消息种类的写作也就迎刃而解了。

1. 动态消息

动态消息也称动态新闻，主要报道当前已经发生、正在发生或处于不断运动状态的具体变化着的事实，如下面这篇消息：

我国完成世界首次5000米高海拔电气试验

本报讯　7月21日，在青藏高原唐古拉地区，国家电网公司在世界上首次完成了5000米高海拔电气间隙放电试验，这将为我国高海拔输变电工程的设计、电气选型等提供科学数据，也为即将投产运行的青藏联网工程搜集相关数据，积累电气高海拔运行经验。

运行中的输电线路在一定条件下可以通过空气对大地、铁塔进行放电，电气间隙放电试验就是研究不同电压、不同海拔、不同气候条件下的放电距离是多少，从而在输变电工程设计、电气设备制造中确定绝缘强度。此前，国家电网公司在西藏羊八井地区建立试验基地，对海拔4300米的电气间隙放电进行了有效研究，取得的成果能够满足输变电工程对这一海拔的要求。随着我国更高电压等级输变电工程在更高海拔地区的建设，有必要通过试验进一步校核理论曲线，从而安全可靠、造价经济地确定工程设计和建设。

即将建成投产的青藏联网工程最高海拔超过5300米。为取得与实际一致的试验数据，试验地点选在唐古拉山青藏联网工程线路走廊内。负责现场试验设备的康钧介绍，试验的气候、地形、海拔与线路运行工况完全一样，增强了试验的科学性和准确性。

本次试验从7月14日开始，试验开始时，唐古拉山天气晴朗，就连经常光顾的雨水也没有来到。试验现场搭起了两个高高的电压发生器和测量器，随着技术人员的调试，现场发出“啪啪”的放电声，技术人员认真记录着不同距离下的放电电压。

考虑现场试验的条件和难度，本次试验选用了可装卸的高压试验设备，可以将380伏的电源最高调压到3600千伏，能够模拟电气设备实际运行中的操作过电压和雷电过电压，通过对棒对板、棒对棒、导线对模拟铁塔塔头的放电，计算出这一海拔电气间隙放电的相关数据和曲线。

根据以前2000米、3000米、4000米不同海拔下的试验成果，结合现场高海拔、气候复杂的特点，这次试验准备充分，从事多年高电压、高海拔电气试验研究的中国电科院高压室主任李庆峰说：“这次5000米高海拔电气放电试验，将为我国乃至世界高海拔输变电工程的设计、建设和电气制造获取第一手资料，统计和分析出相关核心数据。”

（《中国电力报》2011年7月25日第1版，作者苏伟、赵博）

动态消息中有不少是简讯（短讯、简明新闻），内容更加单一，文字更加精简，常常一事一讯，仅几行文字。

2. 综合消息

综合消息也称综合新闻，指的是综合反映带有全局性情况、动向、成就和问题的消息报道。它报道的不是发生于一时一地的具体事件，而是对较长时间和较大空间范围的某一重要问题、某一方面工作进行综合报道。比如，《“飞蝗蔽日”的时代一去不返》（《人民日报》1977年10月24日）。又如：

贵州电煤紧张状况有所缓解

本报讯　在贵州省召开的电煤供应保障工作电视电话会并启动电煤供应一级响应3日后，记者从贵州经济和信息化委员会了解到，新出台的措施已经开始发挥作用，电煤供应紧张状况已有所缓解，但要根本解决电煤紧张状况还任重道远。

贵州虽是产煤大省，但每逢元旦至春节期间，电煤供应不上的情况仍时有出现。今年元旦后，受雨雪凝冻天气影响，电煤运输受阻，贵州有3家主力电厂电煤供应一度非常紧张，据1月7日贵州省政府新闻办公室举行的新闻发布会透露，1月6日，贵州省内统调电厂日耗煤量达13万吨，而日进煤量只有6万吨左右，已经有一些发电厂出现缺煤停机。

1月10日，贵州省电煤供应保障工作电视电话会议召开，从即日起，贵州省启动电煤供应一级响应，在全省范围内实行“计划安排、统一调配”临时紧急措施，要求保证全省每天17.15万吨电煤进厂，实现当日平衡。春节前，贵州要达到电煤库存550万吨的目标，各发电企业要保证15天以上用煤需求。各产煤县、乡确保辖区内所有煤矿春节期间不放假，增加煤炭产量。贵州省交通厅和各公路局及产煤县、乡要抓好落实，采取高速公路低速运行、加挂防滑链、在道路上撒盐撒沙等多种办法保证电煤运输。进一步加大电煤外运调控力度，想尽一切办法将电煤组织运送到电厂；所有火电企业停止机组检修，开足马力生产，绝不允许出现缺煤停机现象；全省电煤供应和电力供应进入计划安排阶段，由省政府下达电煤和电力供应临时计划指标；实行煤电挂钩指令性计划安排，凡不能保证电煤供应的地区和各县、乡，省政府将相应调减其电力供应量。同时，贵州还开始了应急存煤工作，立即下达第二批电煤补贴和奖励资金，再增加200万吨应急电煤储备。

1月14日，记者从贵州经济和信息化委员会了解到，临时紧急措施已见效果，再加上近几天雨雪凝冻灾害天气有所缓解，电煤供应紧张状况已有所缓解。

（《中国电力报》2011年1月17日第1版，作者苏伟）

3．人物消息

人物消息，即用消息这种体裁报道新闻人物的事迹、成就、行为、风尚或际遇的报道方式。需要注意的是，人物消息与人物通讯写法的不同。

下面是笔者写的同一个人物的一篇消息和一篇通讯，在《中国电力报》同一天发表（消息在第1版，通讯在第4版），大家可以通过对比，仔细体会报道人物时消息和通讯的不同。

贵州电网职工王军抗冰一线殉职

本报讯　在贵州遭遇新一轮强降温和雨雪冰冻天气袭击时，贵州电网公司从事起重司索工作的职工王军，放弃休假主动请缨，1月10日，在前往贵州毕节抗冰保电一线途中，因路面湿滑不幸发生车祸殉职，年仅35岁。

1月9日，贵州开始出现新一轮凝冻天气，清晨开始，省内不少地方大雪纷飞。看到天气不断恶化，可能导致贵州电网多条线路覆冰增加，当天正在换休的王军主动请缨，给贵州电网公司电建一公司送变电分公司经理张载猛打电话，要求前往抗冰一线工作。

1月10日，在乘车从贵阳前往毕节抗冰保电现场途中，在贵毕高等级公路修文县境内，因对面方向疾驰而来的一辆客车失控，王军乘坐的车被强烈撞击发生事故，造成他与驾驶员不同程度受伤。王军伤势严重，在被送往贵州省人民医院的途中，因胸腔出血抢救无效，于1月10日17时30分不幸牺牲。

王军殉职后，贵州电网公司相关领导立即安排善后事宜，并看望、慰问他的父母、妻儿。得知王军牺牲的消息，他的同事为之含泪惋惜，称他是好兄弟、好同事。

1998年，王军从部队转业到贵州电网公司下属的电建一公司机械工程处从事起重司索工作。十余年来，作为一名共产党员，他兢兢业业。2010年1月，他被调至电建一公司送变电分公司工作。

1月11日，中共贵州电网公司党组已追认王军为优秀共产党员，并号召全体职工向王军同志学习。（详细报道请见今日4版）

（《中国电力报》2011年1月13日第1版，作者苏伟）

王军：永远留在抗冰路上

感动心语：他是一位普通电力职工，在生命的最后时刻绽放着耀眼的光芒。

他，永远留在了抗冰一线，他的身影永驻贵州电网以及全国电力职工的心中。

王军，1996年6月加入中国共产党，1998年从部队转业分配到贵州电网公司电建一公司机械工程处工作，2010年1月被调到贵州电网公司电建一公司送变电分公司工作，由于冰冻灾害来临，他在换休期间主动请缨，要求前往抗冰一线。1月10日，在赶往抗冰一线途中，遭遇车祸因公殉职，年仅35岁。

1月10日，他的笑容，连同35岁的生命，永远留在了抗冰路上。

换休期间请缨上一线

今年元旦期间，王军在贵州电网公司香书塘变电站工地值班，此后，王军回到贵阳换休。1月9日晚，他打电话给贵州电网公司电建一公司送变电分公司经理张载猛，主动要求参加抗冰保电，张载猛同意他第二天前往毕节。

王军的母亲舍不得儿子在天寒地冻的时候出门，王军就安慰母亲："在单位这么多年，每次都是平平安安回家，寒冬腊月，冰雪天不稀奇，公司抗凝冻保供电是很光荣的工作，没事的。"

1月10日这天，雪出奇地大，早早就把屋顶和公路笼罩在一片白茫茫之中。

9时30分，王军搭乘送变电分公司的车，从贵阳出发赶往毕节抗冰保电现场。

11时5分左右，在贵州修文县路段，后方一辆白色微型面包车忽然超车呼啸而过，送变电分公司驾驶员放慢车速尾随其后继续行驶。这时，对面一辆中型客车快速驶来，眨眼工夫，微型面包车车头与客车尾部突然剐蹭碰撞，客车车头因尾部受撞击而失控，改变方向向位于正常行车道内的王军所在车辆迎头撞来……

王军被立即送往修文县百信医院，被诊断为心包出血、胸腔出血，15时左右，王军被送往贵州省人民医院抢救，但他的心跳越来越弱、血压越来越低。虽然贵州电网公司领导专门安排电力医院专家急赴贵州省人民医院抢救，但王军还是没有逃过因对方违章造成的交通事故这飞来的横祸。17时30分，王军带着抗冰保电的迫切心愿，永远地离开了我们。

没有工作也喜欢坐在驾驶室

“早知道会这样，我干脆拒绝他的请求多好啊！”张载猛眼里噙着泪，“早上在指挥部，他显得很兴奋，我让他戴上手套再走，他拍拍身上的提包说，‘有嘞！’”张载猛说不下去了，把头扭开，用手拭着红红的眼眶。

王军罹难的消息传出，同事们无不震惊，为之含泪惋惜：“多么好的同事，就这样永远地离开了我们大家。”

王军，高高的个头，一张清秀的国字脸上总是挂着笑容。

1998年，23岁的王军从部队转业，到贵州电网公司所属电建一公司从事起重司索工作。他由衷地喜欢电建施工现场那一台台威武雄壮的大型机械设备。十余年来，他与那台50吨履带吊结下了不解之缘。没有起吊作业时，他就静静地坐在驾驶室里，他说：“我喜欢这种感觉。”

“坐在车厢里，别人好找，不会误事。”面对同事的不理解，他这样解释。

王军喜欢坐在驾驶室里的感觉，可他更喜欢主动揽活儿干，这种劲头还给自己惹过一次麻烦。

那是在发耳电厂工地，正值3号机组锅炉设备大件吊装高峰。中午，钳工的工作告一段落，大家吃完午饭准备回寝室休息。王军急了，现场已经摆开架势的吊车闲置就是浪费，他找到配合的钳工，希望对方接着把活干完。对方那句“你又没拿好多钱、瞎操哪门子心”强烈地刺激了王军的自尊心，于是双方动了手……

王军是如此热爱自己的工作，不能容忍任何人对工作的一点点不敬。

技能娴熟善讨教

2010年1月，因电建一公司送变电分公司需要起重司索人员，王军被调到送变电分公司工作，还是干他的老本行。换了部门没几天，他就奔赴220千伏赫章变电站施工现场进行设备安装工作。在赫章变电站施工现场，那为数众多的电气一次设备都被他手中操控自如的吊车悉数高高吊起又稳稳就位。神了！大家由衷地佩服他，项目部还因此特别奖励他200元。

尽管是干老本行，可吊装的东西毕竟不同。变电站很多设备的吊装，“横竖倒正”都有讲究，否则会漏油甚至损坏设备和构件。吊装前，他总要找机会向技术员讨教一二。一次次完美的吊装过后，在每次班会上，他都被口头表扬得有些难为情。

来到送变电分公司一年时间，从一名电建现场走出来的起重司索工竟然在电气专业方面摸出了一些门道，为此，2010年10月，送变电分公司把他调到220千伏香书塘变电站项目施工现场。项目部了解王军在送变电分公司的口碑，大胆地将现场收尾的一些管理工作交给了他。

如今，爱笑的王军走了，令人扼腕痛惜。贵州电网人不会忘记这位好同事，南方电网人不会忘记这位好兄弟。他未竟的心愿，会有更多的人替他完成。

（《中国电力报》2011年1月13日第4版，作者苏伟）

4. 会议消息

会议消息，顾名思义是以会议为报道内容的消息。一般而言，如果报道的会议本身特别重要，可用会议消息的方式进行报道。在我国，会议报道一般采用“新华体”，按部就班，不会出什么错。标题直接陈述会议的举行，第一段导语陈述时间、地点、出席的领导及核心内容，第二段一般陈述背景或原因，接下来开始罗列领导们的讲话要点，再下来是总结会议的精神，展望会议的美好前景。这样，一篇会议消息稿就出炉了。浏览一下《人民日报》，我们几乎每天都可以看见会议报道。

因为看到的会议报道太多，老套的报道方式可能引不起受众的兴趣。在实践中，很多媒体尝试“改革”会议报道，突破会议新闻的写法，把会议当作一个新闻源，从会议中提炼出受众关心、感兴趣的问题，用受众喜闻乐见的形式进行报道。

2021年10月21日，中国电力企业联合会在天津举办“2021年中国电力可靠性高峰论坛”。会上，一些电力界的专家进行了学术交流。就此写消息，笔者觉得新闻性不强，但会上公布了“2020年度发电机组可靠性对标标杆机组”名单，这可是发电行业都关注的大事。于是笔者以“2021年中国电力可靠性高峰论坛”这个会议作为新闻来源，写了一篇消息：

104台机组获评2020年度发电机组可靠性对标标杆机组

本报讯　记者苏伟报道　10月21日，中国电力企业联合会在天津举办2021年中国电力可靠性高峰论坛。论坛上，全国发电行业共有104台机组获得2020年度发电机组可靠性标杆机组证书。

记者了解到，上述104台机组是中国电力企业联合会根据《全国发电机组可靠性对标管理办法》，组织全国各类型发电机组可靠性对标工作，经过综合评价、企业自查以及复查审定、公示、异议处理等程序最后评定的。

在火电方面，国能浙江北仑第三发电有限公司7号机组、江苏常熟发电有限公司6号机组等10台机组被授予“100万千瓦等级煤粉锅炉机组可靠性对标标杆机组”称号。内蒙古大唐国际托克托发电有限责任公司6号机组、国能黄金埠发电有限公司2号机组等20台机组被授予“60万千瓦等级煤粉锅炉机组可靠性对标标杆机组”称号。阳城国际发电有限责任公司5号机组、华能国际电力股份有限公司大连电厂4号机组等20台机组被授予“30万千瓦等级煤粉锅炉机组可靠性对标标杆机组”称号，华电米东热电厂1号机组、韶关市坪石发电厂有限公司（B厂）4号机组等10台机组被授予“30万千瓦等级燃煤循环流化床锅炉机组可靠性对标标杆机组”称号。东莞中电新能源热电有限公司3号机组、江苏华电昆山热电有限公司1号机组等10台机组被授予“15万千瓦及以上容量燃气轮机组可靠性对标标杆机组”称号。

在水电方面，被授予“可靠性对标标杆机组”称号的15万千瓦至39.9

万千瓦水电混流机组 10 台、被授予"可靠性对标标杆机组"称号的 40 万千瓦及以上容量水电混流机组 10 台、被授予"可靠性对标标杆机组"称号的 15 万千瓦及以上容量水电轴流机组 4 台、被授予"可靠性对标标杆机组"称号的 15 万千瓦及以上容量国产抽水蓄能机组 4 台、被授予"可靠性对标标杆机组"称号的 15 万千瓦及以上容量进口抽水蓄能机组 6 台。

（《中国电力报》2021 年 11 月 23 日第 2 版）

当然，以会议作新闻来源，报道的形式并不只限于消息，也可以写成通讯。

2021 年 11 月 27 日，"'一带一路'清洁能源发展论坛（会议）"在青海西宁举行。会议期间举办了主旨论坛和与媒体的对话；还举行了"零碳产业园签约暨园区绿电工程"开工仪式。作为国家能源局所属的《中国电力报》记者，笔者没有报道会议，而是通过在会议上获取的信息，聚焦青海打造清洁能源产业高地的情况进行报道，写成了下面的通讯。

青海这样打造清洁能源产业高地

——2021"一带一路"清洁能源发展论坛观察

本报记者　苏伟

11 月 27 日，2021"一带一路"清洁能源发展论坛在青海西宁举行。论坛上，与会专家对"一带一路"沿线重要节点省份和世界新能源发展重要接续地的青海打造国家清洁能源产业高地进行出谋划策，而青海构建基于绿电的近零排放特色产业集群的大幕正徐徐拉开。

禀赋决定：青海努力成为"双碳"目标的探路者和排头兵

立足高原特有资源禀赋，积极培育新兴产业，加快打造国家清洁能源产业高地，这是国家层面对青海的定位。

青海是黄河、长江和澜沧江的发源地，除了水能资源丰富外，这里太阳能、风能资源得天独厚。全省水能理论蕴藏量2337.46万千瓦，占全国的总蕴藏量3.3%，占西北地区的27.8%；太阳能资源仅次于西藏，属第二高值区；风能资源仅次于东南沿海、内蒙古、新疆。青海拥有10万平方公里以上的荒漠化土地可用于光伏发电和风电场建设，光伏资源理论可开发量35亿千瓦，风能技术可开发量7555万千瓦。正是根据这样的资源禀赋，青海省委书记、省人大常委会主任王建军在论坛致辞上表示，青海有着打造清洁能源的基础和条件。

而据国家清洁能源产业高地建设调研与对策研究调研组的报告，丰富的清洁能源资源开发利用使青海能源不再短缺，但青海仍然面临着“可获取能源品种较少”“清洁高效能源品种不足”“能源消费支出较高”等问题。青海省仍有超过50%的人口过度依赖传统生物质能，严重影响了农牧民生活质量。农牧民家庭高能耗、高排放问题依然较严重。

国务院发展研究中心党组书记马建堂表示，鉴于青海拥有得天独厚的风光水可再生能源和生态资源，完全有基础、有条件努力成为全国实现“双碳”目标的探路者和排头兵。

专家支招：“绿电”跨省域消纳，东中西部减碳协作

在聚力打造国家清洁能源产业高地的过程中，如何坚持生态保护优先，妥善处理生态保护、清洁能源产业高地建设及产业发展之间的关系？如何妥善解决“绿电”消纳问题？论坛与会专家和课题组分享了他们的研究成果。

专家一致认为，在青海建设“国家清洁能源产业高地”，首先要与《黄河流域生态保护与高质量发展规划纲要》的落实相结合，将其整体纳入，并加大组织实施力度。

国家清洁能源产业高地建设调研与对策研究调研组报告指出，在青海建设清洁能源产业高地，当前最大的制约因素是“高速大容量电网”布局不足，特别是尚未形成结构合理的区域和国家电网一体化体系。

据了解，为实现“绿电”跨省域消纳，推动东中西部减碳协作，2020年，为支撑青海新能源大规模开发规划建设的第一条特高压输电通道——青海—河南±800千伏特高压直流工程投运。该工程每年可向华中等地区输送青海省的清洁电能400亿千瓦时，相当于替代原煤1800万吨，减排二氧化碳2960万吨。

青海—河南±800千伏特高压直流工程为“绿电”跨区消纳树立了一个样板。上述调研组进一步建议，应支持“黄河流域电力资源互补网络体系建设”，构建山东与青海“双碳”合作模式，为国家实施“3060”目标做出重大贡献。做出上述建议的考虑，主要基于两省在碳减排和可再生能源消纳上的强互补性。从能源结构上看，2018年，山东省煤电占总发电量的90%，青海可再生能源占总发电量的89%，青海省可再生能源发电量仅为山东省煤电发电量的14.7%。“双碳”目标下，山东省煤电退出后需要大量绿电，该部分空缺能充分消纳青海省的绿电，并有充足的未来提升空间。青海绿电直供对于山东省碳减排与青海省新能源发展有着“双赢”作用。

企业实践：构建基于绿电的近零排放特色产业集群

深蓝色的光伏板熠熠生辉，风力发电机的叶片迎风飞转，百米高的吸热塔和“镜子海洋”组成科技感十足的熔盐塔式光热电站——这是位于青海省海南藏族自治州共和县的绿色产业发展园带给人们的震撼。而在青海省海东工业园区平北经济区内，一座100%“绿电”供应的产业园区正规划建设……

青海师范大学校长史培军在论坛上介绍，青海在建设“国家清洁能源产业高地”上已有良好基础，2020年，青海清洁能源发电847亿千瓦时，同比增长8.7%，清洁能源发电量占总发电量的89%。

作为青海最大的电力企业，国家电投黄河上游水电开发有限责任公司自20世纪70年代在黄河上游建设龙羊峡、拉西瓦等10座梯级水电站集群，有力保障西北电网安全和电力供应，也为如今青海清洁能源发展打下产业基础。“发展为了人民，清洁能源发展的根本目的是满足人民对生态环境和高品质生活的美好需求。”国家电投党组副书记、总经理江毅表示，国家电投将开展水电、新能源开发与生态环境影响机理、调控机制研究，开展减碳增汇基础调查研究，支撑生态保护、“双碳”行动和清洁能源开发协同推进。

另一家能源央企国家能源投资集团有限责任公司与青海全面深化战略合作，在清洁能源、氢能、储能、生态环保、乡村振兴等取得了丰硕成果。“‘十四五’时期，我们将深度对接青海省发展规划，积极推动玛尔挡水电、海西清洁供暖、海南大型风电光伏基地项目、海东零碳产业示范区建设，实现在青新增清洁能源装机1000万千瓦以上、储备1000万千瓦以上。”国家能源投资集团有限责任公司党组副书记、总经理刘国跃在论坛上表示。

在全国火力发电为主的背景下，“世界屋脊”上的青海省正以迅速发展的清洁能源产业，推动能源低碳转型，助力“碳中和、碳达峰”目标实现，向世人展示青海“绿电”的减碳实践。

（《中国电力报》2021年11月30日第2版）

第二节　消息的结构

一、金字塔结构（顺金字塔结构）

金字塔，是一种开始建设时底座很大，在向上建设中逐渐变小变尖的建筑物。消息的金字塔结构则是指在消息的结构过程中，依照时间的先后顺序安排材料的一种消息结构形式。事件的开始和结尾，就是新闻写作的开头和结尾。

在大众传播时代到来之前，很多文章都是按照这种方式组织结构的。大众传播时代来临后，随着新闻事业的发展，为新闻配导语的做法大行其道。金字塔结构这种方式的开头常常加上提纲挈领式的导语，其他的再按时间顺序展开。

二、倒金字塔结构

美国内华达大学新闻学专家威廉·梅茨在谈到倒金字塔结构形式产生的背景时说："以前，记者是按时间顺序写消息的，在报道时，把最新发展写在消息的最后。但是内战时期的记者把绝大部分稿件通过电报发回报社，当时电报是新发明，还不大可靠。它有时发生故障，或被敌人割断电线，或被军队优先占用。任何一种情况都可能把记者正在拍发的消息打断。结果是，写在结尾的最新新闻，来不及在当天的报纸上刊登出来。为了避免不可预测的事情发生，记者开始把最重要的新闻放在前面，使报社尽可能收到最新消息。"①

与倒金字塔结构形式一道发展起来的是消息导语，也就是说文章的第一段是整个新闻的"灵魂"，它概要地叙述新闻事实。即使我们不看后面的文章，也可由导语知道这篇消息要告诉读者什么。导语之后，即按照新闻价值的大小（新闻事实的重要程度、新鲜程度及受众感兴趣的程度等）依次将新闻事实陈述出来。

倒金字塔结构特点：导语简要概述新闻事实（陈述部分新闻要素或全部要素）；主体（加上部分背景）按重要性递减原则排列材料；结尾（加上部分背景）补充部分新闻事实或陈述事件走向等。

对编辑来说，倒金字塔结构可以"快编快删"，即使删除最后的一个或几个段落，也基本不会影响文章的完整性。对读者来说，可以快速阅读新闻，若感兴趣，就全文读下去，若不感兴趣，就看看导语。

三、沙漏结构

关于沙漏结构，很多教科书都有讲解。个人认为，它其实就是金字塔结构与倒金字塔结构的一种结合体。因为这种结构在开始时与倒金字塔结构相似，在报道的开头给出重要的硬新闻信息，然后中间发生转换，按照时间顺

---

① 刘建明、王泰玄：《宣传舆论学大辞典》，经济日报出版社 1993 年版，第 3 页。

序叙述其余部分的事实。与倒金字塔结构相比，沙漏结构不是内容把全部最重要的信息都放在前面，而是留一部分放在后面，中间插入过渡内容，这样就形成了一种两头大、中间小的结构方式。

一般来说，沙漏结构的消息，新闻信息量非常大，事情错综复杂。比如，下面这篇文章：

华盛顿邮报记者被取消获普利策奖资格

本报讯　记者大卫•马纳尼斯报道　普利策奖评奖委员会昨天宣布取消《华盛顿邮报》记者珍妮特•库克的获奖资格。这个决定，是在该记者承认她的获奖作品纯属捏造后宣布的。

库克的报道《吉米的世界》讲的是哥伦比亚特区一个八岁男孩吸食海洛因成瘾的故事。这篇报道据说是通过采访吉米本人、他母亲及其同伴写成的。现在库克承认，她从未采访过其中任何一个人，而是根据华盛顿社会工作者和其他来源提供的关于吸毒者的材料编造了这篇报道。

在她承认编造假报道后，有人揭发她提交给普利策奖评奖委员会的自传也是编造的。库克曾说过她以优异的成绩毕业于瓦萨学院，并在托莱多大学获得了硕士学位。

昨天，库克辞去了在《华盛顿邮报》的职务。

"像珍妮特•库克这样一个前途无量的青年居然编造假报道，这实在是一幕悲剧。"《华盛顿邮报》主编本杰明•布莱德里说："对报纸来说，信誉是最宝贵的，而报纸的信誉完全取决于记者的道德品质。记者的品行不端，会造成严重后果。目前情况下，唯一的办法是向读者交代清楚事实真相，向普利策奖评奖委员会道歉，并立即设法完成恢复报纸信誉这一极为艰巨的任务。"

负责普利策奖评奖工作的哥伦比亚新闻学院院长奥斯卡•艾里奥特昨天下午说，委员会经电话投票决定撤销库克受奖的资格，由候补受奖人领奖。艾里奥特说："我很伤心，这位优秀女记者的锦绣前程就这样毫无必要地给毁掉了。"

二十六岁的库克昨天发表声明说："这篇报道严重歪曲了事实，对此，我追悔莫及。我谨向我的报社、我的职业、普利策奖评奖委员会致歉。”

库克的报道是1980年9月28日发表的。报道发表之前，库克对主编说，她得对吉米及其母亲负责，因为她曾答应不透露这母子俩的真实姓名。库克还说，吉米母亲的男朋友威胁说，假如有关方面或警察找到了吉米，他就要记者的命。库克的报道发表后，立刻就在该城引起了强烈反应。马里昂·巴里市长和警察局长B. 杰弗逊立即组织了一个小组，设法找到吉米以便给他治疗，但这项工作毫无结果。巴里表示，有可能根本不存在一个叫“吉米”的孩子。

《华盛顿邮报》还了解到，星期二午后库克提交给普利策奖评奖委员会的自传也有失实之处。原来，瓦萨学院的官员前来拜访布莱德里，指出库克只在那里上过一年级。同时，美联社也派人来反映：库克在托莱多大学只获得过学士学位。了解以上情况后，布莱德里、经营主编和都市版主编立即同库克进行了一系列谈话，她由矢口否认到后来终于逐项承认了自传中的编造。库克的交代，使主编们进而怀疑使她获得普利策奖的作品是否属实和吉米是否确有其人。

后来，库克同城市版主编一道驱车前往华盛顿东南区某处，据库克说吉米就住在那里，但她却找不到他的住所。《华盛顿邮报》的几位编辑同时查阅了库克报道这件事时的采访笔记，并审听了几卷当时的采访录音带，随后确定，《吉米的世界》一文是库克仅仅根据她得到的某些真人真事拼凑起来的。

星期三凌晨，库克承认吉米根本不存在，报道是她根据几个年轻吸毒者的真实故事编造的。

《华盛顿邮报》发行人唐纳德·格拉汉姆昨天说：“本报同人均认为，首要的义务是尽力查明我们为什么刊登了这篇假报道。”在谈到库克时，他说：“本报许多同人一直同她的亲属保持联系，我们将尽一切力量帮助她。”

（原载美国《华盛顿邮报》1981年4月16日，转引自颜雄主编《百年新闻经典》，湖南大学出版社，2000年11月第1版，第218~222页。）

第二章　消息的标题

第一节　消息标题的特点及要求

一、什么是消息标题

消息标题是在消息正文前面，对新闻内容加以概括或浓缩的简短文字，要求以最精简的文字准确地陈述新闻内容，吸引读者阅读。在排版时，消息标题字号通常比内文大，有时加粗加黑。

一张报纸是否吸引人，文章的标题很重要。在毛泽东同志的新闻理论论著中，有关报纸文章的标题一项有精彩的论述。如 1948 年 9 月 14 日，毛泽东在审阅新华社《华北召开中等教育会议》一文和社论原稿《中等教育问题》时在旁边做出如下批语“一、凡新闻，标题必须有内容。原题并无内容，不能引人注目。二、凡论文标题，亦须有内容。原题没有内容，不能引人注目”。而就上面的两篇文章的标题，毛泽东审阅时将前一篇消息标题改为《华北中等教育会议决定改善中等教育的诸项制度》，而后一篇社论的标题则改为《恢复和发展中等教育是当前的重大政治任务》①。

二、消息标题与其他新闻体裁标题不同

新闻体裁也称新闻文体，通俗地讲，新闻体裁就是新闻报道的各种形式。

---

①《毛泽东新闻工作文选》，新华出版社，1983 年 12 月第 1 版，第 157、第 158 页。

它是随新闻事业的演进而不断丰富和发展的，在大众化报纸时代，各种新闻体裁得到定型，如消息、通讯、评论等。随着新媒体的出现，诸如微博、微报、微图、红段子、游击式新闻、参与式新闻等，引发了传播自身的变革，向传统媒体写作的观念、形式等方面提出了挑战，各种体裁间的界限开始模糊。但我们还是可以用传统的消息、通讯、评论三种新闻体裁来进行分析对比。

1. 消息标题与通讯标题

消息标题要求直接陈述新闻事实，往往很“实”。消息标题要求“一语中的”，并且是结构完整的句子，例如《人民解放军百万大军横渡长江》（《人民日报》1949 年 4 月 26 日第 1 版）。

通讯标题可以“实”，当然也可以“虚”，通讯标题有时是一个完整的句子，如《人民呼唤焦裕禄》（新华社北京 1990 年 7 月 8 日电）；有时不是一个完整的句子，如《为了六十一个阶级兄弟》（原载《中国青年报》1960 年 2 月 28 日，后经删节发表在《人民文学》1960 年 4 月号上，这篇通讯后来入选了中学课本，成为通讯写作的范文，影响了几代人）。

消息标题可以是一行，可以是两行，也可以是三行甚至更多。注意，这里说的“一行”表示句子是完整的一句话，一句话中间可能有标点符号。两行标题例如：

法警背起生病被告（第一行）

司法界人士认为，这反映了我国司法体制改革，更加注重体现对人格的尊重（第二行）

（《北京青年报》2000 年 12 月 16 日，作者杨永辉、王雪莲、吴怡）

两行消息标题有“一主一辅（副）”，或者第一行是主标题，第二行是辅（副）标题；或者第一行是引（辅）题，第二行是主题。

三行标题有“一主两辅（副）”，中间的一行往往是主标题，第一行辅（副）标题是引题（眉题或肩题），它作为主题的“马前卒”，主要起引出主题，或提示背景、原因，或引出意义，或烘托气氛的作用，第三行辅（副）标题是副题，副题是主题内容具体化，用于弥补主题的不足，起到注释、补充、印证的作用。当然，三行标题中也有第一行是主题，其他的两行则是辅（副）题的。在以往的新闻实践中，内容重大、篇幅较长的新闻多采用三行或多行标题的样式以突出其重要性。需要说明的是，在复合型标题中，主标题因为是标题中最主要的部分，其字号通常要大于引题和副题的字号，而引题和副题的字号通常又比正文的字号大。

单行标题如：

国际油价21日收盘下跌

（新华社纽约2016年6月21日电）

两行消息标题如：

家长质疑北京平谷六小塑胶跑道铲除不彻底（第一行）

校方称剩余部分另做处理（第二行）

（http://finance.people.com.cn/n1/2016/0622/c1004-28470053.html）

三行标题如：

长江隧桥带来商机，海内外企业纷纷上岛考察欲投资发展（第一行）

短短一个月“拒资”十亿元（第二行）

崇明婉言谢绝三十多个不符合产业导向和能耗、环评审查项目（第三行）

（《解放日报》2009年12月4日，作者陶健、张敏）

通讯标题一般是单行标题和双行标题，单行标题中可以有两个分句，中间用冒号分隔，表解释关系，如：

惨剧真相扑朔迷离：聚焦山西繁峙金矿爆炸案

（《中国青年报》2002年6月29日）

如果是双行标题，第二行采用附加破折号的形式。消息标题中不采用破折号，是两者的一大形式区别，如：

将誓言写在胸口

——探寻国网甘肃电力服务型党组织建设密码

（《中国电力报》6 月 22 日第 1 版，作者王震）

需要说明的是，现在，这种区别开始模糊，有一些媒体上的报道明明取的是传统意义上消息的标题，装进去的却是通讯的内容。

2. 消息标题与评论标题

如前所述，消息标题要求直接陈述新闻事实，而评论标题则通常是对某些新闻事件或社会现象表达出某种观点和态度，即使有时这种态度表达得有些隐晦。例如评论标题《应该杀猴给猴看》（《新文化报》2006 年 8 月 25 日，作者直言），又如《改革开放三十年电力工业大跨越》（《中国电力报》2008 年 11 月 17 日第 1 版，作者苏伟）。

消息标题可以是单行或多行，但评论标题往往只有一行，直接表达观点，如《“走出去”强筋健骨》（《中国电力报》2011 年 5 月 30 日第 1 版，作者苏伟）。极少情况下也有两行的，如：

绝望中升起希望

废墟上重新站立

（《中国电力报》2009 年 5 月 12 日第 1 版，作者苏伟，为汶川地震一周年所写的评论）。

三、消息标题与其他非新闻文体有明显不同

消息标题不同于公文的标题，公文的标题一般由责任者、事由和文种组成。例如，《国家能源局关于促进电储能参与“三北”地区电力辅助服务补偿（市场）机制试点工作的通知》（国能监管〔2016〕164 号）。消息标题直接陈述事实即可。

消息标题也不同于文艺作品的标题。文艺作品的标题可以简约到一个字，例如巴金的“激流三部曲”《家》《春》《秋》。前面已经讲述过，消息标题必须“实”，通讯的标题可以很“虚”，而文艺作品的标题则更“虚”。

第二节　怎样做好消息标题

一、消息标题的要求

消息标题要求以最精简的文字准确地陈述新闻内容，要制作好消息标题，必须做到以下几点。

1. 题文一致，突出精华

消息标题必须与消息内容相一致。这种相一致包括的含义是，标题所写的事实应是新闻中本来就有的，而不是虚构的。标题可以从新闻中选择某一事实，但是这种选择不能不顾及事物全貌，也不能歪曲整个新闻的基本事实。标题中的结论在新闻中要有充分依据。标题可以直接陈述新闻事实，也可以对新闻中的事实进行概括，做出结论，但所作概括和结论一定要有充足的新闻事实作为根据，而不能片面、夸张和拔高。

突出精华是指消息的标题应将新闻中最具有新闻价值和社会意义的事实突显出来。例如《违章建房不听劝 司法部门来公证》(《河南电力报》2010 年 3 月 26 日)、《“支付宝”成为长春供电公司电费收缴新渠道》(《吉林电力报》2010 年 3 月 29 日) 等标题就做到了这一点。

2001 年有位处理交通事故的交警给《江西日报》的通讯员王国红 (供电公司职工) 提供了一条新闻线索：一架两人乘坐的特技直升机装载在货车上，与一辆装载木头的拖拉机在路面上发生了碰撞，结果，飞机的机翼被撞坏了。交警还提供了很多图片，希望在《江西日报》发表。王国红在获取线索后，写了条消息。其标题非常引人注目，既做到了题文一致，又做到了突出精华。标题是这样的：

你说稀奇不稀奇（引题）

飞机撞上了拖拉机（主题）

该文的导语是这样的：“10 月 24 日上午，在江西婺源县传来一则让人难以置信的消息：飞机撞上拖拉机了。”这条消息在《江西日报》刊登后，很快被全国百余家媒体转载。

同样是这位作者 2004 年 4 月写了一篇鸳鸯留恋在婺源的新闻稿件，文章的导语是“按照往年的惯例，每年 3 月下旬，来婺源越冬的鸳鸯已经到了北飞的时间，可到了 4 月初，在婺源鸳鸯湖，还能观赏到成群的鸳鸯在环境恬静幽美的湖水山林间嬉戏、飞翔，雌雄不离，恩恩爱爱，似乎没有北航的准备，像是留恋这方宁静秀美的山水和友善的人们，忘记了北去的归期”。文章的标题《婺源鸳鸯乱点谱　到了归期不“北航”》非常贴切，在修辞手法上既用了对仗，又用了比喻。

2. 准确鲜明，言简意赅

准确鲜明即消息的标题表意要准确，评价事实要准确，运用文字要准确。言简意赅要求标题简洁明快，使读者一瞥就能了解其中的意思，容易被读者接受。

2005 年《中国电力报》刊发的一条消息《电源开发权的阳光交易（笔者注引题）四川省广元市朝天区成功拍卖流域水电开发权（笔者注主题）》（《中国电力报》2005 年 11 月 2 日第 1 版，作者粟舜成）。这条消息就做到了准确鲜明，言简意赅。

嘉陵江流域电源开发权拍卖的报道，反映的是水能资源在国家规划和开发规则前提下实行市场配置的新事物。公司竞争，阳光操作，“不认条子、章子、面子”，这是一个进步，有利于实现国有水能资源开发的最佳配置。这是一个主题比较新颖，而且体现了经济体制改革的方向的消息。消息标题虚实结合、搭配得体。引题“电源开发权的阳光交易”是“虚”，带有评论性质。主题“四川省广元市朝天区成功拍卖流域水电开发权”是“实”，简明扼要地概括新闻事实。这是非常中规中矩的消息标题。

3. 易读易懂，生动活泼

易读易懂要求标题文字应生动易懂，少用生僻字、方言、技术术语等。

因为这些字词如果“搬”到标题之中，往往会造成读者阅读及理解的障碍。

生动活泼要求标题除了把新闻中的精华告诉读者外，还应讲究生动性，以优美的形式及各种修辞手法吸引读者将消息读下去。我们先来看一篇消息导语：

6月19日，在英国举办的一场赛鸽比赛出现了异常现象：参赛的约9000只鸽子，其中有超过一半的鸽子在比赛途中神秘失踪，这是怎么回事呢？

这是《山西晚报》2021年6月28日转载国外报道的一条消息，转载时给它取了个标题《英国9000只鸽子参加赛鸽，然而，英国人被鸽子“放鸽子”了》，是不是让人感到生动活泼？

二、对好消息标题和“问题”消息标题的分析

1. 好消息标题

但凡上过学的人，都知道“推敲”一词，其来源于唐朝诗人贾岛在创作《题李凝幽居》一诗过程中的故事。其诗为：“闲居少邻并，草径入荒园。鸟宿池边树，僧推月下门。过桥分野色，移石动云根。暂去还来此，幽期不负言。”

据《苕溪渔隐丛话》，贾岛写好此诗后，对其中“僧推月下门”一句感到不满意，欲将“推”易为“敲”——“僧敲月下门”。贾岛骑驴行路时仍在想着，一边念叨，一边比画，到底是“僧推月下门”形象，还是“僧敲月下门”有感觉？不知不觉间，驴子闯进了时任京城行政长官韩愈的出行队伍中。扰乱京官出行，这可是一起说大不大，但说小也不小的事件。韩愈在了解情况后，不但未责怪贾岛，还帮贾岛一块思考分析。韩愈认为“僧敲月下门”更好，敲门声在月光下响起别有韵味。两人还由此结下了很深的“布衣之交”——“推敲”一词也随之诞生。

“推敲”一词的诞生，固然与推敲之人以及推敲背后的故事有关，但也表明了古诗文中字斟句酌的重要性。其实，我们现在制作消息的标题也需要字斟句酌。

“推敲”一词是对动词的斟酌，现在制作标题动词用得好不好是一大关键。我们以第十六届中国新闻奖一等奖消息《3.5万元留给病友》来做说明。

这篇消息的标题在制作时，编辑也对其中的动词进行了斟酌，标题中的“留”字，编辑最初想到的是“捐”，再改为“赠”，最后定为“留”，表达了主人公在无奈、苍凉的心境下所产生的无私和热情，具有了感情色彩[①]。

除了活用动词外，采用各种修辞手法和生动形象的字词也能使文章生色不少。《人民日报》2002 年 1 月 23 日曾刊登了一篇消息《林果满山乡，“钱”在树上长（笔者注：第一行） 易县靠特色农业奔“钱”程（笔者注：第二行）》，第一行标题非常押韵，朗朗上口，第二行标题将“前程”改为“‘钱’程”，一字之易，使标题生色不少。

巧用数字，能简单明了地陈述新闻事实。2015 年 4 月 2 日，《中国电力报》第 1 版头条刊登了一条消息，标题是《浙江分布式光伏发电项目呈爆发式增长，累计受理并网项目 1142 个（笔者注：第一行） 242 户居民“卖电”获利 47 万（笔者注：第二行） 分布式光伏发电应用示范区数量居全国之首（笔者注：第三行）》，正文没加“消息头”，以通讯的形式呈现出来，但从文章标题来看，是不折不扣的消息标题，并且算得上是好标题，为何算好标题，因为单是其中的几个数字就精确地表达出浙江分布式光伏发展取得的成绩，即使不看文章内容，我们也了解到所要报道的大概情况。

各种修辞手法的应用，能使标题生色不少。2015 年 4 月 10 日，《中国电力报》第 1 版刊登了一篇消息，《湖北发布“地方版”可再生能源配额 调减燃煤机组发电小时数成撒手锏》，将湖北省出台的地方法律法规称为“地方版”，非常贴切。

2．“问题”消息标题

制作标题是一项看似简单实际上很难的工作。前面我们举了些标题做得好的例子，其实，标题做得不好的例子更是不可胜数。

首先是用了无新意的字词句制作标题。比如，我们现在看报纸，经常会看到“助力”“助推”“任重道远”“亟待解决”“一枝一叶总关情”“病魔无情人有情”“于细微处见精神”“梅花香自苦寒来”这些词或句子，味同嚼蜡，其实稍加琢磨，我们还是可以找到更加贴切的字词句来做标题的。

其次是给人造成歧义的标题也常见报端。笔者曾见某网站一篇新闻的标

---

① 魏贵良：《多用动词新闻活》，载《采写编》2008 年 6 月。

题是《福州女子以一敌三击毙劫匪》，点开一看又出现一个标题是《女屋主以一敌三击毙入室劫匪　枪战画面激烈》，再一看内容，发现该“福州女子”原为华裔女子，籍贯福建。

2017 年 1 月 9 日，中国新闻网刊登了一篇消息，文章标题是《全国政协邀请已故知名人士和党外全国政协委员夫人茶话迎春》(作者邢利宇)。

仔细分析标题，我们发现，文章标题非常不妥，原因是“已故”作定语，句意与新闻要叙述的事实不符！如何修改呢？笔者思考了一下，鉴于这个“问题”单行标题已经很长，笔者将之改成了两行标题：《全国政协邀请嘉宾茶话迎春（主题）　嘉宾为已故知名人士和党外全国政协委员的遗孀（副题）》，这样，标题就不会产生歧义了。

还有一些标题，关键字句出错，让人不堪卒读。《中国文化报》2016 年 1 月 30 日第 6 版《太和木作皇宫椅引美国观众竟相试坐》，让人百思不得其解。看完内文，原来是皇宫圈椅放置在艺博会贵宾采访区，引发美国观众竞相试座。“竞相”竟然成了“竟相”！

现在，新媒体时代带来海量的信息传播，但是，一些千篇一律，“脑残”无比的标题大行其道，有些网友归纳了一些低智商标题惯用的一些噱头：“国人震惊”“惊天秘密”“看后惊呆”“国人不忍”“西方胆寒”“被害惨了”。像这样浮夸、哗众取宠的字眼，我们应避免在文章的标题中使用。

三、新闻标题溯源

首先要说明一下，“标题”前面的定语“新闻”是指广义的新闻包括消息、通讯、评论等。介绍其历史沿革能让我们更加明白制作好各种标题包括消息标题的重要性。

翻开一张报纸，除了图片外，给人印象最深的当属新闻标题。因为我们对新闻标题习以为常了，看了觉得很正常。其实，最初的报纸是没有标题的，为了方便阅读，编辑们开始尝试给文章进行分类，添加标题，报纸版面才逐渐发展成目前我们看到的样子。

《新闻编辑学》（蔡雯著，中国人民大学出版社出版）列举了新闻标题出现

和发展的三个阶段。

第一个阶段是“类题”，按现在报纸的定义，它只能叫栏目。

如果我们找一期早期的《邸报》，就会发现，这时候的报纸是没有标题的，只是“系日条事，不列首末”（唐朝孙樵著《经纬集·谈开元杂报》）。从清光绪初年起，《京报》等报纸开始使用一种类似现在栏目的标题，把某种类别的几篇文章归在一起，以方便阅读。后来，这种“类题”在《申报》《时务报》等广为使用。分类的方法也越来越科学，或按地点分类（如“域外报译”“羊城乡照”等），或按内容性质分类（如“上谕”“命令”），或按门类分类（如“商情”“法律”等）。如果我们把它与现在的报纸比较，可以发现，这些分类其实只是现在报纸的栏目，还不能算严格意义上的标题，所以，我们称它为“类题”。

第二个阶段是“单行标题”，打破了只在每组新闻上标注“类题”的习惯做法。与目前报纸上出现的单行标题几乎一样，就是在“类题”或者现在所说的栏目内的每篇文章加上直接说明新闻的简明扼要的一句话，如梁启超主办的《时务报》的“京外近事（类题）”之下就有“广西开办铁路（单行标题）”。尽管那时的单行标题还没有采取较大的字号，但它“一文一题”，已经是完全意义上的新闻标题了。

第三个阶段是现代标题阶段，时间大约是在20世纪初。那时开始，报纸的通行做法是打破“类题”束缚，采用比正文大的字体标明新闻内容，除了简明扼要的归纳其内容外，有时还辅以其他说明。从此之后，单行标题、双行标题、多行标题开始大行其道。①

前面说的三个阶段的讲述，我们大致可以知道标题是如何发展起来的，其重要性何在。有些新闻，往往只看一下标题，大概就知道要告诉我们什么事，读者根据自己的兴趣再选择性阅读，这是人们阅报的习惯，一份报纸办得再好，受众也很少有心情从头到尾看完。从这个意义上说，标题非常重要。

现在，新媒体、全媒体引发新闻密集呈现，“信息爆炸”促使“读题时代”到来，也使标题的作用日益彰显。新闻标题作为新闻内容与中心思想的浓缩和信息传递的重要手段，必须适应信息时代的发展需要，必须满足各媒体渠道的广大读者的阅读要求。

---

① 蔡雯：《新闻编辑学》，中国人民大学出版社2016年版，第295～297页。

四、警惕“标题党”

1. 什么是“标题党”

据百度百科的最新解释，“标题党”是指在以互联网为代表的论坛或媒体上制作引人注目的标题来吸引受众注意力，点击进去发现与标题落差很大而又合情合理，以达到增加点击量或知名度等各种目的的网站编辑、记者、管理者和网民的总称。具体操作上，往往是传播者采取断章取义、以偏概全、转移重点等方式，弱化文章主旨，突出更改者的立场和价值倾向，以达到吸引眼球、提高传播率、增加舆论张力的目的。这种现象在社会民生类、意识形态类舆情事件中比较突出。

2. “标题党”的危害

“标题党”是网络上一小撮儿利用各种颇具创意的标题吸引眼球，以达到各种个人目的的网民们的自发性组织。其主要行为简而言之即发帖的标题严重夸张，帖子内容通常与标题完全无关或联系不大。

“标题党”中，有些人是出于无聊、好玩或者追求精神刺激的目的，意图捉弄其他网友；更多的“标题党”成员则是出于招揽网友增加本网站、论坛、博客或者增加个人帖子的访问量以及达到某些不便告人的目的，为吸引眼球，提高点击率，而欺骗广大网友。

“标题党”往往具有一定的幽默性，对象是那些出于找乐子为目的而点击标题的网友，他们往往乐于上当，希望点进去之后开怀一笑。一般而言，“良性标题党”既可以娱乐自己，也可以娱乐大众；“恶性标题党”则是浪费了网友的时间，欺骗网友的感情，使网友错过真正有价值的信息，造成“狼来了”的悲剧。更有甚者，使用一些“性爱”“暴力”“罪恶”等字眼，严重污染版面，以期达到令目睹者触目惊心的效果。

延伸阅读

《热点事件舆情传播频现“标题党”或致舆情失焦和误判》(http://news.xinhuanet.com/yuqing/2016-04/14/c_128895331.htm，作者詹婧)。

第三章　消息的导语

第一节　消息导语的作用

一、导语作用是引导读者读下去

消息导语即消息的开头，它以简洁的文字，写出消息中最重要、最精彩的事实，提纲挈领，牵引全文，吸引读者。

从字面上看，“导”的原意就是“引导”，即引导读者读下去。导语一般情况下是新闻开头的第一段或第一句话。近年来新闻文体发展很快，出现了双导语或多导语，就是说第一段、第二段甚至第三段都是导语部分。

消息导语是随着新闻事业的发展、新闻实践的深入发展起来的，最早的消息是没有“导语”这个概念的，随着消息文体的固化，很多人养成阅读消息仅阅读导语的习惯，没有导语的消息现在看起来很别扭。

我们先看下面一篇通讯员提供的文章。这篇文章是笔者应大唐甘肃碧口电厂之邀给电厂进行新闻写作培训时，电厂通讯员拿出来让笔者帮助修改的一条消息。原文如下：

碧口水库根据天气预报做好防汛工作

本报讯　根据5月23日18时中央气象台发布的短时天气预报，甘肃南部未来24小时内有中到大雨，局部地区有强降雨天气过程，防汛办发布短信预警信息提醒各部门做好防汛工作。23 日 20 时至 24 日 8 时，在白龙江流域普降中到大雨过程中，在干流主要产沙区蒿子店、武都、外纳、宕昌、舟曲等地出现了短时强降水，武都站 12 小时降雨量达到了 60 毫米。水调中心主任李海洲凭借从事水库调度工作十几年的调水调沙经验，敏感地发现这场洪水是碧口水库实施异重流排沙调度的最好机遇，通过多方协调各部门，科学预测本次暴雨洪水的特点特性，在 24 日零时联系碧口电站三台机组满发提前腾库降水位，为后续的排沙调度工作提供低水位条件。24 日 8 时，根据水文站报汛的流量情况准确预测本次白龙江洪水沙峰将于 24 日 17 时许到达碧口水库，水调中心果断采取措施，于 16 时 30 分开启排沙洞，通过三台机组和排沙洞进水口高程相差较大的特点进行水库异重流排沙，20 时测得机组泥沙含量 11.1 千克 / 立方米，排沙洞泥沙含量 17.5 千克 / 立方米。随着洪水的不断入库，泥沙含量不断增大，23 时机组泥沙含量 17.8 千克 / 立方米。排沙洞泥沙含量 39.1 千克 / 立方米；25 日 5 时机组泥沙含量 13.34 千克 / 立方米，排沙洞泥沙含量 19.71 千克 / 立方米；10 时机组泥沙含量降低至 9.7 千克 / 立方米，排沙洞泥沙含量降低至 13.1 千克 / 立方米。随着水库入库流量的逐渐减小，10 时 40 分关闭排沙洞。

据统计，排沙过程中机组泥沙含量最大 22.30 千克 / 立方米，排沙洞泥沙含量最大 39.10 千克 / 立方米。排沙历时 18.2 小时，引用排沙水量 1928 万立方米，排沙 40855 万千克。此次异重流排沙调度过程由于判断洪水沙峰入库时间准确，将洪水携带的大量泥沙直接从碧口水库穿堂而过，避免了大量泥沙的淤泥造成机组进水口拦污栅堵塞、泄水建筑物门前淤积，同时延长了水库的使用寿命，增加了水库的长期使用效益。

笔者看到这条消息的第一感觉是这个通讯员的文字功底很好，采访深入，叙述事实按时间顺序，清楚明确，但对消息这种体裁的掌握不够。

如果读者有耐心看完这条消息，也会感觉写得并不简单明了，原因是什么？原因就是没有按消息的格式进行写作，不符合人们的阅读习惯。首先没有导语；其次是文章太长，分段少，读起来很累。整篇文章有点儿像报纸初创期的报道。

笔者稍加修改后：

未雨绸缪　雨来排沙（引题）
碧口水库巧调度排沙清淤（主题）

本报讯　5月24日，大唐甘肃碧口水库水调中心根据权威气象预报，根据强降雨天气即将来临的情况，科学调度，成功地进行了排沙作业。

5月23日18时，中央气象台发布短时天气预报，甘肃南部未来24小时内有中到大雨，局地有强降雨天气过程，而根据预报，5月23日20时至24日8时，白龙江流域将普降中到大雨。

大唐甘肃碧口水库水调中心主任李海洲凭借从事水库调度工作十几年的调水调沙经验，敏感地发现这场洪水是碧口水库实施异重流排沙调度的最好机遇，于是，多方协调各部门，根据预测到的本次暴雨洪水的特点特性，果断联系碧口电站3台机组在24日零时开始满发，提前腾库降水位，为后续的排沙调度工作提供低水位条件。

5月24日17时许，白龙江洪水沙峰到达碧口水库，而此时，水调中心已经果断采取了措施，于半小时前开启了排沙洞，通过3台机组和排沙洞进水口高程相差较大的特点进行水库异重流排沙。随着水库入库流量的逐渐减小，10时40分关闭排沙洞。

据统计，排沙过程中机组泥沙含量最大22.30千克/立方米，排沙洞泥沙含量最大39.10千克/立方米，排沙历时18.2小时，引用排沙水量1928万立方米，排沙40855万千克。

此次异重流排沙调度过程由于判断洪水沙峰入库时间准确，将洪水携带的大量泥沙直接从碧口水库穿堂而过，避免了大量泥沙的淤泥造成机组进水口拦污栅堵塞、泄水建筑物门前淤积，同时延长了水库的使用寿命，增加了水库的长期使用效益。

对于这篇文章，笔者重新制作标题后只是加了导语，稍稍调整了一下行文顺序，删除了过于精确又无太大实际意义的数据，很多人看后，都觉得阅读起来很轻松。其实，笔者的修改只是适应了人们的阅读习惯而已。

现在，重要的消息几乎都有导语。其实，以前的报刊，消息是没有导语的，只是直接陈述新闻事实。这并不奇怪，因为导语是随新闻实践的发展而逐渐完善的。

二、导语扼要地提示消息的核心内容

导语是消息中最新鲜、最主要的事实（极少时候也可以包括精辟的议论）组成。它扼要地提示消息的核心内容，以吸引读者。尽管导语可以有一些变化，但万变不离其宗:“最重要者最先”“最新鲜者最先”“最引人注目者最先”。

通常，记者在采访之前、采访中间和采访之后，头脑中始终在思考一个问题：所采访的新闻的核心内容是什么，如何恰当地来表现它。当这种思索一旦成型并付诸文字，最先落实的部分往往就是新闻的开头——导语。导语完成了，消息标题的拟定和消息正文的写作也就比较顺畅了。成功的导语能抓住读者的眼球，让读者读下去。

1977 年 10 月 24 日《人民日报》刊登了一条新华社消息《“飞蝗蔽日”的时代一去不返》，其导语如下：

新华社沈阳 1977 年 10 月 23 日电　危害我国数千年的东亚飞蝗之灾，如今已被我国人民和科学工作者控制住了。我国已经连续 10 多年没有发生过蝗灾。有关部门准备把这项重要成果推荐给我国科学大会。

只读上面的导语，我们就知道这条消息将如何展开：东亚飞蝗危害我国的历史及灭蝗之难，过去 10 年我国人民和科学工作者灭蝗工作的艰辛及成功的经验以及推广这个经验的巨大现实意义。

关于导语的作用和重要性，国内外的专家、学者、新闻机构论述得够多了，现摘其精华展示。

美国学者威廉・梅茨认为导语如橱窗。导语的作用主要是告诉读者这条消息的内容是什么，使读者愿意看下去，必要时制造适当的气氛。

美国学者梅尔文·门彻在《新闻报道与写作》中说，有效的导语必须满足两个要求：它抓住了事件的实质；它吸引读者或听众为该报道停留。

在徐宝璜撰写的我国第一部新闻学专著《新闻学》中，对导语做过专门的论述："新闻之格式，乃分为撮要与详记二部。新闻之第一段，曰撮要；其次诸段，曰详记。""新闻之撮要，以新闻之精彩及数问题之简单答案组成之。"①这里的"撮要"，即现代意义的导语。

《实用新闻学》（任白涛著，1922 年出版）中说："新闻记事之制作，欧美报界从来有一惯例，即将事件要纲，提置于起首做冒头。"这里的"冒头"即导语。

《实际应用新闻学》（邵飘萍著，1923 年出版）中说："将第一段为大概之叙述，以后再叙述远因近因。"这里的"大概之叙述"也指导语。

第二节 导语与新闻要素

一、导语是否要求六要素俱全

导语既然要求扼要地提示消息的核心内容，如何才是"扼要地"？导语中把消息的六要素（何时、何地、何人、何事、为何、怎样）全部包括进去算不算"扼要"？

要弄明白这一点需要从导语的发展说起。

据《当代新闻写作》介绍："导语产生于美国南北战争时期。那时，莫尔斯发明的电报已用于新闻传播业，但是作为一种新的传播手段，电报技术还很不完备，常常不能保障新闻从头到尾完整收发和传播。于是，通讯社采取了一种应急措施，即把最重要的内容放在第一部分先发出去，细节放在以后再说。"②我们在第一编第一章讲解倒金字塔结构时已探讨过这个问题。

或许是这种先报重要内容的方式满足了人们的猎奇心理，这种报道方式

① 徐宝璜：《新闻学》，中国人民大学出版社 1994 年，第 60 页。

② 白贵、彭焕萍：《当代新闻写作》，中国人民大学出版社 2013 年，第 51 页。

很快为人们所接受，再后来，人们把新闻的各种要素都塞进导语，并很快形成风气在全世界推广开来。有的教科书把它称为“第一代导语”。

“第一代导语”在新闻文体发展中起到了重要作用，它具体、完整，读者看完导语就基本上了解了消息的基本内容。

但是，试想一下，当某个地方发生了一件新闻事件，所有的报纸去报道同一内容时都使用这样的六要素俱全的导语是什么样子？那必然是千篇一律的面孔，毫无特点可言。

鉴于这种情况，在新闻实践中，一些新闻工作者尝试在导语中只强调部分要素，而这部分要素被新闻工作者认为是读者最关心的，其他的要素在主体部分展开。这种部分要素导语是对六要素导语的进一步发展。

现在，各类教科书对导语的归纳很多，将之分为“第一代导语”“第二代导语”和“第三代导语”都不乏科学性。笔者认为，导语要求扼要地提示消息的核心内容，是否六要素俱全并不重要，重要的是读者是否关心这些要素。如果读者关心全部新闻要素，那六要素俱全也未尝不可，如果读者只关心某一新闻要素，那就强调这一新闻要素好了。当然，前提还是简洁。

1945 年 8 月 14 日，美国杜鲁门总统宣布，日本已无条件投降。美联社在抢发这条爆炸性的新闻时，导语干脆利落：“日本投降了！”这条导语只强调一个新闻要素，虽短却力举千钧，当时就被新闻界公认为“最佳导语”。

六要素俱全的导语也并非不能成佳作——《一辆二十六路无轨电车翻车》这条消息被评为 1979 年全国好新闻作品，其导语就是六要素俱全。其导语如下：

本报讯　昨天清晨 6 点 20 分左右，一辆 26 路无轨电车驶经淮海中路近宛平路口时，发生了翻车事故，车上近 60 名乘客有 26 人受伤，其中 4 人受伤较重，并造成车辆严重损坏。

（《解放日报》1979 年 8 月 12 日）

即使是对同一新闻事件，不同的媒体报道可能是全要素的，也可能不是全要素的。有的强调这个要素，有的强调另一要素，就看写作者想要强调的是什么，或者受众最关心什么。

比如就人类登月这件重大事件的报道，同样是当时国际上较大的通讯社，写作的导语就有很大的差别。法新社的报道中导语包含的新闻要素较多，而合众国际社的报道则只突出了“人类登月”这一要素。

法新社的导语：

法新社休斯敦1969年7月20日电　美国星际航行员阿姆斯特朗今天成了第一个踏上月球的人。

而合众国际社的导语：

合众国际社1969年7月20日电　人类登上了月球！

两条消息的导语可谓各有千秋。

二、如何写好导语

提炼和构思导语，是把握和掌控新闻全篇的关键环节和第一步。

新闻导语的写作在本质上强调直奔主题，但这并不是说所有的导语都只能是千篇一律的“开门见山”模式。所以，导语也应有一些变化。

在新闻实践中，也有少部分新闻工作者觉得写完第一段还意犹未尽，在第二段中继续扼要地提示消息的核心内容。1981年，电视系列片《马可·波罗》在中国开拍，美联社电讯稿的导语就是这样写的：

尽管马可·波罗在他那部写于13世纪的名著中并没有提到长城，但是，美国、意大利、中国合拍的电视系列片《马可·波罗》仍从长城开拍。

昨天晚上，该片宣传负责人恰克·潘恩特说，这部拍摄费高达2200万美元的电视片是西方在中国实地拍摄的第一部艺术片。

一则导语，两个自然段，有声有色，有主有次，读起来方便、自然、舒服。

关于导语的类型，不同的教科书有不同的分类法，有按新闻要素分的，如单一要素导语（人物要素导语、事件要素导语、时间要素导语）、部分要素导语、全要素导语等；也有按写法分的，如叙述式导语、描写式导语、评论式导语、提问式导语等；还有按段落分的，如美国学者梅尔文·门彻在《新闻报道与写作》中说，导语实际上只有直接式导语（一段）和延迟式导语（二段或多段，第一段是主导语，后面是次导语）两种。除此之外，还有“硬导语”“软导语”之说。

说实话，如果不是做学问，要想把这么多种导语都记住，既不容易，也无必要。

现在，我们看到的绝大部分导语都是直接式导语（一段），延迟式导语（二段或多段，主导语和次导语）少之又少。因此，我们首先要掌握好直接式导语，随着新闻实践的深入，再尝试运用延迟式导语写作消息。

直接式导语无非是在新闻的第一段扼要地提示消息的核心内容，也就是说陈述部分或全部新闻要素。当然，为了吸引读者注意，增加的一些变化无非是在这一段的内容中加上一些评论、描述、对比、引语、设问或其他一些修辞手法。

1. 只陈述部分要素的导语

如第 13 届中国新闻奖消息类一等奖作品《看个“咳嗽”要掏 1065 元》的导语：

本报讯　记者李红鹰报道 7 日，武昌杨先生带着 2 岁的女儿到市儿童医院看病，没想到看一个“咳嗽”就要花 1000 多元。因此，他于昨日投诉到本报新闻 110。

（《武汉晚报》2002 年 8 月 10 日，作者李红鹰、吴芳）

2. 陈述全部新闻要素的导语

如美联社的这篇报道：

美联社萨摩亚·阿庇亚 1889 年 3 月 30 日电　（记者约翰·唐宁）南太平洋沿岸有史以来最猛烈、破坏性最大的风暴，于 3 月 16 日、17 日横扫萨摩亚群岛。结果有 6 艘战舰和 10 艘其他船只要么被掀到港口附近的珊瑚礁上摔得粉身碎骨，要么被掀到阿庇亚小城的海滩上搁了浅。与此同时，美国、德国的 143 名海军官兵有的葬身在珊瑚礁上，有的则在远离家乡万里之遥的无名墓地上，为自己找到了永远安息的场所。

这则消息的导语将何时、何地、何人、何事、为何、怎样六个要素全部交代清楚了。由于它标志着第一代导语的确立，被选进了很多教科书（各种版本的文字因翻译或其他原因略有出入），因此，我们在这儿也把它列举出来，供读者学习欣赏。

3. 陈述部分新闻要素或全部要素时，运用评论、描写、对比、引语、设问或其他一些修辞手法写作导语，可以更加引人注目

如运用排比的例子：

新华社华盛顿 1989 年 7 月 21 日电　85 秒！拳王泰森击败挑战者。85 秒！历史上最短的拳王卫冕战。85 秒！1300 万美元尽入腰包。（消息标题《泰森：85 秒卫冕成功》）

又如运用描述的例子：

新华社北京 7 月 1 日电　（记者戴威国）1997 年 7 月 1 日零时，在香港会议展览中心新翼举行的中英香港政权交接仪式上，英国米字旗刚刚落下，中国的五星红旗徐徐升起。中国政府向全世界宣布恢复对香港行使主权。（消息标题《中国政府恢复对香港行使主权》）

还有进行评论的例子：

新华社北京 1999 年 8 月 18 日电　世界各地的天文学家证实，8 月 18 日没有发生特殊的天文现象，更没有发生地球毁灭这样的大劫难。世界各地的人们像往常那样度过了平静的一天，"天体大十字"这一"末世论"预言宣告破产。（第 10 届中国新闻奖一等奖消息作品，消息标题《"天体大十字"预言宣告破产》）

还有对比映衬的例子：

本报讯　几年前，只有很少的中国人能够向外来人指明华东浙江省中部偏远城市义乌在哪里。而今，这个小城市内有2.7万个摊位的小商品市场，已成为寻求购买成批货物和考验计价还价技巧的商人和购物者的远近闻名的采购目的地。

（转引自《当代报刊编辑艺术》，复旦大学出版社，2006年12月，韩松、黄燕著）

另外，引语引导或设问作答例子也不少。这类导语首先提出问题或者摆出困惑，引起受众的关注和兴趣，以激起他们继续阅读下文的欲望。

直接引语用作导语是传统媒介上常见的样式之一。挑选"掷地有声"的"点睛"之语，能起到一语胜千言之效。

现在，各种新闻写作教科书以及网络上就如何写好导语有很多归纳：一语破的法、设置悬念法、欲擒故纵法、化静为动法、拟人修辞法、数字对比法、特写镜头法、古诗名句法等不下几十种。其实说白了，不外乎是陈述部分要素或全部新闻要素时，运用各种表现手法的变化而已。

延迟式导语在新闻报道中见到的不是很多。它主要有两种情况，其中一种情况是分主次导语，次导语补充所叙述的新闻事实或新闻要素，有的教科书称其为"补充导语"。有了次导语作补充，主导语身上的负担便会减轻，主导语变得更加简洁、更突出、更有力。如下面的例子：

中国为世界最古老的水利工程系上"安全带"的四川紫坪铺水利枢纽工程，今天在中国西南四川省的岷江上游破土动工。（主导语）

专家说，这个工程的修建将极大地提高仍在蓄水服务农业的古老水利工程——都江堰灌溉保证率，并大大延长都江堰自身的寿命。（次导语）

（转引自韩松、黄燕：《当代报刊编辑艺术》，复旦大学出版社2006年12月版）

在新闻传播发达的美国，对于延迟式导语有另一种解释，它被称作“特写导语”或“软导语”。它通过几个段落逐渐切入正题，先不告诉读者报道的主要内容，而是采用描写或讲故事的方法引起读者的兴趣。

采用这种方法往往会增加消息的可读性，但是也会产生问题：当今时代充满了缺乏耐心的读者，如果不及时将核心的内容告诉读者，读者很可能忽视这条消息。所以，延迟式导语段落不可太多。

下面是国外经典新闻写作的一个例子：

一名紧张的航空服务员在尿液药检时遇到了困难。因此，她喝了一杯水，再一杯，再一杯。

在3个小时内狂饮3升水之后，她仍然不能排尿。但是数小时后，这位40岁的妇女蹒跚走进加州伯林格姆的一家医院，她说话含糊，思维紊乱。

诊断结果是：她喝醉了——由于水。

医生们昨天在《美国医学杂志》中发表报告说，这位身份不明的圣马特奥县居民是第一个因为药检而遭受“水中毒”的人。据公开报道记载，健康人遇到这种危险除此之外至今只有七个案例，这种情况引起脑细胞积水以及体内矿物质的稀释，其中有一人死亡。

（奈特—里德报团/论坛新闻社，转引自卡罗尔·里奇：《新闻写作与报道训练教程》，钟新等译，中国人民大学出版社2012年版，第123页）

这条延迟式导语可谓增加了文章的可读性，“延迟”也不过度，算得上是一篇成功之作。但是大多数作品给人的感觉却并不好，由于要使用太长的篇幅才能涉及报道的要点，在美国新闻学杂志上不乏猛烈抨击这种导语的文章，我们学习时要慎之又慎。

三、经典消息作品导语欣赏

为了让有志于新闻工作的爱好者写好消息，笔者专门撷取一些经典消息的导语，供大家欣赏、学习和模仿。

美联社柏林 1938 年 9 月 16 日电　阿道夫·希特勒已正式要求将捷克斯洛伐克苏台德地区划入德国版图，并要求修改其外交政策，使之与德国的外交政策保持一致。

这是美联社围绕着臭名昭著的“慕尼黑阴谋”播发的电讯报道，消息标题《希特勒鲸吞苏台德》。此条消息与另外七条“快讯”同时发表，对“慕尼黑阴谋”的报道非常充分。

本报讯　欧洲大战于昨天拂晓爆发！

这是 1939 年 9 月 2 日凌晨 2 时《纽约先驱论坛报》的消息，文章标题是《德军入侵波兰　欧战爆发》。记者对第二次世界大战全面爆发的前奏进行了充分的报道。

美联社伦敦 1945 年 4 月 21 日电　柏林电台今晚说，苏联红军坦克已攻入烈火熊熊、遍地废墟的首都主要大街，离市中心只有三英里了。

柏林电台说，从三面包围柏林的苏军，今天发起了总攻击。

苏联红军攻克柏林的战役从 1945 年 4 月 16 日开始到同年 5 月 2 日结束，进行了 16 昼夜。美联社进行报道时全部援引敌对双方的电台、通讯社提供的最新事实材料，导语也不例外。消息标题为《红军坦克攻入柏林　德京烈火熊熊　红军距市中心仅三英里　纳粹少年团投入巷战》。

本报米兰 1945 年 4 月 29 日电　贝尼托·墨索里尼昨晚回到了他的法西斯主义诞生的那个城市。他是被一辆大篷货车载到这里来的——他的尸体躺在一堆尸体上，躺在同他一道被枪毙的他的情妇和 12 个男人的尸体上。这一伙都是昨天被意大利游击队员枪毙的。墨索里尼的垮台、逃跑、被捕和被处

决构成了一出丑剧。今天上午，在洛莱特市场，这出丑剧的最后，也是最丑恶的一幕，终于结束了。

这条《墨索里尼悬尸米兰街头》的消息载于1945年4月30日美国《纽约时报》，法西斯头目之一墨索里尼被处决是令全世界瞩目的一件大事，这条消息的导语里有描写、有评论。

美联社1945年8月14日电　日本投降了！

这条消息的标题为《东京宣布无条件投降 盟军接受日本投降 麦克阿瑟任驻日盟军总司令》。该消息导语部分仅用了五个字就报道了全世界人民急欲知道的内容。

中国新闻奖作品也有许多精彩的导语。例如：

本报讯　5分钟前，一列银灰色的地铁列车，在仅距地面2.8米的地下，首次穿过世界最大的广场——天安门广场。（消息标题《中国地铁列车今天穿过天安门广场》）

新华社香港1997年7月1日电　在香港飘扬了一百五十多年的英国米字旗最后一次在这里降落后，接载查尔斯王子和离任港督彭定康回国的英国皇家游轮“不列颠尼亚”号驶离维多利亚港湾——这是英国撤离香港的最后时刻。（消息标题《别了，“不列颠尼亚”》）

本报海口1月7日电　记者朱海燕报道　我国第一艘跨海火车渡船——粤海铁1号，像漂移的陆地，载着火车驶向海南。

今天上午9点15分，渡船从琼州海峡北港出发，10点1分抵达海口南港。（消息标题《今天火车登陆海南》）

本报讯　记者石磊报道　祖籍沧州的郑先生在沪经商数年，前不久他从上海返乡，连遇两个“没想到”。

一是石家庄到沧州的高速公路上舒适、快捷、干净的旅途让他连说“没想到：过去要走六七个小时的路程现在只用3个小时”。二是他离家前买的1996年版的《河北省地图册》已失去了作用，因为里面的河北交通图上，只标有京石和石太两条高速公路，而现在连沧州这个号称“交通死角”的地方都有两条高速公路穿过。（消息标题《我省交通图五年七变》）

延伸阅读

《精心打扮凤头　重视导语写作——兼评“中国新闻奖”部分消息的导语》（《新闻与写作》2006年第9期，作者刘保全）。

第四章　消息的主体

第一节　主体的功能

主体不是导语的重复

消息导语只是扼要地陈述新闻事实，消息主体部分才是消息内容的具体呈现，并为读者提供新闻事实发展的来龙去脉。

消息主体即消息的主干或者消息的躯干，其由消息导语引出，是消息导语之后新闻事实的展开部分。如果说消息的导语已经包含了消息的部分或全部要素的话，消息主体部分则重点陈述新闻事实“怎么样”发生的。因此消息主体的作用不外乎以下几点。

其一，解释功能。对导语做出解释，使导语中的事实更加清楚，更加详细，以满足受众深入了解新闻事件的要求。

其二，补充功能。补充导语中没有提到的其他有关新闻事实，以便保证新闻报道的完整。

消息应该是无疑点的。如果读者读完一条新闻，觉得该知道的事都知道了，在头脑中没有留下什么疑问，那这条新闻就可以说是完整了。由于消息的导语往往省略部分新闻要素，对事实的叙述是扼要的、概括的，因此消息的主体部分就要承担起补充新闻事实的功能，使消息没有疑点。

请看下面的例子：

中电投集团新建锦赤铁路开工

本报讯　记者苏伟报道　辽宁锦州至内蒙古自治区赤峰铁路新建项目6

月19日在锦州开工。（导语简明扼要）

新建锦州至赤峰铁路项目北起赤峰，南至锦州港，正线全长约282千米，主要承担内蒙古锡林郭勒盟白音华及周边煤田至辽宁锦州港下水煤炭的南运任务。（补充功能，补充导语中没有提到的其他有关新闻主题的事实，以便保证新闻的完整）

今年3月21日，新建锦赤铁路项目获国家发展改革委核准，工程投资估算总额为71.46亿元。该工程由中国电力投资集团公司下属白音华煤电有限责任公司、大唐国际发电股份有限公司、中国国电集团公司、华润电力投资有限责任公司按52%、16%、16%、16%的比例出资建设，建设工期36个月，为国家I级铁路，远期输送能力为9000万吨/年，客车2对，工程计划2011年年底建成。新建锦赤铁路由中国电力投资集团公司控股开发、建设、运营。（解释功能，对导语做出解释，使导语中的事实更加清楚，更加详细，以满足受众深入了解新闻事件的要求）

锦赤铁路以及锦州港5000万吨/年专业化煤炭码头等项目，均是白音华煤田整体开发的配套项目，锦赤铁路与原有的赤白铁路连接后，将把白音华煤田、蒙东地区同辽宁地区连为一体，来自内蒙古锡林郭勒草原的煤炭将提供给锦赤铁路沿线特别是辽宁地区，从锦州港下水运往南方，为建设北煤南运大通道起到积极作用，也为辽宁沿海经济带重要组成部分的锦州湾建设增加了新的内容。（补充功能，补充导语中没有提到的其他新闻事实，以便保证新闻的完整）

此外，锦赤铁路将随着中蒙口岸珠恩嘎达布其至白音华铁路的建成，成为又一条中蒙国际铁路大通道。（结尾，补充新的事实）

（《中国电力报》2008年6月23日）

通过上述案例可以看出，许多新闻如果在主体中不增添部分导语中没有提及的事，便显得残缺不全，读者读后总觉得还欠点什么内容。

需要指出的是，在新闻主体中增添新的事实，必须遵循如下的原则：所添加的事实要同导语中的事实有密切的关系，而且要少而精。否则，写出的新闻就可能漫无边际。

有的新闻，主体部分既是对导语做出解释，使导语中的事实更加清楚，更加详细，以满足受众深入了解新闻事件的要求；同时，又是补充导语中没有提到的其他有关新闻主题的事实。“解释”和“补充”交错进行，如上面这条消息的第二段、第三段和第四段是消息的主体部分，如果我们仔细分析，主体部分既对导语做出解释，使导语中的事实更加清楚，更加详细，满足了受众深入了解新闻事件的要求，同时，又补充了导语中没有提到的其他有关新闻主题的事实，使新闻更完整。

上述案例还说明，消息主体中的解释和补充，常常是交替使用的，也就是说，在一条消息中，常常既有解释，也有补充；而在同一段落中，也可能既有解释，也有补充。

“解释—补充—解释—补充”，这种交叉进行或水乳交融的消息主体，读来趣味盎然，值得大力提倡。

第二节　消息的主体与消息的结构

在本编的第一章，我们讲过消息的结构。这里，我们着重讲解如何根据消息的结构要求安排消息主体。我们先看下面的文件材料。

国家能源局全面推行电力业务资质许可告知承诺制实施方案

国能发资质〔2021〕37号

为深化“证照分离”改革，优化营商环境，进一步激发市场主体发展活力，按照《国务院关于深化“证照分离”改革进一步激发市场主体发展活力的通知》(国发〔2021〕7号)、《国务院办公厅关于全面推行证明事项和涉企经营许可事项告知承诺制的指导意见》（国办发〔2020〕42号）有关要求，国家能源局决定全面推行电力业务资质许可告知承诺制，结合电力业务资质许可工作实际，制订本方案。

一、指导思想

以习近平新时代中国特色社会主义思想为指导，全面贯彻党的十九大和十九届二中、三中、四中、五中全会精神，按照党中央、国务院决策部署，坚持以人民为中心的发展思想，贯彻落实“证照分离”改革要求，全面推行电力业务资质许可告知承诺制，创新许可服务理念和管理方式，方便企业和群众办事创业，实现审批更精简、监管更高效、服务更优质，助力能源高质量发展。

二、工作目标

自方案印发之日起，办理电力业务许可、承装（修、试）电力设施许可事项时实行告知承诺制，以国家能源局派出机构（以下简称派出机构）清楚告知、企业和群众诚信守诺为重点，形成标准公开、规则公平、预期明确、各负其责、信用监管的许可模式，从制度层面为企业和群众办事创业提供更大便利。

三、工作内容

（一）明确告知承诺制的适用范围

办理电力业务许可、承装（修、试）电力设施许可所有事项适用告知承诺制。

（二）确定告知承诺制的适用对象

办理电力业务许可、承装（修、试）电力设施许可事项时，申请人可自主选择是否采用告知承诺制方式办理。申请人不愿承诺或者无法承诺的，按照一般程序办理。申请人有较严重的不良信用记录或者存在曾作出虚假承诺等情形的，在信用修复前不适用告知承诺制。

（三）规范告知承诺制工作流程

国家能源局按照全面准确、权责清晰、通俗易懂的要求，制定许可告知承诺制办理流程、办事指南、告知承诺书等格式文本，通过国家能源局资质和信用信息系统、派出机构对外服务场所及网站等渠道公布，方便申请人查阅、索取或者下载。书面（含电子文本，下同）告知的内容包括办理事项名称，审批依据，许可条件和材料要求，承诺方式，不实承诺可能承担的民事、行政、刑事责任，派出机构核查权力，承诺书是否公开、公开范围及时限等。书面承诺的内容包括申请人已知晓告知事项、已符合相关条件、愿意承担不实承诺的法律责任以及承诺的意思表示真实等。申请人自愿签署告知承诺书并按要求提交材料，派出机构应当当场作出行政许可决定。

（四）加强事中事后核查

派出机构针对电力业务许可、承装（修、试）电力设施许可事项特点和各地区企业实际情况，按照事中事后核查指引，制定具体核查办法，明确时间、方式以及是否免予核查。对于免予核查的事项，派出机构要综合运用“双随机、一公开”监管、重点监管、“互联网＋监管”等方式实施日常监管，不得对通过告知承诺制方式办理许可的企业采取歧视性监管措施。在核查或者日常监管中发现承诺不实的，对采用隐瞒或欺骗等手段取得许可的，依法撤销许可决定；对不符合许可条件的，责令其限期整改，逾期不整改或整改后仍不符合条件的，依法撤销相关许可决定。违反《电力业务许可证管理规定》《承装（修、试）电力设施许可证管理办法》等许可管理规定的，予以行政处罚并纳入信用记录。

国家能源局依托全国一体化政务服务平台、全国信用信息共享平台、资质和信用信息系统等推进跨地区、跨部门、跨层级数据共享和业务协同。派出机构要利用政务信息共享平台、政务服务移动客户端等收集、比对相关数据，实施在线核查，也可以通过检查、勘验等方式开展现场核查。确需现场核查的，要优化工作程序，避免增加企业和群众负担。相关数据尚未实现网络共享、难以通过上述方式核查的，可以请求其他行政机关协助核查。

（五）加强信用监管

国家能源局加强告知承诺信用管理制度建设，依法科学界定告知承诺失信行为。建立告知承诺信用信息记录、归集、推送工作机制，完善信用修复、异议处理机制。派出机构应将承诺人履行承诺情况全面纳入信用记录，依托资质和信用信息系统，推进信用信息互联互通和共享。按照信用状况实施分类监管，对于存在隐瞒、欺骗等承诺不实情形的，依法依规给予行政处罚并纳入信用记录，对不同失信情形实施相应惩戒措施。

（六）强化风险防范措施

国家能源局建立承诺退出机制，在行政许可事项办结前，申请人有合理理由的，可以撤回承诺申请。派出机构要加强行政指导，强化告知和指导义务。根据政府信息公开等规定，通过对外服务场所、网站等向社会公开许可决定、告知承诺书，接受社会监督。根据有关法律规定，做好有关个人信息和商业秘密保护。

四、保障措施

（一）加强组织领导

国家能源局应切实加强全面推行告知承诺制工作的监督指导，持续完善制度建设，及时研究解决推行告知承诺制过程中遇到的问题。派出机构要结合本地实际，多措并举，精心组织实施，落实方案要求，总结经验，在实施过程中出现重大问题要及时报告。

（二）做好宣传培训

国家能源局及其派出机构要组织开展告知承诺制宣传及培训工作，通过报刊、广播、电视、互联网等渠道广泛宣传，加强政策解读，合理引导社会预期，及时回应社会关切，为全面推行电力业务资质许可告知承诺制营造良好的社会氛围。

国家能源局

2021 年 8 月 19 日

(http://zizhi.nea.gov.cn/html/2021/zzdt_0827/3008.html)

根据这个文件材料，再加上补充采访的方案编制情况说明，若写一条消息，我们如何安排消息结构？根据我们前面所讲的，首先是拟一个标题，然后是导语，最后是安排主体，消息初稿是这样的：

电力业务资质许可告知承诺制全面推行

本报讯　记者苏伟报道　8月26日，《国家能源局全面推行电力业务资质许可告知承诺制实施方案》（以下简称《实施方案》）正式印发，标志着电力业务资质许可告知承诺制开始全面推行。

《实施方案》是国家能源局按照《国务院关于深化“证照分离”改革 进一步激发市场主体发展活力的通知》（国发〔2021〕7号）、《国务院办公厅关于全面推行证明事项和涉企经营许可事项告知承诺制的指导意见》（国办发〔2020〕42号）有关要求，先进行试点总结经验，再经过广泛征求意见后制定的。2020年6月开始，国家能源局在上海市、湖北省、浙江省、海南自由贸易试验区、深圳社会主义先行示范区组织开展了电力业务许可、承装（修、试）电力设施许可告知承诺制试点工作，在总结试点工作经验基础上，草拟了《实施方案》初稿，在国家能源局范围内多次征求意见并进行修改后，于6月29日至7月28日在国家能源局门户网站面向社会进行了为期30天公开征求意见。根据各方反馈意见修改完善后，8月9日，《实施方案》通过审核，形成送审稿。随后，送审稿提请国家能源局局长办公会审议通过。

《实施方案》印发后，办理电力业务许可、承装（修、试）电力设施许可事项时实行告知承诺制，以国家能源局派出机构清楚告知、企业和群众诚信守诺为重点，形成标准公开、规则公平、预期明确、各负其责、信用监管的许可模式，从制度层面为企业和群众办事创业提供更大便利。

国家能源局派出机构针对电力业务许可、承装（修、试）电力设施许可事项特点和各地区企业实际情况，按照事中事后核查指引，制定具体核查办法，明确时间、方式以及是否免予核查。对于免予核查的事项，派出机构要综合运用“双随机、一公开”监管、重点监管、“互联网+监管”等方式实施日常监管。在核查或者日常监管中发现承诺不实的，对采用隐瞒或欺骗等手段取得许可的，将依法撤销许可决定；对不符合许可条件的，责令其限期整改，逾期不整改或整改后仍不符合条件的，依法撤销相关许可决定。违反《电力业务许可证管理规定》《承装（修、试）电力设施许可证管理办法》等许可管理规定的，予以行政处罚并纳入信用记录。对不同失信情形实施相应惩戒措施。

如果我们稍做研究，该消息稿若按倒金字塔结构修改更好：

电力业务资质许可告知承诺制全面推行

本报讯　记者苏伟报道　8月26日，《国家能源局全面推行电力业务资质许可告知承诺制实施方案》（以下简称《实施方案》）正式印发，标志着电力业务资质许可告知承诺制开始全面推行。这是国家能源局深化“证照分离”改革、优化营商环境的又一重要举措。

《实施方案》以国家能源局派出机构清楚告知、企业和群众诚信守诺为重点，旨在形成标准公开、规则公平、预期明确、各负其责、信用监管的许可模式，从制度层面为企业和群众办事创业提供更大便利。

《实施方案》印发后，企业和群众在办理电力业务许可、承装（修、试）电力设施许可事项时将实行告知承诺制，申请人可自主选择是否采用告知承诺制方式办理，不愿承诺或者无法承诺的，按照一般程序办理；有较严重不良信用记录或者存在曾做出虚假承诺等情形的，在信用修复前不适用告知承诺制。

除规范告知承诺制工作流程外，国家能源局重点加强事中事后核查及信用监管工作。针对电力业务许可、承装（修、试）电力设施许可事项特点和各地区企业实际情况，国家能源局派出机构将按照事中事后核查指引，制定具体核查办法，明确时间、方式以及是否免予核查。

《实施方案》明确，对于免予核查的事项，派出机构将综合运用“双随机、一公开”监管、重点监管、“互联网＋监管”等方式实施日常监管。在核查或者日常监管中发现承诺不实的，对采用隐瞒或欺骗等手段取得许可的，将依法撤销许可决定；对不符合许可条件的，责令其限期整改，逾期不整改或整改后仍不符合条件的，依法撤销相关许可决定。违反《电力业务许可证管理规定》《承装（修、试）电力设施许可证管理办法》等许可管理规定的，予以行政处罚并纳入信用记录。同时，按照信用状况实施分类监管，对不同失信情形实施相应惩戒措施。

据悉，《实施方案》是国家能源局按照《国务院关于深化"证照分离"改革进一步激发市场主体发展活力的通知》《国务院办公厅关于全面推行证明事项和涉企经营许可事项告知承诺制的指导意见》有关要求，先进行试点总结经验，再经过广泛征求意见后制定的。自2020年6月开始，国家能源局在上海市、湖北省、浙江省、海南自由贸易试验区、深圳社会主义先行示范区组织开展了电力业务许可、承装（修、试）电力设施许可告知承诺制试点工作，在总结试点工作经验基础上，草拟了《实施方案》初稿，在多次征求意见后，形成《实施方案》。

（《中国电力报》2021年8月31日）

消息的主体是紧随导语展开的部分。消息的导语中可能包括了部分或全部新闻要素，但并没有告诉受众新闻事实发生的全过程。消息主体的任务就是将导语中高度概括的事实具体化，同时补充导语中尚未出现的新闻要素，补充带有因果性质的材料。

如何将导语中高度概括的诸多新闻事实具体化，这是消息的结构要解决的问题。在本编第一章第二节"消息的结构"中，我们介绍了消息的三种结构类型：金字塔结构、倒金字塔结构和沙漏结构。所有的消息结构方式都离不开这三种结构方式。本条消息修改的原因也正是如此。修改后的见报稿与初稿最主要的区别是，将最重要的新闻事实（解释电力业务资质许可告知承诺制如何实施）提前，放在导语的后面，而将次重要的事实（电力业务资质许可告知承诺制实施方案出台的过程及背景）放在最后。消息的结构严格按倒金字塔结构展开，消息写作中规中矩。

第五章　消息的背景

第一节　消息背景的重要性

一、好消息作品需要背景材料的烘托

什么是背景呢？我们可以这样理解：任何新闻都是在一定的环境和历史条件下产生的，因此与新闻人物和新闻事件形成有机联系的特定环境和历史条件就成了新闻的背景。换言之，背景材料是指在新闻报道中与新闻的主要事实有密切关系的历史情况、社会环境、政治局势、自然情况、人物简历、知识资料和基本数字等。

一篇好消息作品的构成，新闻背景是一个不可忽视的重要因素。尽管不一定每一篇消息的作品都要写背景，但是，一篇好消息作品往往不能没有背景材料的烘托。

以《“飞蝗蔽日”的时代一去不返》(《人民日报》1977 年 10 月 24 日）为例。消息报道的是我国控制蝗灾的伟大成就，记者却选用了大量背景资料，引用众多古诗民谣，向人们生动形象地展示了千年蝗害史。这些背景材料的描述，更加突出了治蝗工作之难，更加突出了治蝗意义之重大。

下面是《中国电力报》2011 年 3 月 23 日刊登的一条消息，也非常好地运用了新闻背景。

国产风机首次登上国家最高科技领奖台

本报讯　记者苏伟报道　一直致力于自主创新制造风机的华创风能有限公司终于修成正果，在刚刚闭幕的2010年度国家科学技术奖励大会上，华创风能有限公司凭借“兆瓦级变速恒频风电机组项目”夺得“国家科学技术进步奖”二等奖。这也是中国风电制造企业首次登上国家最高科技领奖台。

专家鉴定认为，该成果“独立自主完成了兆瓦级变速恒频风电机组设计及制造，在总体设计和控制技术方面具有创新性，该成果的整体技术水平达到了同类产品的国际先进水平”。

据国家有关部门统计，截至2009年底，兆瓦级变速恒频风电机组科技成果已完成装机69万千瓦，新增产值36.23亿元，利税3.19亿元，创外汇344.65万美元，节支总额7900万元。按节能减排计算标准，每年至少可为国家节约标准煤49万吨，减少二氧化碳排放153万吨。

此前，华创风能有限公司在全国同行业创造了“两个率先”：一是率先研制生产出国内首台自主知识产权1.5兆瓦风电机组，成为当之无愧的中国风能自主创新第一家；二是率先生产出国内首台最大容量自主产权3.0兆瓦风电机组。

（《中国电力报》2011年3月23日）

这条消息的导语、主体、结尾都很清楚，由于消息要求是无疑点的，作者最后加了一条背景介绍。

二、消息背景与消息主题的关系

一条具体的消息需要不需要背景来烘托，由新闻报道的客观事实和新闻写作的客观规律决定。前面说过，消息应该是不存疑的，读者在读新闻的时候，既不会随时翻字典、看地图、查各种参考书，也不会把有关的新闻都找到一起来对着读。因此需要在消息里提供给读者有用的背景材料，这样读者才能了解得明明白白。有时，背景介绍与消息主体同等重要。

请看中国新闻奖获奖作品《中国地铁列车今天穿过天安门广场》(第三章讲解消息导语时也以此为例)，这篇报道被许多期刊作为消息写作的范例进行过解读。分析其成功之处：一是段落层次分明，语句简短有力；二是背景运用多但不显累赘。该篇报道中背景介绍差不多占了文章的一半篇幅，下面是背景部分：

30年前(1969年)的国庆节，北京建成了从苹果园到北京站全长23.6公里的地铁一号线，结束了中国无地铁的历史。

15年前(1994年)的国庆节前夕，北京又开通运营了16.1公里的地铁第二期环线。

早在5年前(1994年)，北京地铁的年客运量就已突破5亿人次，而现在，平均每天乘坐地铁的旅客已达140万人次。

北京地铁虽然在当今世界43个国家117个有地铁的城市中，开通年代和运营里程均排在30位以后，但却创下了满载率和单车运营公里两项“世界之最”。

投资75.7亿元人民币的地铁“复八段”的今日开通，使北京地铁通车总里程由原来的41.6公里增加到55.1公里，超过了香港的43.2公里，成为中国六个城市地铁之最。同时也使中国城市地铁的总里程逼近150公里。

目前，中国除北京、天津、香港、台北、上海、广州已开通地铁外，青岛、南京、重庆、深圳、高雄等城市也正在或计划建设地铁。

自1863年伦敦建成世界上第一条地铁到136年后的今天，全世界的地铁长度已接近6000公里。

(《人民铁道报》1999年9月29日，作者李丹雷、风行)

据介绍，为写这条消息，作者在采访前进行了认真准备，收集了大量的相关材料，反复提炼筛选信息之魂和最佳切入点，甚至为写好这篇消息而专门购买了大部头的城市地铁专业理论著作，并对背景材料拟写了初稿。

举行地铁开通仪式的当天，作者提前到现场观察、捕捉鲜活的信息，并抢在首发地铁列车到达天安门站后的第一时间把稿件发回报社编辑部。

直到报纸签发印刷前的最后一刻，作者还对这篇消息的标题、导语、正文反复进行字斟句酌地推敲和修改。

作品中虽然用了大量的背景材料，但这些材料运用得非常巧妙和恰到好处，让人读起来并不感到多余，反而会觉得信息量大、内容丰富、有深度，增加了报道的知识性和趣味性，并对新闻主题的突出、新闻事实意义的揭示、新闻客观性的增强，均起到极为重要的作用。

再看《中原我军占领南阳》(《人民日报》1948 年 11 月 9 日)。这是毛泽东为新华社起草的新闻稿。这条消息没有分段，不符合我们现在的行文习惯，现今读起来似乎有点累，但并不失为一条好消息作品，那它好在哪里?

这条动态消息好就好在背景材料的大量运用。消息主题性强，而主题的表现，不能只靠空洞的议论，还靠事实来说话。在这条消息中，作者借助大量的历史背景来证明南阳自古以来为兵家必争之地，从而突出“中原我军占领南阳”这一新闻事件的重要意义。

第二节　运用背景时需要注意的问题

一、喧宾夺主

消息报道运用背景材料的目的是更好地说明主题，帮助读者理解、读懂消息，背景材料不能冲淡主题，更不能冲击主题。

一般而言，消息背景写得不宜过长过多，我们前面为了说明消息背景的作用列举的消息，其背景都比较长，这是因为背景在某种程度上充当了主体的作用。像《中国地铁列车今天穿过天安门广场》这条消息中的背景介绍，背景之长更是达到顶峰，这是这篇消息行文的需要，背景虽然占了大量篇幅，却不会让读者感觉冗长。当然这是很个别的情况，大量的消息要求运用背景材料要少而精。

还是以《我国完成世界首次 5000 米高海拔电气试验》(《中国电力报》

2011 年 7 月 25 日第 1 版，见上编第一章第一节）为例。这条消息简短地介绍了什么是“电气间隙放电试验”，在同类型地区做过哪些“电气间隙放电试验”，背景介绍既简短，又突出了主题。

二、漫无目的

这里说的忌“漫无目的”，是要求运用背景要有明确的目的性，要注重向大多数受众提供有用的信息，这就涉及媒体的定位问题。如果是专业媒体，其受众大多是专业人士，对于一些简单的专业术语可能不需要过多解释甚至根本不需要解释，而大众化媒体面临的大多是普通大众，可能就需要多费点笔墨作背景介绍。另外，全国性媒体、省级媒体、地市级媒体在消息报道上，对背景的选择也应该有所不同。

《科技日报》2016 年 7 月 28 日发表了一篇记者张盖伦撰写的消息《加纳微堆低浓铀堆芯零功率实验首次临界成功》。因为《科技日报》的读者是各行各业的科技工作者，受众面广，不明白核领域的知识是正常现象，所以有必要对“微堆”“低浓化”进行解释；如果该报读者都是核领域的科技工作者，就没有必要进行背景介绍了。

三、呆板罗列

背景材料是为消息主体服务的，因此，哪里需要背景材料助阵，哪里就应有背景来帮衬。消息背景材料既可以出现在消息标题中，也可以出现在消息导语中，还可以出现在消息主体和消息结尾中，当然也可以独立成段排列。

消息标题中经常有起提示作用的背景资料。如《人民日报》2000 年 11 月 10 日刊登的一条消息的标题：

现代科学研究揭开千古学术悬案（引题）
《夏商周年表》正式公布（主题）
我国历史纪年向前延伸了 1200 多年（副题）

前面讲过，导语要求简短、扼要，但并不一定排斥背景材料。比如，下面这篇消息将背景材料放在导语中，同新闻事实巧妙地安排在一起，简明扼要，有助于开宗明义，增强新闻的价值和吸引力。

新华社北京1950年8月26日电　在历史上一向被称为“半年糠菜半年粮”的山西太行区，经过了土地改革和初步的建设工作，广大乡村已改变了过去的贫苦面貌，千万个富裕的农民家庭蓬蓬勃勃地发展起来。（消息标题《太行山老区土地改革后农村经济生活迅速上升》）

“在历史上一向被称为‘半年糠菜半年粮’的山西太行区”，背景介绍放在导语中，短而精。

与主体放在一起的例子也不鲜见。其处理方式是将背景材料同新闻事实融为一体，放在同一个自然段落中，既为新闻事实做铺垫，又成为新闻事实不可分割的组成部分。

也可以根据表现主题和演化主题的需要，将背景材料化整为零，灵活穿插，巧妙地运用到关键处，使之同新闻主体紧密结合，自然地对新闻事实进行解释、说明、衬托、对比，以帮助读者加深对新闻事实及其特点、意义的理解。如下面的例子：

2021—2022年秋冬季大气污染综合治理攻坚方案出炉
攻坚范围扩大至冀北、晋北、鲁东、鲁南和豫南的部分城市

本报讯　记者苏伟报道　10月29日，生态环境部、国家发展改革委、国家能源局等十部委和相关七省（市）人民政府联合印发《2021—2022年秋冬季大气污染综合治理攻坚方案》（以下简称《方案》），强调坚决遏制“两高”项目盲目发展，有序推进北方地区清洁取暖，积极稳妥实施散煤治理，深入开展锅炉和炉窑综合整治。

《方案》透露，2020年秋冬季，京津冀及周边地区、汾渭平原细颗粒物（PM2.5）浓度比2016年同期分别下降37.5%、35.1%，重污染天数分别下降70%、65%，人民群众蓝天获得感、幸福感明显提高。但空气质量改善成果还不稳固，直接影响“十四五”空气质量改善目标任务的完成。

《方案》明确，2021—2022年秋冬季大气污染综合治理攻坚以减少重污染天气和降低PM2.5浓度为主要目标，抓住产业、能源、运输结构调整三个关键环节，重点部署了10项重点任务措施。

积极稳妥实施散煤治理，全力做好气源电源等供应保障。《方案》将确保群众安全过冬、温暖过冬放在首位，要求集中资源以区县或乡镇为单元成片推进清洁取暖。按照宜电则电、宜气则气、宜煤则煤的原则，因地制宜、科学规划清洁取暖技术路线，确保居民可承受、效果可持续，居民“煤改气”要坚持“以气定改”。鼓励各地积极采用生物质能、太阳能、地热能等可再生能源供暖方式，大力支持新型储能、储热、热泵、综合智慧能源系统等技术应用，探索推广综合能源服务，提高能源利用效率。《方案》还要求各地深入开展锅炉和炉窑综合整治。在保证电力、热力、天然气供应前提下，加快推进热电联产机组供热半径30公里范围内燃煤锅炉及落后燃煤小热电厂关停整合。

考虑各地秋冬季大气环境状况和区域传输影响，《方案》明确，2021—2022年秋冬季攻坚范围在京津冀及周边地区“2+26”城市和汾渭平原城市基础上，增加河北北部、山西北部、山东东部和南部、河南南部部分城市。江苏省徐州、连云港、宿迁市，安徽省淮北、阜阳、宿州、亳州市也要求参照本方案执行。

为了实现既定的目标，《方案》要求各地切实加强组织领导，加大政策支持力度特别是价格政策支持力度，保障民生用气价格基本稳定，加强输配环节价格监管，减少供气层级，有效降低各环节费用。完善峰谷分时价格制度，优化采暖用电销售侧峰谷分时时段划分，进一步扩大采暖期谷段用电电价下浮比例。鼓励各地结合实际对限制类、淘汰类企业以及满足超低排放要求的工业企业实施绿色电价政策。

（《中国电力报》2021年11月2日第1版）

把背景放在消息的结尾，也是很多媒体的惯用手法，倒金字结构中很多消息就是这样写的，即把消息主体先呈现给读者，把相关消息背景放在结尾，让一些读者能详细了解新闻事实的来龙去脉。例如，《我国选手获得奥运会第一块金牌》的结尾：

许海峰今年27岁，是安徽省供销社的职员。他在获得金牌后对新华社记者说，这还不是他最好的成绩，只不过是正常发挥技术。他最好的成绩是583环。他表示要不骄不躁，继续努力，争取今后取得更大成绩。

（新华社洛杉矶1984年7月29日电，作者高殿民）

最后一段介绍许海峰生平，是典型的背景介绍。这种在新闻的结尾处运用背景材料的做法是较为常见的做法。

通过上述案例可以看出消息的背景有如下用法。

一是背景材料放在消息标题或消息导语中，同新闻事实巧妙地安排在一起，简明扼要，一语点破，有助于开宗明义，增强新闻的价值和吸引力。

二是背景材料独立成段，放在消息导语之后、消息主体之前，使全文眉目清楚，分量较重。这种写法是常用的手法。

三是背景材料用于新闻主体中，有两种用法：一种是将背景材料同新闻事实融为一体，放在同一个自然段落中，既能为新闻事实做铺垫，又成为新闻事实不可分割的组成部分。这是大多数新闻采用的写作手法。另一种是根据表现主题和演化主题的需要，将背景材料化整为零，灵活穿插，巧妙地运用到关键处，使之同新闻主体紧密结合，自然地对新闻事实进行解释、说明、衬托、对比，帮助读者加深对新闻事实及其特点、意义的理解。

四是背景材料用于结尾处。在新闻的结尾处运用背景材料，能使新闻后劲十足，使读者回味无穷。

第六章　消息的结尾

第一节　消息结尾的重要性

消息的结尾是跟读者告别的地方，写好了可以给文章锦上添花，写坏了对前文却有巨大的破坏作用。消息的结尾有时可以看成主体的一部分，有时与主体有一定差别。

美国新闻界认为：一条好的消息是具有对称美的，它必须有一个好的开头，然而，如果可能的话，用一个出乎意料的结尾可使之达到高潮。

消息的结尾，通常是消息的最后一段话或几段话。这部分往往能起到深化新闻主题、强化新闻价值、增加新闻信息的作用。

消息所报道的事实不外乎刚完成的事实、正在发生的事实、即将发生的事实（预测性新闻）。对刚完成的事实进行报道，结尾往往是事实的延伸、补充或者评价；对正在发生的事实进行报道，结尾往往点明事实发生的前景或方向；而预测性新闻，结尾往往是事实的一部分。

1979 年，合众国际社发了一篇消息《中国驻美国联络处升起五星红旗》，其结尾是这样的：

在太阳升起时举行的这个仪式，是中华人民共和国的代表在元旦到来的时候在华盛顿庆祝美国对华政策来了个一百八十度大转弯。

两位中国官员指出，3 月 1 日以前，北京驻美联络处还不是正式使馆。在此以前，台湾人员接电话时仍可使用“中国使馆”这个名称。

在该报道中，第1段是导语，概括最重要的事实。第2段对导语起补充作用，或者说是次导语，通过对比强化了导语提出的事实。第3、第4、第5、第6段为解释性主体部分。最后一段为消息的结尾，是附加的补充性材料，它与中心事实关联，但并非表达主题的必要材料，将它删除不影响报道主题及中心事实的完整，加上则可以使读者知晓相关的其他情况。

有通讯员指出，该报道的第6段也可以说是结尾的部分，这也可以解释得通。

下面这篇文章也是这样的结尾：

贵州电网积极应对新一轮强冷空气

本报讯　记者苏伟 黄党生报道 贵州电网公司多措并举应对新一轮强冷空气到来，公司要求全体员工继续保持高昂士气，突出保民生、保供电，不发生大面积停电事故。由于措施到位，目前全省供电正常运行。

根据最新气象资料分析，预计受冷空气影响，1月9日到11日，贵州省内有冻雨或小雪，中东部地区有中到大雪，凝冻范围增大，强度加强。贵州电网公司各级领导靠前指挥，将有序流程落实到基层供电局，加强对变电站和重要线路监护，贵州电网输电运检公司、各供电局等单位24小时派人对受冰冻侵害的变电站、输电线路进行值守，确保各种设备运行正常，用电备品、备件充足和到位。

贵州电网公司加强观冰巡线力量，在系统内抽调650人组成观冰巡线队伍，特别加强黔烽线和鸭烽线等受冰冻严重影响的线路的特巡。连日来，观冰巡线员行走在全省各条线路上，贵阳供电局从各县局抽调160人支持冰灾严重的开阳供电局开展巡线、融冰和检修。

贵州电网公司为不影响重要线路、白天和用电高峰供电，把融冰工作安排在深夜，3天以来，深夜融冰的线路达20条，其中，500千伏线路6条，220千伏线路13条，110千伏1条。截至1月9日15时，共计完成110千伏及以上线路融冰180条次。

（《中国电力报》2011年1月11日）

第二节 消息结尾应不拘一格

前面讲过，消息的结尾无非是新闻事实的延伸、补充或者评价，或者是对新闻事实发生的前景或方向进行说明。但具体操作层面，我们则可以灵活处理。

一、以引语结尾

以引语结尾，直接引语或间接引语都可，这样的例子很多。如：

核电设备国产化又获重大突破
中国造“翅片换热管”达国际先进水平

本报讯 我国核电设备的国产化率达80%~85%，一些大型关键设备已实现了国产化，但一些重要的辅助设备却经常需要进口、受制于人，“翅片换热管”就是其中之一，可喜的是，这种状态将得到改观：9月22日，中国造“翅片换热管”得到权威机构认可——中国机械工业联合会组织国家核电技术公司、中国核电工程公司等企业10多位专家，审核鉴定了中国造“翅片换热管”的诞生。

这种“翅片换热管”由浙江的一家民营企业——浙江润祁节能科技有限公司花了3年时间、投入3200多万元研制而成。据参加鉴定的国家核电技术公司研究员级高工卢华兴介绍，“翅片换热管”是核电站用汽水分离再热器的核心部件，而核电汽水分离再热器是核电站常规岛的重要组成部分，关系到核电站的工作效率，号称“核电之肾”。汽水分离再热器是水冷堆核电站常规岛蒸汽轮机中用以降低蒸汽湿度、提高蒸汽温度的设备，其作用是减少低压缸内蒸汽的水分，以免损害汽轮机的叶片并提高汽轮机的效率，“翅片换热管”则主要是把第一次做功完的蒸汽用核热量转换成优质的蒸汽进行再次做功，提高核电蒸汽的发电效率，相当于“核电之肾”的血管，是核电国产化中亟待攻克的重要部件，此前这种核电站用"翅片换热管"全球只有法国和美国两家公司才能生产。

浙江润祁节能科技有限公司董事长祁同刚介绍说，为了实现核电站用翅片换热管国产化，他们在制造中引入了激光焊接等一系列先进技术，甚至把医用显微镜都用到了生产分析现场，获得了一系列制管用材料的准确技术参数，并由此会同国内相关材料厂家开发出性能更好的制管用新材料，成功轧制出的翅片前端厚度薄如纸片，仅0.15毫米，可大大增加翅片换热管的换热面积，提高换热效率。据相关机构测算，应用这种新型国产化核电站用翅片换热管，可提高核电站的换热效率约8%。

东方电气集团的研究员级高工唐伟介绍：目前我国所有核电站使用的常规型号是每英寸27片翅片换热管，均从国外进口，不仅对能源安全造成威胁，而且交货时间长，成本极大。根据东方电气采购法国相关产品数据测算，我国核电站每个机组采购国外各种换热管大约1亿元，目前我国有23个机组在运行，此项费用大约23亿元，"十三五"期间将新开工建设3600万千瓦装机容量核电，翅片换热管的需求不小。此外，这类产品属于国家进口产品免税范畴以内，仅此一项如采用国产化每个机组就可创税在2000万元以上，23个机组就可为国家创造税收在4.6亿元以上，该产品还可以广泛运用于以火电等蒸汽发电领域，促进我国大型工业换热制造领域更上新台阶。

在鉴定中，专家认为，浙江润祁节能科技有限公司开发的核电站用翅片换热管，填补了国内空白，可满足核电站换热管的国产化要求，为我国核电关键设备实现国产化迈出了重要一步。

（《中国电力报》2015年10月17日第6版）

二、以评论结尾

评论式结尾的例子很多，有的是专家、学者、当事人对新闻事件（事实）的评论，有些时候是记者对本次所报道事件的评论。如《两家子公社干部开始睡上安稳觉 夜无电话声 早无堵门人》（原载于《辽宁日报》1982年3月15日第 1 版，《人民日报》1982 年 3 月 21 日第 2 版转载，标题作了改动，作者范敬宜）的结尾就是记者的评论：

4 日深夜，记者步出敞开的公社大门，遥望沐浴在银白色月光下的远方村庄，显得分外安谧，不禁遐想联翩，成诗一首：

劫后灾痕何处寻？
月光如水照新村，
只因仓廪渐丰实，
夜半不闻犬吠声。

需要说明的是，专家、学者、当事人对事件（事实）的评论是新闻事实，放在结尾无可厚非。但如果是记者自己的评论放在结尾，可能给人的感觉有点主观。严格说来，记者站出来评论这种做法是新闻报道的客观性所不允许的。前面这一例子中，据作者本人介绍，稿件在经编辑处理时，就曾因为这个原因编辑想把它删掉，但由于作者的坚持，还是见报了。

在实际工作中我们应尽量做到“记者少站出来说话”。如果不得已，记者的评论式结尾应恰到好处，不可画蛇添足——那种好像把新闻事实上升到一定的高度来写，帮助受众提高认识的做法，其实是低估了受众的智商。

在大多数时候，记者完全可以通过细致采访，用专家、学者、当事人发表的意见替代记者自己的主观评论。前面我们列举的引语式结尾很多就是这种情况。

三、补充新的事实

补充新的事实，这个新的事实必须既与消息的主要事实有区别，又有一定的内在关联。

下面以第十届中国新闻奖被评为消息类一等奖作品《北约野蛮轰炸我驻南使馆》（《人民日报》1999 年 5 月 9 日，作者白岩松）结尾为例：

南联盟（笔者注：现南联盟已解体）外长约万诺维奇说：“使馆是中华人民

共和国的领土，北约炸弹是对外交的轰炸。”

当地时间8日下午，中国在贝尔格莱德的数百名华人举行抗议游行，数千南斯拉夫人参加了游行。

（《人民日报》1999年5月9日，作者白岩松）

这篇动态消息以独有的时效、独有的事实和独有的传播效果，在第十届中国新闻奖的评选中，被评为消息类一等奖。它的结尾有两段，一段是直接引语，引述原南联盟的时任外长约万诺维奇的话对事件进行评论；另一段则直接提供了新的新闻事实。

又如：

第五届纳米能源与纳米系统国际会议探讨“小能源”问题

本报讯　记者苏伟报道　10月22日，第五届纳米能源与纳米系统国际会议在北京国际会议中心拉开帷幕，来自世界30多个国家和地区相关研究领域的专家学者800余人齐聚一堂，探讨纳米能源和纳米系统领域的重大前沿问题，让“小能源”发挥大作为。中国科学院副院长高鸿钧出席并致开幕词。

高鸿钧在致辞中指出，当今，人类社会开始迈入大数据、人工智能和物联网时代，人类对能源的需求除了传统的电能、化石能源等“大能源”，也开始探索纳米能源等“小能源”，以解决物联网时代小型器件的自供能问题。而以纳米发电机为核心的海洋蓝色能源技术可以高效地收集海洋波浪能并转化为电能，为人类大规模利用海洋能源提供了可能，为全世界实现碳达峰、碳中和伟大目标提供令人兴奋的能源技术路径。中科院将把纳米能源与纳米系统作为纳米科技的重点研发领域之一，努力研发更多的创新成果，让“小能源”发挥大作为。

本届大会会期3天，是纳米能源和系统研究领域最大规模的国际性盛会。大会共设“纳米发电机及能量收集、自供电传感器及其系统、压电电子学和压电光电子学、能量存储与自充电能源系统、太阳能电池和复合能源电池、光催化和水分解和纳米能源在微机电系统、电子皮肤和人工智能领域的应用”7个分会主题，以集中展示“小能源”研究领域的最新研究成果。

本届大会还评选出为纳米能源与纳米系统作出杰出贡献的科学家，并颁发“纳米能源奖”。

（《中国电力报》2021年11月3日第2版）

四、告知事件发生走向

对于有些新闻事件的报道，消息的主体只是报道了已发生的事实，对新闻事件未来的预测或判断是消息的结尾要做的。卡罗尔·里奇说：“许多报道常常以一个事件的下一步发展情况来结尾。但是只有在报道本身具备未来元素时这种技巧才有效。”①

下面这条消息就是告知事件走向的结尾。

人工智能巡回赛国网站决赛开赛

本报讯 记者苏伟报道 10月12日，中国人工智能产业发展联盟（AIIA）与国家电网有限公司联合在中国电科院举办人工智能巡回赛国家电网站决赛。本站比赛主题为“以数据为驱动，让电力更智能”，通过竞技类平台，有效促进产业资源融合，推动我国电力人工智能不断发展，来自全社会的451家研发机构参加本次大赛。

本站比赛由中国电力科学研究院有限公司承办。决赛当天，5支优选队伍参与了角逐，围绕国家电网有限公司提出的应用需求，展示了优秀的研究成果。国网公司总部、省公司、科研院所、高等院校、知名企业等单位的领导、专家和学者参加了会议。

本次大赛成果纷呈、影响广泛，同时建立了社会技术力量与电网在人

① 卡罗尔·里奇：《新闻写作与报道训练教程》，中国人民大学出版社2009年版，第153页。

工智能领域的有效链接，为打造人工智能生态创造了良好条件。中国电科院将以此次大赛为契机，广泛合作、深入研究，为电网提供大规模的全景全域人工智能支持，为建设具有卓越竞争力的能源互联网战略实践发挥技术驱动作用。

（《中国电力报》2008 年 5 月 27 日第 2 版）

在一些新闻写作教科书中，消息的结尾还有“循环式结尾”“用悬念结尾”“燃气用完式结尾”等方法，这些方法都有一定的道理。总之一句话，结尾的方式应“不拘一格”。

中编

通讯写作

TONG XUN XIE ZUO

第七章 通讯概说

第一节 通讯的概念

一、什么是通讯

通讯是一种比消息更详细而深入地报道新闻事件或新闻人物的新闻体裁。它运用记叙、描写、抒情、议论等多种手法，具体、生动、形象地反映新闻事件或者新闻人物。

西方传媒中没有我们所说的通讯，它们把消息和评论之外，写法灵活多样的新闻性文体统称为“特写”(feature 或 news feature)。这类文章截取新闻事实的横断面，抓住富有典型意义的某个空间、时间和人物，通过一个或几个片段、场面、镜头，对事件或人物、景物做出形象化的报道，是“比消息更详尽的新闻”，这种文体近似于我们所说的通讯。

二、通讯的特点

从容量上看，消息容量相对较小，篇幅都比较短；通讯容量则大一些，篇幅都稍长。消息一般长不过千字，短如标题新闻、一句话新闻，仅仅一行字、一句话而已。通讯短则四五百字，长则上万字；一件事发生后，消息只需简明报道新闻的六要素及其展开过程，而通讯报道则详细得多。

从表现形式上看，消息有相对稳定的套路，除了标题外一般由导语、主体、背景、结尾组成，比较程式化，而通讯则灵活多变。

从表达方式上看，消息直接陈述事实，通讯以记叙及描写为主，当中可以夹杂议论和抒情。

从报道时效上看，一般情况下通讯不如消息快。当然，对同一新闻事实，也有消息和通讯同时报道的。

第二节　通讯的分类

根据不同的分类标准，通讯有不同的类型。如按报道形式分，通讯包括侧记、访问记（专访）、新闻故事、特写（或大特写）、纪实（或巡礼）、集纳、纪行（风貌通讯）、新闻综述、新闻观察、新闻分析、深度报道等。

一、侧记

侧记从一个侧面记叙，是通讯的一种表现形式。侧记是作者从一名旁观者的角度来叙述整个事件发生的过程，使读者更了解事情的经过。例如：

期待“十二五”

——十一届全国人大四次会议开幕侧记

“两会”年年开，今年又不同。“十一五”规划完成，“十二五”航程开启，谋划蓝图，把握未来，今年的“两会”可谓继往开来。这次会议，也因处于这样承前启后的历史坐标中，有了更加丰富的“故事内容”。

“过去五年，我们是一步一个脚印走过来的，中国人民有理由为此感到自豪！五年的成绩来之不易。”政府工作报告中的话非常鼓舞人心！

因为“中国人民有理由为此感到自豪”的“十一五”，使这次会议有了更加厚重的“故事背景”。

全国人大代表、华北电网有限公司董事长马宗林说："'十一五'时期，电力行业紧紧抓住战略机遇期，专心办好了自己的事情。以大型高效机组为重点优化发展煤电，在保护生态基础上有序开发水电，积极发展核电，加强电网建设，使电力行业的发展保持了良好的势头。"

"经过未来五年努力，实现'十二五'规划的各项目标，我国的综合国力就会有更大的提升，人民生活就会有更大的改善，国家面貌就会发生更大的变化。"

全国人大代表、云南电网公司总经理廖泽龙说："根据国民经济和社会发展第十二个五年规划纲要草案，'十二五'期间非化石能源占一次能源消费比重提高到11.4%，单位国内生产总值能耗和二氧化碳排放分别降低16%和17%。这对电力行业的科学发展提出了很高的要求，但这样的高要求也让我们对'十二五'充满期待。"

站在继往开来的历史节点，近3000名代表瞩目未来，13亿中国民众满怀期待，未来五年，中国将更加精彩。

（《中国电力报》2011年3月7日第1版，作者苏伟，有删节）

这篇通讯的写作背景是：2011年3月，十一届全国人大四次会议在京召开。会议除了听取和审议关于政府工作的报告外，还审查了国民经济和社会发展第十二个五年规划纲要草案，审查国务院关于2010年国民经济和社会发展计划执行情况与2011年国民经济和社会发展计划草案的报告，审查国务院关于2010年中央和地方预算执行情况与2011年中央和地方预算草案的报告。笔者作为"两会"记者，参加了十一届全国人大四次会议开幕式，并在开幕式开始前和结束后在现场对"两会"代表和委员进行了采访。作为电力及能源行业的记者，笔者没有把整个会议作为报道的重点，而是聚焦在"十二五"期间电力及能源领域的发展问题，通过在开幕式现场记者的观察、对报告中有关电力及能源的表述进行分析、对代表和委员的采访，从电力及能源这一侧面以一名旁观者的角度对开幕式进行了报道，以回答受众对电力及能源方面关心和感兴趣的问题。

二、访问记（专访）

访问记是由记者出面登场，以采访活动的过程为主要线索来结构和组织材料。写作时有问有答，现场感较强，而且可以穿插各种背景材料，使通讯有一定深度。专访是访问记的一种，是就特定的问题、特定的对象进行的专门访问，内容集中。专访以人物、现场和记者为三要素，突出“专”“访”二字。专访涉及面一般不宜太宽，不应贪大求全。

例如《解决矛盾关键是煤企承担相应社会责任——陆启洲就当前电煤矛盾答记者问》（《中国电力报》2009 年 2 月 12 日，作者苏伟）文章围绕煤电双方矛盾产生的成因、现状、解决的方法等方面分别进行提问，陆启洲一一作答。下面是一篇“两会”期间记者和通讯员对人大代表采访后撰写的简单专访：

奉献社会　履职尽责

——访全国人大代表李庆长

全国人大代表李庆长的名字可谓家喻户晓，现年 62 岁的李庆长退休之后忙些啥？全国“两会”召开前夕，记者采访了李庆长。

倡导资源整合

记者见到李庆长时，他正在整理议案，李庆长告诉记者：“此次向大会提交的议案之一是《关于请求国家支持黑龙江省宝清县至河北省唐山市特高压直流工程建设的议案》。”

李庆长向记者解释了这个议案的缘由：黑龙江省一次化石能源富集，风能资源丰富，近年来，黑龙江风电发展迅猛，预计 2011 年风电总装机容量 361.1 万千瓦。但黑龙江省电网自身接纳风电能力远远不能满足风电发展的需要，电力系统调峰问题无法得到解决。风电受时段限制，需要与火电捆绑输送，而建设黑龙江省宝清县至河北唐山市特高压直流工程将为风火混送，为大范围资源优化配置，为解决风电发展的瓶颈创造有利条件。

一谈到电力这个老本行，李庆长就兴奋起来："自2006年我国特高压试验示范工程奠基，我国电网发展方式便以特高压为重点，翻开新的篇章，届时全国将建成三纵三横特高压电网，不但一举解决过度依赖煤炭输送、过度依靠就地平衡的问题，还将形成大规模'西电东送''北电南送'的能源配置格局。"

致力科学用能

除了《关于请求国家支持黑龙江省宝清县至河北省唐山市特高压直流工程建设的议案》外，李庆长向记者介绍，今年，他还将向大会提交《关于在黑龙江省冬季停止使用乙醇汽油的建议》。

随后李庆长拿出一些相关资料向记者解释，哈尔滨从2004年10月1日开始全面推行乙醇汽油，到目前已有6年时间。这6年来，随着城市机动车保有量的激增，乙醇汽油影响城市冬季交通的弊端日益凸显。

李庆长向记者解释：为此议案，他专门请教了有关专家，目前，乙醇汽油对于节能减排的影响还没有明确数据，但是在冬季对高寒地区的交通产生的不良影响已经显而易见，市民呼声渐高，在高寒地区冬季停止使用乙醇汽油已经成为迫在眉睫的问题。

关注百姓生活

据悉，李庆长今年还将向大会提交《关于构建和谐社会，完善养老保障制度的建议》《关于建立专项法律法规严惩拐卖儿童现象的建议》等若干条与百姓生活息息相关的建议。

当记者问他："您这么大岁数，还这么努力四处奔波，不感到累吗？"李庆长笑了笑说："虽然现在我已经退休了，但作为一名共产党员、一名全国人大代表，我深知自己担负的责任，我将全心全意履行好人大代表的职能和义务。"

（《中国电力报》2011年3月9日，作者姜涛、苏伟）

每年的“两会”，是新闻记者进行新闻报道的“富矿”，对“两会”代表和委员进行报道是各家媒体的“常规动作”。对“两会”代表和委员进行报道时，可以用消息体裁，也可以用通讯体裁。用通讯体裁时，可以写人物通讯，也可以写专访。专访的标题一般是主题附加破折号形式的副题。主题点明报道的主要内容是什么，副题点明采访人物的身份。本篇专访就是如此。

三、新闻故事

新闻故事是以新闻事实为基础，采用故事化的叙事方式来进行新闻报道的一种通讯体裁。所谓故事化的叙事方式，是指采用故事化的文学表现手法，运用对话、描写、场景设置等，生动展现新闻事件中的情节和细节，借助新闻事件中的戏剧性因素来突出主题。采用故事化的叙事方式打破了新闻报道常规模式，使新闻报道更具吸引力和冲击力。如下例：

小獐村银线除冰记

冻雨还在无情地打着人们的脸！极目所见，树木、草丛披上了一串串粗大的冰挂，大地被一层厚厚的半透明的冰层包裹。飞鸟是看不到了，公路上偶尔可见抗灾的汽车还在“爬行”。

这里是贵州习水县仙源镇小獐村虎丘坪，35千伏和10千伏温仙线经过这里。在经过几轮覆冰除冰拉锯战后，1月9日下午，这些线路的覆冰又达到20多毫米。

贵州习水供电局局长罗良银向记者介绍，由于这里海拔1400米以上，又是风口，一旦气温偏低并有冻雨来临，这里的覆冰速度非常快，往往是隔一天就要人工除冰一次，1月9日下午的除冰在这里已经是第三次了。

习水供电局书记罗春向记者介绍，现在高压线有了先进的融冰技术，可以通过固定融冰装置和移动式直流融冰装置进行融冰，但35千伏及以下等级线路与设备防止覆冰造成倒杆断线主要还是通过人工除冰方式，这种方式劳动强度大，作业环境恶劣，但为了保民生、保稳定，再艰苦的环境也要进行除冰。

记者了解到，对压低线路的人工除冰现在主要有三种方法：其一是敲击法，用木棍或竹竿等绝缘物直接敲击线路上的覆冰使其脱落；其二是拖绳法，将绳子抛上电线，使其形成一定夹角，人在下面使劲拉扯绳子两端从而使线上的覆冰脱落；其三是振动除冰法，适宜在一些台架上操作。三种除冰方式在实施除冰操作前一定要先切断电源。

1月9日13时30分，习水县副县长冷预春分别为习水供电局输电管理所主任廖开林带领的除冰青年突击队和习水供电局仙源供电所所长王成学带领的党员突击队授旗。两支队伍随后开始了紧张而艰辛的除冰行动。

迈着沉重的脚步，记者与30多名突击队员一道上山。刚一上山，各突击队员便各就各位，开始了紧张有序的除冰工作：有的爬上电线杆，直接锤打电线杆上的覆冰；有的手持竹竿，使劲敲击电线上的冰凌……虽然进展缓慢，但队员们个个热情饱满，因为他们知道，在他们的身边，是电力用户对光明的期盼。

在习水县，自1月1日冰冻开始，有5个乡镇共1万多户因冰灾停电。经过习水供电局广大员工的努力，1月8日晚，这些乡镇已全部恢复送电，但新的乡镇断电的情况又开始出现。习水县副县长冷预春说，习水供电局全力抗冰保电保民生的行为体现了电力企业的社会责任意识，抗冰保电人人有责，我们已发动群众，将和电力职工一道打一场抗冰保电的人民战争，保稳定、保安全、保民生。

1月9日，记者获悉，未来3天，贵州省部分地区冰冻将继续，这也意味着，小獐村的抗冰保电将是一场持久战！

（《中国电力报》2011年1月11日第1版，作者苏伟）

2011年元旦后，贵州遭遇2008年以来又一次大范围的雨雪冰冻灾害，《中国电力报》在第一时间派笔者去报道贵州抗冰保电相关情况。在贵州12天，笔者采访了8个抗冰保电现场，其中有5个抗冰保电现场位于偏远的深山老林。贵州习水县仙源镇小獐村虎丘坪抗冰保电现场是其中的一个。为了将这里的抗冰保电情况报道得更具吸引力和冲击力，笔者采用了故事化的文

学表现手法，运用对话、描写、场景设置等，将小獐村抗冰保电的情况予以再现，取得了很好的报道效果。

需要说明的是：新闻故事通常反映的是“一人一事”（当然也可能是“多人一事”），表现事件或人物的一个片段，内容单一，篇幅短小、线索简单，不求写繁多人物，不必横生庞杂枝节，但求精悍、生动。

四、特写（大特写）

特写最早是指摄影艺术的一种拍摄手法，在拍摄时，将人或物的某一部分特别放大。作为通讯类别之一的特写是指以文艺手法报道人物或事件，再现场景和气氛，使之有强烈的感染力。如下例：

拉萨换流站里的阳光午餐

地处世界屋脊的西藏，天气总是瞬息万变，刚刚还是晴空万里，可不知从哪儿飘过来一朵乌云，转瞬间就带来一场倾盆大雨，抑或是冰雹。7月26日，离开了海拔4700米的那曲，我们向拉萨开进。在这期间，路上不知遇上了多少场雨，还有两次冰雹，砸得汽车“梆梆”响。随着海拔的逐渐降低，我们的高原反应渐渐退去。路边的油菜花又多了起来，道路两旁青灰色低矮的石房，成群的牦牛散落在广阔的草地上悠闲地吃着草，不远处，放牧的藏民坐在路边，一边喝着酥油茶，一边看着匆匆的过路者。

抵达拉萨已是傍晚，这里超乎我们的想象，已然成为一个国际化的大都市，霓虹灯照亮了整个城市的夜空，布达拉宫在灯光的照耀下犹如一座放光的金山。第二天一早，我们便前往位于拉萨以南18千米的青藏 ±400 千伏拉萨换流站，海拔3827米的拉萨换流站是青藏 ±400 千伏直流输电工程的末点，它将 ±400 千伏直流输电线路和拉萨周边的220千伏环网工程连接起来，是整个青藏联网工程的重要节点之一。拉萨换流站依山而建，成片的油菜花和青稞地包围着换流站，站内两座青绿色巨大的房子与青山融为一体。到达换流站已经是中午，拉萨中午的阳光狂野而刚猛，晒得人皮肤生疼。午休时间，工地上的工人已经不多了，而不远处却传来了响亮哨子声，没想到中午还有人在施工。走过青绿色的房子一看，五六名工人攀爬在一座电器设备上转动拧紧上面的螺栓，而哨声就是指挥这吊车准备将设备入位的。他们都是湖北省输变电工程公司的职工，而正加紧组装入位的正是整个拉萨换流站7台换流变压器的第一台，也是整个青藏联网工程中的第一台。

不远处的休息棚内，20多名藏族妇女席地而坐，铺在地上的草帘子放满了她们自带的午餐，有炒饭、炒面、蔬菜，精致的保温壶中倒出了热滚滚的酥油茶，一边吃着，一边欢快地聊天，俨然没有半点疲惫感。介绍拉萨换流站情况的四川电力工程建设监理有限责任公司的技术员小刘告诉我们，这是工地上聘用的附近村落的藏族女工，主要是为施工点拉扯电线。相隔20米远的另一个休息棚内也坐着3名藏族女工，她们吃着糌粑，喝着酥油茶，其中只有一个小姑娘会说汉语。会说汉语的女孩叫康卓，今年18岁，和我们说话时略显羞涩。两个月前她同她的妈妈和姑姑来到工地干活，住在附近的村子里的她们每天骑着自行车从家赶来，早上8时上工，晚上7时收工，中午有3个小时的休息时间，午饭是她们自带的。她们拉电线每天每个人可以拿到70元钱，当问起觉得工地的活怎么样时，康卓的妈妈连连向我们竖起了大拇指。8月以后，她们就准备辞掉工地上的活儿回家收割青稞去。康卓今年考上了拉萨的高中，9月份她就要去拉萨上学了。3个月的活儿干下来她和她妈妈在工地上赚的钱足够她3年的学费和生活费。单纯的康卓还高兴地告诉我们，这个工程建完后，在拉萨一家大型工厂里打工的爸爸就不会总因为工厂经常停电而歇工了，这样她的爸爸就会赚多一些钱，他们的生活也就会更好一些。青藏联网工程全线竣工后，一直孤网运行的西藏电网与西北电网互联，将有效解决西藏电网冬季枯水缺电问题。

一路走来，在青藏联网工地上处处都可以看到藏族同胞的身影，有技术人员、土建人员、司机等。从他们幸福的眼神中，我们深深感受到青藏联网工程为藏族同胞带去的不仅仅只有光明，更提高了他们的物质生活水平。延伸的塔架将电力天路的光芒洒满青藏高原，照进藏族同胞的心里。

（《中国电力报》2011年8月4日第1版，作者赵博、苏伟）

2011 年 7 月，笔者对国家电网公司青藏交直流联网工程进行报道。在采访拉萨以南 18 千米的青藏 ±400 千伏拉萨换流站时，笔者在休息棚内见到 20 多名藏族妇女席地而坐，吃自带午餐的情景。笔者这篇特写再现了藏族妇女席地而坐吃午餐的场景和气氛，突出表现了国家电网公司青藏交直流联网工程建设对当地藏族同胞带来的就业机会，并借工程建设监理员工之口，说明这个工程对西藏经济社会发展的巨大意义，有强烈的感染力。

需要说明的是，特写是描写现实生活中的真人真事，具有高度的真实性，不允许虚构，但在细节上也可做适当的艺术加工。

五、纪实（或巡礼）

纪实（巡礼）多用于当下社会中热点新闻的报道，也被称为纪实特稿、大通讯、新闻纪实等，文章一般较长。纪实通讯可以运用记叙、描写、议论、抒情等多种表现手法。如下例：

辽电明珠　感动营口

——辽宁营口供电公司创建“感动式”服务品牌纪实

在辽宁沿海“五点一线”的大开发战略中，作为重要支撑力量的营口，坐拥辽河，西临渤海。如果把营口比作一条沿渤海湾抖动的项链，那么，在它和沈大高速公路之间的偌大空间之中，纷纷入驻的工业项目、全面发展的农林牧渔、如火如荼的经济园区，则是一颗颗散落其间的珍珠。

如何点亮这些珍珠，让营口在双重历史机遇面前熠熠发光，营口供电人在探索与振奋中闯出了一条成功之路，这就是：打造“感动式”服务品牌，让企业在与地方经济社会发展的和谐共振中，成为感动营口的辽电明珠。

而营口人也实实在在地被这种服务感动了。

感动的圆心　营口供电服务

营口供电公司是辽宁省电力有限公司所属的供电企业，担负着营口“四区两市”的供电任务，年售电量73亿千瓦时，居辽宁省第五位。近年来，伴随着营口地方经济社会的迅速发展，营口供电着眼于“建设坚强枢纽电网，和谐步入特大企业”的发展目标，各项经济指标全面攀升，已成为渤海湾上一颗璀璨的明珠。

在经济强势发展的同时，公司领导班子开始了更深层次的思索与追求：如何打造与美丽和谐的海滨城市相融合的独特企业文化？如何在精神文明建设中与时俱进，使之与经济发展良性互动？

一句话，如何在供电环节让营口人用心灵去品尝生命里的每一次感动？

公司总经理陈洪松提出了自己的构想：打造“感动式”服务品牌，以“热情奔放，海纳百川”的文化理念，使企业赢得全社会的理解与尊重，拓展和谐互动的大发展之路。

公司党委书记戈丹对这个构想大为赞赏，他认为：“热情奔放，海纳百川”的企业文化特征，既强化了与时俱进、奋发有为的时代精神，又蕴含着“以人为本、和谐发展”的民族文化精髓，而在精神文明建设中打造服务品牌，更是着眼于未来的一个创想。

于是，戈丹亲率有关人员深入基层、深入社会调查研究，并迅速完成品牌创建策划框架。从2006年底开始，营口供电公司就开始将打造“感动式”服务品牌的方案付诸实施，一系列的相关规定和程序迅速规范，并化为每个员工的自觉行动。

半年以后，在“感动式”服务深入营口各界人心的时候，营口供电公司召开了公司内部创建“感动式”服务品牌动员大会，总经理陈洪松在动员大会的即席讲话掷地有声：“品质是企业的生命，‘感动式’服务就是营口供电公司让企业生命永远灿烂的动力！”戈丹也深有感触地说：“过去我们被客户称为‘电霸’，服务是被动的；现在我们行业作风站‘排头’，服务是主动的；明天我们的品牌越来越响亮，服务是感动的。”

感动的半径 营口电力用户

生命因感动而精彩，世界因感动而美丽，人类因感动而传承。

对营口人来说，他们因营口供电服务而感动！

营口人记得，以前欠电费被断电的历史。而现在，营口供电推出了人性化的缴费方式——不停电催费。虽然推出时间不长，却成为营口老百姓茶余饭后津津乐道的话题。

以前，抄表员催电费的法宝就是停电，只要欠费，不管欠多少，不管是否恶意，就是一个字："停"。很多非恶意欠费的老百姓，由于白天工作忙忘了缴电费，晚上下班回家后，电已经被停了，此时既无处缴电费，也找不到人送电，只能摸黑坚持一晚上。虽然停电有法律支持，但老百姓心里始终有一个疙瘩无法解开。7 月份，营口供电公司开展"不停电催缴电费"的竞赛活动后，广大抄表员发扬"千辛万苦服务客户，千方百计寻找客户，千言万语打动客户"的"三千"精神，投身到"不停电回收电费"的实践中去，一批心系客户，不停电同样实现电费结零的优秀抄表员在感动着客户。

家住新华园小区的用电客户贾永勤感动了，8 月 1 日，他在给供电公司送来的表扬信中说：抄表员游春艳不辞辛苦多次到客户家里，晓之以理、动之以情，促使客户及时主动缴纳电费。他感谢营口供电公司倡导的"不停电催费"的人性化管理给老百姓带来的方便。

贾永勤并不知道，8 月 18 日，大石桥供电分公司抄表员孙宏刚率先实现了在不停电催费情况下居民电费结零的目标，成为全体抄表员学习的典范。为了做好"居民不停电催费"工作，孙宏刚从抄表源头做起，认真抄好每一户表，认真对待每一位客户，对于客户在电量电费方面提出的疑难问题，他总是当场给予解答，减少了客户因对电量电费存有疑义而晚缴电费的可能。

由停电催费到不停电催费，营口人因这个小小的改变而感动！

营口的企业界也不会忘记，是供电服务给了他们一次又一次的感动。

营口由于电网供电形势严峻，一直处于避峰限电状态，营口市电熔镁行业受限电影响严重，诸多企业处于停产或半停产状态，电熔镁企业老板对此也无可奈何。但供电企业的服务使他们的不满冰释：供电公司总经理陈洪松亲自带队，到大石桥市几家大型的企业走访，与他们面对面说明限电原因，并设身处地帮助企业解决实际问题，和企业共同研究增加电力供应的措施，千方百计扶持企业生产。

其实，深受感动的并不仅仅是电熔镁行业。在中央实施的环渤海战略开发中，营口沿海产业基地是一个重要节点；在辽宁“五点一线”战略开发中，营口沿海产业基地又是要率先崛起的重要支点。在“感动式”服务中，营口供电公司为用电量超百万的客户设立了 VIP 服务。五矿中板、青花集团、三征、金龙集团、群益合成耐火材料、富士康（宏群胜精密电子（营口）有限公司）等企业都得到了供电公司的优质服务。

从圆心到半径　生命的感动

天灾是无情的，对于营口供电人来说，这里没有命运的起伏，却有暴风雪的肆虐。在这种非常时刻，营口供电用他们平凡的举动传递了真情，赢得了生命的感动。

2007 年 3 月 4 日，56 年不遇的暴风雪突袭辽宁，营口电网遭受到一次前所未有的严重雪灾，但营口供电公司心系客户，及时执行预警、应急、紧急预案，帮助客户采取安全措施，及时恢复送电，保障了营口市工矿企业人身、设备安全，经济损失降低到最低点。

那天，大石桥中心医院两条供电线路同时出现故障，此时，院内住着 354 名患者，ICU 病房有 4 名危重患者。大石桥供电分公司接到救助电话后，立即组织人员抢修，可是抢修车一开出大门就被 1 米多高的雪墙挡住了去路，7 名抢修人员在配电班班长康洪森带领下踏着没膝深的雪，扛着工具赶去，两千米的路竟然艰难地走了两个小时。由于故障较大，需要几百千克的器材补救，抢修人员增加到 14 人。此时，电杆裹了一层冰壳，上杆极其危险，他们不得不冒险作业，把自己捆在了 15 米的高空，连续在 10 级风里抢修近 4 个小时。一位住院的患者家属流着眼泪用手机拍下了当时的场景。事后，医院专门送来一面锦旗，上书“危急之时显本色，风雪之中见真情”。

也是那天，市妇儿医院突然断电，而医院有 11 个婴儿在婴儿室，其中 4 个正在抢救，7 个在保温箱里，最小的不到 1 千克。断电的后果谁都清楚，11 个孩子命悬一线。站前供电分公司接到电话后，立即派几名员工紧急处理，恢复了供电。晚上，暴风雪使医院再次停电，抢修人员又一次予以恢复。

11个宝宝脱离了危险。

在这次暴风雪中，营口供电公司提前启动了电网事故应急预案，对100余户高危及重要企业用户进行了电话通知，要求客户启动紧急预案，建议部分企业停产并撤离员工。营口瑞达铝业有限公司就是被通知的客户之一。在接到通知的时候，该企业厂房内还有50余名工人和许多重要运行设备，他们接受了营口供电公司的预警，迅速撤离了人员，对重要设备采取了保护措施，使企业在厂房大面积倒塌的情况下未发生人身伤亡事故。事后，营口瑞达铝业有限公司董事长纪家成亲自到营口供电公司，送上一面写有“为企业排忧解难，做人民满意公仆”的锦旗，送上一份诚挚的感谢。公司总经理石磊在接受记者采访时，感慨地说：“感谢营口供电公司在暴风雪来临前帮助企业执行预警、应急预案，才避免了人员伤亡和经济损失。”

感动是相互的：营口供电人不畏严寒、迎风奋战的行为感动了全市的老百姓，营口大地上到处可以看到：寒风中抢修人员在杆上工作，老百姓手拿衣服、热水、食品在杆下等候的感人画面，到处可以听到恢复送电后的欢呼声。

（《中国电力报》2007年11月12日，作者苏伟、李莉）

辽宁营口是辽宁沿海“五点一线”大开发战略的重要支撑。辽宁营口供电公司是怎样打造“感动式”服务品牌，更好服务地方经济社会发展的？这篇纪实通讯用3个小标题《感动的圆心 营口供电服务》《感动的半径 营口电力用户》《从圆心到半径 生命的感动》，采用记叙、描写、议论、抒情等多种表现手法，分别从供电公司如何做好服务、用电客户获得什么好处、供电公司和用电客户如何互动几个方面进行了详细报道。通讯较长，叙事的角度也不同，但整篇通讯作为一个整体，可读性强，读者读起来并不感到枯燥。

六、集纳

把表现一个主题而又相对独立的小故事或片段组合起来，“集纳”成为一篇文章。集纳中的事实，可以是发生在同一时间的，也可以是发生在不同时间的；可以是发生在同一单位、一条战线，也可以不是。

如《人民日报》1995年4月19日头版头条刊登的《浦东，璀璨的“双桥”格局》(作者李勤)就是如此。

文中三个小标题，分别揭示“双桥”格局的三个侧面：南浦、杨浦两座桥——基础建设由小到大的跨越；金桥、外高桥两座桥——城市经济功能由低到高的跨越；改革、开放两座桥——城市开发机制由旧到新的跨越。三个小标题，从三个侧面组合成一篇通讯。

又比如下面这篇报道：

新能源：追风逐日正当时

目前，我国已建成10个规模较大的新能源基地，近百座城市提出要把太阳能、风能作为当地的支柱产业发展。在“十二五”期间，我国发展新能源有哪些便利条件？存在哪些问题？今后，我国政府扶持政策的主要着力点在哪里？近日，记者采访了多名业内专家，围绕新能源相关规划进行了探讨。

风电：“风向变化”重速度变为重“有效”

“十二五”规划纲要提出，建设6个陆上和2个沿海及海上大型风电基地，新建装机7000万千瓦以上，专家认为，与近几年的实际发展速度相比，这个目标并不高，而“有效”的呼声却高了起来：规划纲要第十一章“推动能源生产和利用方式变革”第一节“推进能源多元清洁发展”中再次提出：加强并网配套工程建设，有效发展风电。

统计数据显示，2000—2005年，我国风电装机容量平均每年以20%的速度递增。特别是2005年国家颁布可再生能源法之后，至2009年，全国风电装机容量由126万千瓦增长到近2412万千瓦，以每年翻一番的速度发展，远高于世界风电平均发展速度。2005年，我国开始了百万千瓦级风电规划，2008年，我国启动了千万千瓦级风电基地的规划和建设工作。2008年，全国

新增风电装机容量630万千瓦，排全球第二，占全球新增装机容量的22%；2009年，全国新增风电装机1202万千瓦，排全球第一，占全球新增装机容量的33%。2011年1月，中国资源综合利用协会可再生能源专业委员会和国际环保组织绿色和平联合发布《中国风电发展报告2010》，从2005年到2010年，国内风电装机经历了5年的翻倍增长，截至2010年底我国的风力发电装机以4183万千瓦超越美国成为全球第一风电大国。

在经历了5年的成倍增长后，未来风电能否保持快速增长以及国内的风电政策似乎也都“变了口风”。因为以目前国内风电装机容量4183万千瓦计算，在未来5年，随着基数的增加，要达到新建装机7000万千瓦，增速下降会非常明显。

“风向变化”与目前风电在快速发展中遇到的问题有关。专家介绍，在近几年的发展中，风电发展呈现比较明显的特点：风电开发相对集中，风电场规模大、接入电压等级高，而风电机组的技术性能则参差不齐。在风电快速发展中，暴露出诸多问题，特别是由于缺乏具体的风电送出和风电消纳方案，大规模风电送出消纳的矛盾日益突出，“弃风”的问题逐渐严重。

从单纯重视发展速度到不仅重视发展速度，更加重视发展质量，风电的发展将渐趋理性。与此密切相关的“战略性新兴产业创新发展工程”提出了建设大型风力发电机组及零部件的要求。

太阳能：技术和成本是制胜关键

就太阳能而言，规划纲要勾画出5年发展目标：以西藏、内蒙古、甘肃、宁夏、青海、新疆、云南等省区为重点，建成太阳能电站500万千瓦以上。

就我国的太阳能资源而言，这个目标并不高，全国太阳能资源被分成四类地区：最丰富的地区、较丰富的地区、丰富的地区、一般的地区。最丰富的地区，比如西藏、新疆南部、内蒙古等；第二类的比如我国的华北地区，甚至大部分地区；稍微差一些的，比如云南、四川、贵州。总的来讲，太阳能资源在我国绝大部分地区都是很好的，都可以安装太阳能电池。只不过发电小时数有些区别。在我国，太阳能资源比水电和风电更加均匀，几乎所有地方都可以安装太阳能电池。

但是，目前国内光伏市场刚刚起步。据统计，2009 年，国内光伏市场仅仅有 30 万千瓦，要在 5 年内完成 500 万千瓦，我们还要有很多工作要做。

首先，是太阳能发电的技术问题。据有关专家介绍，目前，我国生产多晶硅具备一定规模的企业有五六十家，生产硅片的有上百家，做太阳能电池的 100 多家，做组件的最多，将近 500 家。就产业链最上游的多晶硅而言，其技术大多是引进来的，还有很多工艺的问题、技术的问题、质量的问题需要解决。

其次，是太阳能发电的成本问题。这个问题直接关乎光伏发电的健康发展。2008 年我国第一个光伏电站上网就是上海丛林岛的工程和内蒙古鄂尔多斯的光伏发电工程，国家发展改革委核定的上网电价是 4 元 / 千瓦时，现在看来，这个价位显然太高了。在我国2009年进行的第一次光伏特许权招标中，确定的上网电价是 1.09 元 / 千瓦时，去年第二次 13 个项目 280 兆瓦的特许权招标中，确立的最低上网电价为 0.728 元 / 千瓦时，业内都称这两次特许权招标确定的上网电价都偏低，而就是这样的上网电价，国家要拿出的可再生能源发展基金也是相当庞大的。就目前而言，确立上网电价的合理价位应该在什么水平现在还是难题。

对于太阳能，在“十二五”规划纲要“战略性新兴产业创新发展工程”中提出，建设和发展高效太阳能发电和热利用新组件。可见，完成“十二五”规划纲要确立的太阳能发电目标，一是技术问题，二是成本问题，而这两个问题都需要政策的扶持，只有这两个问题解决好了，我国的太阳能发展才能步入健康轨道。

生物质能：政策支持到位快速发展可期

虽然“十二五”规划纲要没有设定具体的生物质发展目标，但是提出了要积极发展生物质能、地热能等其他新能源。专家认为，比起风电、太阳能发电而言，生物质发电的政策支持是比较到位的。

2010 年上半年，国家发展改革委、财政部、电监会和能源局等单位组成的联合调研组，实地考察了7个生物质发电企业后却发现这些企业均处于亏损状态，举步维艰。生物质直燃发电成了名副其实的“鸡肋”，食之无肉，弃之有味。而企业亏损的原因：一是上网电价过低，二是重复建设、争夺燃料等问题。

2010年7月23日，国家发展改革委发布《关于完善农林生物质发电价格政策的通知》中，将全国农林生物质发电执行的上网电价，全国统一调高为0.75元/千瓦时（含税）。上网电价，这个困扰生物质发电产业发展的核心问题，终于有了明确的政策支持。2010年8月10日，国家发展改革委《关于生物质发电项目建设管理的通知》下发。影响生物质发电厂产业发展的另一个核心问题——重复建设、争夺燃料等问题，也从政策上有了明确指引。

从我国第一座生物质电厂——山东单县国能生物质电厂建成算起，我国生物质发电产业已经走过了7年的历程。从无到有，从“舶来品”变成中国制造，从苦苦挣扎到赢利的曙光乍现。如今，无论是技术装备，还是全流程管理，不少生物质发电企业都已积累了成熟的经验；适合不同地域、不同气候环境的生物质电厂的赢利样本也开始涌现，贴近我国农村实际的生物质发电商业模式也正在积极实践。

作为承载着更多社会效益和生态效益的生物质发电产业，从一开始就受到各方的关注。可喜的是，国家有关部门积极听取各方意见，站在历史的高度，从《可再生能源中长期发展规划》，一直到最近的《关于完善农林生物质发电价格政策的通知》和《关于生物质发电项目建设管理的通知》，这一系列有关可再生能源政策的推出，不仅使生物质发电产业在国家战略性新兴产业中占有了一席之地，而且从实际来看符合我国农村实际的政策，犹如一股强劲的东风，引导着我国生物质发电产业，从混沌走向有序。生物质发电产业正显露着勃勃生机，整个产业正待起飞。

（《中国电力报》2011年4月15日第1版，作者苏伟）

《国民经济和社会发展第十二个五年规划纲要》提出：“有效发展风电，建设6个陆上和2个沿海及海上大型风电基地，新建装机7000万千瓦以上。”“积极发展太阳能、生物质能、地热能等其他新能源。”“以西藏、内蒙古、甘肃、宁夏、青海、新疆、云南等省区为重点，建成太阳能电站500万千瓦以上。”作为电力行业的头部媒体，在“十二五”开局的时候，对照“十二五”规划，盘点新能源领域已经取得的成绩十分必要。由于新能源领域非常多，笔者选择了“风电”“太阳能”“生物质能”三个最主要的新能源领域，通过文献分析法归纳出这三个领域分别取得的成就，组合成了一篇通讯，这就是“集纳”。

七、纪行（风貌通讯）

边走边看，巡游浏览，很自由地把所见所闻写出来告诉受众；讲求动态感、现场感、亲切感；常用移步换形的方法，常发议论和抒情，这就是纪行（风貌通讯）。例如：

唐古拉山上的人生高度

在世人的心中，沱沱河是令人神往的，它是长江的正源，源远流长的长江哺育了无数华夏儿女。但这里其实是不适宜人居的：低气压、氧气稀薄、干燥、大风以及强日光辐射是这里的气候常态。

7月24日晚，我们经过一路颠簸到达这里。也许是得益于在格尔木两天的休整和对高原气候的适应，我们到达沱沱河的时候，头脑还算清醒。在这里，我们看到，几名自驾游的“驴友”被人连拖带拽弄进了青藏联网工程设立的医疗站进行救治，这些人被扶进房间后就直挺挺地躺在地上，嘴唇发紫，眼皮下垂，医护人员赶紧给他们用上了氧气。很久之后，这些人才一个个地缓过来。

因为刚刚在格尔木休整了两天，我们刚到这里时的高原反应并不像他们那样剧烈，但也感到恶心、反胃、头痛欲裂。我们的采访对象——青海送变电工程公司的直流第5标段项目部就驻扎在这里，我们受到了他们的热情接待，并且有了吸氧的条件，对他们的采访也同时开始了。

据介绍，直流输电工程的第5、第6标段是青藏联网工程中海拔最高的，从沱沱河到唐古拉山，平均海拔在4700米以上，唐古拉山口海拔5231米。

唐古拉山，藏语的意思为“高原上的山”，蒙语称此地为“雄鹰难以飞过的地方”。“到了唐古拉，死神把手拉，抬臂能摘云，伸手把天抓。”可见自然环境之恶劣。“艰苦不怕吃苦，缺氧不缺精神，海拔高，斗志更高。”这是奋战在这两个标段建设者们的生动写照。

青海送变电工程公司副总经理杨记宁向记者介绍了这两个标段施工的一些难点。

冻土开挖是本工程最大的施工技术难点，在我国电力建设史上还没有完整、系统的施工方法可以借鉴。施工技术人员于是对现场挖掘机挖掘出的冻土进行观测、研究，最终采取机械挖掘、快速施工、外加遮阳防晒、添加混凝土早强剂、减水剂、抗冻剂等技术措施进行施工，以保证最低程度对多年冻土的扰动。经过试验，这种方法行之有效，施工质量达到了国家电网公司总指挥部提出的“高于优质工程标准20%以上”的要求。2010年10月29日，在业主项目部组织的冻土基础施工质量互查工作中，这两个标段的基础质量均被评价为“优良”。

2010年11月12日，从沱沱河至雁石坪的直流第5标段在国家电网公司组织的安全、质量、环保大检查评比中，获得第一名。

怀着对这些建设者的崇敬之情，7月25日一大早，我们开始了对这两个标段的探查。

从沱沱河继续沿青藏公路前行，路边不时见到藏野驴，一些摄影者不顾路边的警示牌追着他们拍摄。在离青藏公路不远的地方，第5、第6标段与公路基本保持着不到1千米的距离向前延伸，蓝天白云下，新架通的“银线”熠熠生辉。

在一基铁塔下面，我们看见地上覆盖着一层塑料薄膜，掀开薄膜，可以看见一些细细的草芽。正在线路上消缺的施工人员告诉我们，由于这里的生态环境非常脆弱，在工程建设中植被的恢复也列入了工程验收的重点。为了植被的恢复，除了在施工过程中将原来的表层土回填外，选择草籽和播种时机都是很有讲究的。

7月25日中午，我们到达了第6标段项目经理部。这里海拔4950米，从唐古拉山兵站出来约10千米，距离唐古拉山口约38千米。在这离天最近的地方，虽然生活艰苦，但项目部的人员都表现出一种豁达与乐观：能够在唐古拉山上确立人生的高度，不也是一种幸福吗？

（《中国电力报》2011 年 8 月 2 日，作者苏伟、赵博）

2011 年 7 月，在青藏联网工程竣工前，笔者来到沱沱河和唐古拉山山口，采访青藏交直流联网工程第 5、第 6 标段的工程建设者。这里气压低、氧气稀薄、干燥、大风以及强日光辐射，生存环境极其恶劣。在这样的环境中，青藏交直流联网工程的建设者却创造了电力施工史上的奇迹。

笔者一路行来，把自己的所见、所想、所感用自己的笔记录下来，由此，工程建设者在笔者的笔下变得分外高大伟岸。

八、新闻综述

综述是“综合叙述”的意思，新闻综述即把经过分析的对象或材料的各个部分、各个属性综合成一个统一的整体，然后叙述出来。它需要写作者具有较强的抽象、概括和分类整理能力。

新闻综述写作要注意几点：第一，收集和辨析材料。要通过观察、实验、访谈、调查、阅读等方法，把有关资料收集在一起，注意资料的广度、深度和准确度。第二，安排好结构。要按照一定的顺序编排材料，注意材料分类的科学性和编排材料的条理性。第三，语言表达要恰当。新闻综述的行文用语要简明、概括、平实。例如：

风雨过后见彩虹

——光伏产业十年发展历程盘点

在中国当代产业发展史上，恐怕再也没有一种产业像光伏产业一样大起大落！

仅仅在 2005 年底，太阳能多晶硅项目才正式获得独立“身份”，出现在国家产业目录中。然而时间过去还不到 4 年，2009 年 8 月 26 日召开的国务院常务会

议却在研究部署抑制部分行业产能过剩和重复建设问题，多晶硅等新兴产业被点名出现重复建设倾向，而此后光伏产业发展的大起大落，更让人大跌眼镜！

一个新兴产业的确立仅仅只有10年，便经过了几番大起大落，中间又有什么故事让人们欲说还休？粗略盘点一下光伏产业及光伏发电这些年的那些事，或许有些值得汲取的经验教训。

2008年之前

产能及价格“井喷”

光伏行业抒写财富传奇

长期以来，多晶硅作为生产单晶硅的直接原料，仅仅在半导体器件的电子信息基础材料上得到应用，除了这个领域外，几乎被人们遗忘。

就在太阳能多晶硅项目获得独立“身份”的同时，2005年，我国《可再生能源法》获得通过，表明了我国发展和利用可再生能源包括太阳能的选择和决心。此时，国际光伏发电市场开始勃兴，大大刺激了多晶硅的市场需求。

光伏产业那时有多火？或许，当年光伏行业的“施正荣传奇”能让我们领略到当时的奇观：2006年北京时间1月13日5时左右，中国新的首富诞生。

纽约交易所当日收盘时，中国第一家在美国主板上市的民营企业无锡尚德太阳能电力控股有限公司（代码“STP”）的每股达到34.02美元。其董事长兼CEO施正荣持有6800万股。也就是说，其当时身价达到了23.13亿美元，合计人民币约186亿元——远超福布斯2005年中国首富荣智健的16.4亿美元与“胡润百富榜”首富黄光裕的140亿元人民币。

谈到自己的成功，施正荣表示：“只是在正确的时候做了正确的事情，产能的扩充使公司赶上了全球太阳能产业的飞跃发展。”而光伏这个行业当时则被法国里昂证券（亚洲）形容为“这个行业确实在咝咝发热，尽管它正在升空，但一点也不像泡沫，而是一个坚实可靠的投资目标”。

2009年

新能源产业首次定位为战略性新兴产业

但光伏却有过剩预警　“金太阳示范工程”出炉

施正荣宣称的“在正确的时候做了正确的事情”，或许可用国家财政支持新能源与节能环保等新兴产业发展工作座谈会做注解。那次会议，国家领导人的讲话首次把新能源和节能环保提升到国家战略性新兴产业的高度并把其定义为新的产业变革。

施正荣的暴富传奇，吸引了一大批淘金者进入这个行业，在光伏行业的发展中，施正荣“一直被模仿，总是被超越”。而急于拿出GDP政绩的地方官员则催促那些有志于从事光伏生产的企业“大干快上”。

不幸的是，2008年国际金融危机不期而至，动摇了多晶硅的价格基石。

对于那些受暴利驱动、较晚涉足光伏行业的企业而言，他们或多或少感受到了岁月的艰难，但那些较早涉足光伏行业的企业业绩则依旧光鲜，以致对决策部门发出的过剩预警置若罔闻，而这种盲目的乐观反过来又影响到了决策部门。

2009年8月26日，国务院常务会议将多晶硅列入已出现重复建设倾向的产业。同日，工信部、国家发展改革委在其《2009年中国工业经济运行夏季报告》中指出，太阳能等新兴产业重复建设、无序上马的问题非常严重。之后，中央据此公布了《关于抑制部分行业产能过剩和重复建设引导产业健康发展的若干意见》(简称“38号文”)，规定3000吨以下多晶硅项目今后不再审批。

随着时间的流逝，光伏产能过剩的事实随着一批批光伏企业的关门和一些打造新能源基地的努力无果而终而大白于天下！长期以来，由于缺少相应的政策支持，光伏产品在国内商业化应用很少。国内光伏市场一直处于原料与成品销售市场在外，即“光伏产业两头在外”状态。2009年堪称“国内光伏市场启动元年”。

2009年4月，财政部、住房和城乡建设部首先出台了“太阳能屋顶计划”，中央财政将从可再生能源专项资金中安排部分资金，在大中城市积极推进光电建筑一体化示范项目；在农村与偏远地区发展离网式发电项目。

2009年7月21日，财政部、科技部、国家能源局又正式启动“金太阳示范工程”。根据《“金太阳示范工程”暂行办法》规定，此次补贴的力度为每省不超过2万千瓦，全国不低于50万千瓦。

2009年11月13日，三部委再次下发《关于做好“金太阳示范工程”实施工作的通知》，要求加快实施“金太阳示范工程”步伐。据财政部介绍，初步测算“金太阳示范工程”总投资近200亿元，计划用2～3年时间完成。

随着“太阳能屋顶计划”“金太阳示范工程”以及《关于做好“金太阳示范工程”实施工作的通知》一连串光伏市场利好政策的推出，国家启动国内光伏市场的力度逐渐加大，各地为争取财政补贴，上马光伏发电项目的热情一浪高过一浪。

2010年

光伏产业强劲复苏

出台光伏标杆电价呼声一片

2010年，随着全球经济逐渐转暖，各国政府大力推广太阳能政策的拉动效应渐显，国内外光伏产业呈现出强劲的复苏态势。几大龙头厂商2010年的出货量大幅提升，“订单接到手软”是光伏产业强劲复苏中最生动的写照。在这样的形势下，一些业内人士称，将多晶硅列进“产能过剩”黑名单，停止对多晶硅扩产项目审批，阻碍了产业的发展，呼吁“38号文”松动的声音响起。

中国光伏产业联盟的成立更让人感到光伏产业前途一片光明！

但是这些并不能掩盖我国光伏产业发展的隐忧：高速发展、瞬间创造巨大财富的背后，是产业整体发展水平低下的尴尬；光伏产业结构没有得到本质改变，因产品主要靠出口，企业受国际市场环境影响较大；而国内应用市场经过“金太阳示范工程”后虽有所扩大，但并未真正启动。

为了从根本上解决这个问题，2010年12月2日，财政部、科技部、住建部以及国家能源局四部门联合宣布，在对“金太阳示范工程”和太阳能光电建筑应用示范工程部署中，中央财政将对关键设备按中标协议价格给予50%的补贴，其他费用按不同项目类型分别按4元/瓦和6元/瓦给予定额补贴。

但是，仅仅凭借其提出的“自发自用”“分布式发电”的概念仍不足以提振设备商与运营商的积极性。最新出炉的“金太阳示范工程”补贴政策，不少国内光伏设备制造商直言“不赚钱”，呼吁出台光伏标杆电价的声音不绝于耳，仿佛只要标杆电价一出台，“百病”得解。

那么，此时的光伏上网电价是如何确立的呢？还是按特许权招标的方式“一事一议”确定。

2008 年 8 月，国家发展改革委核定内蒙古鄂尔多斯伊泰集团 205 千瓦太阳能聚光光伏电站和上海崇明前卫村太阳能光伏电站上网电价为 4 元 / 千瓦时（含税）。

2009 年 3 月 22 日，第一轮敦煌 10 兆瓦光伏电站特许权项目招标中，中标电价为 1.09 元 / 千瓦时。2010 年 4 月，宁夏太阳山等 4 个太阳能光伏电站请求核定临时上网电价的请示获国家发展改革委批复。核定宁夏发电集团太阳山光伏电站一期等项目临时上网电价为 1.15 元 / 千瓦时（含税）。

2010 年 6 月下旬，国内第二批光伏电站特许权项目招标启动，8 月 10 日正式发出技术标，共包括西部 6 个省份的 13 个项目，总规模 28 万千瓦，特许经营期 25 年。竞标结果与之前业界预测的一样，仍以“报价最低者即为中标人”的原则进行，中标电价全部低于 1 元 / 千瓦时，最高电价为 0.9907 元 / 千瓦时，最低电价仅为 0.7288 元 / 千瓦时。此外，这次招标的 13 个项目中标价均低于 1 元 / 千瓦时，且全部由央企中标。国内第二次光伏项目招标结果，“低价”和“国企”成为关键词。

当此之时，有关官员表示：通过招标发展光伏的方式仍将延续，然后才会出台光伏标杆上网电价政策。

2011 年

光伏产业前后冰火两重天

光伏标杆电价出炉

对整个光伏行业而言，2011 年是一个可以让每个光伏人记住的年份。2011 年第一、第二两个季度，国内光伏行业延续着上一年的热情，投资节奏仍然处于亢奋状态，“增产”“扩容”依然是光伏行业最热的关键词。在第三、第四季度，行业形势则出现了急剧逆转。随着各上市公司惨淡季报出台以及国内外市场环境的风云变幻，光彩四溢的光伏行业顿时陷入黯然。就在大多光伏企业深陷行业调整泥潭中，组件价格卖出白菜价不能自拔之际，这一年年底，美国商务部一纸“双反”立案调查书，更给行业、企业泼上了更凉的冷水。

上半年的疯狂、下半年的惨烈，让早熟的光伏行业历经了成长的磨难。但业内悲观情绪似乎对一些光伏巨人影响甚微，正如施正荣所言，光伏行业陷入暂时的低谷期，光伏行业是不会破产的，未来的光伏产业必将在经历阵痛与坚守之后迎来光明。

的确，光明就在前方。2011 年 8 月底，《太阳能光伏产业十二五发展规划》（征求意见稿）被媒体首次披露，到 2015 年，我国光伏产业保持平稳较快增长，多晶硅、太阳能电池等产品适应国内光伏发电装机容量规模要达 10 吉瓦，满足国际市场发展需要。同时集中支持骨干光伏企业做强做大，培育 1～2 家年销售收入过千亿元的光伏企业，3～5 家年销售收入过 500 亿元的光伏企业。全行业创造就业 100 万人。

其实，促进光伏健康发展的政策还有很多。2011 年 8 月 1 日，国家发展改革委网站公布了其在 2011 年 7 月 24 日签署的《关于完善太阳能光伏发电上网电价政策的通知》，通知规定，2011 年 7 月 1 日以前核准建设、2011 年 12 月 31 日建成投产、国家发展改革委尚未核定价格的太阳能光伏发电项目，上网电价统一核定为每千瓦时 1.15 元。2011 年 7 月 1 日及以后核准的太阳能光伏发电项目，以及 2011 年 7 月 1 日之前核准但截至 2011 年 12 月 31 日仍未建成投产的太阳能光伏发电项目，除西藏仍执行 1.15 元 / 千瓦时的上网电价外，其余省（区、市）上网电价均按 1 元 / 千瓦时执行。

文件的颁布给光伏产业界一个大大的惊喜，让翘首等待已久的业界如遇甘霖。虽然这一政策还存在着种种不完善、质疑甚至是漏洞，但是，对于经营惨淡的光伏产业来说无疑是一针强心剂。

2012 年

国外“双反”频袭

国内政策频出

2012 年并没有成为世界末日，但对一直在“寒冬”中苦苦挣扎的光伏企业来说，这一年几乎与末日无异，国外“双反”频袭，停产企业频现，相关项目搁浅的新闻层出不穷。

现实的残酷让 2012 年的光伏行业低迷消沉，不仅缺少了往年蓄势待发的气势，也缺少了敢于憧憬美好未来的信心。

各种“双反”的到来，沉重打击了国内光伏企业。尽管从数据上看，出口欧洲市场量不断增加，但国内光伏企业却难以脱离“量升价跌、出口越多越亏损”的处境。

由于世道艰难，上半年，近九成国内多晶硅企业停产，裁员风暴开始席卷国内光伏企业。

产业萧条，市场萎靡。一时间，光伏行业如履薄冰、如临深渊。政府、企业不得不在逆境中陷入沉思。

2012 年 2 月 1 日，财政部、科技部、国家能源局联合发布《关于做好 2012 年金太阳示范工作的通知》。2012 年 4 月 28 日公布的结果确定 2012 年金太阳示范工程总规模为 1709 兆瓦。2012 年 2 月 24 日，国家工信部正式下发《太阳能光伏产业“十二五”发展规划》。2012 年 3 月 27 日，国家科技部发布《太阳能发电科技发展“十二五”专项规划》。2012 年 5 月 25 日，国家能源局发布《关于申报新能源示范城市和产业园区的通知》，提出将建设 100 座新能源城市、200 个绿色能源示范县。

2012 年 7 月 30 日，国务院召开常务会议，部署鼓励和支持企业加强技术改造工作，会议表示中央财政将安排资金以贴息方式支持重点行业加快实施技术改造。2012 年 9 月，财政部、国家发展改革委计划分别安排技改贴息资金 1300 亿元和 1400 亿元。2012 年 9 月 1 日，国务院发布《关于促进企业技术改造的指导意见》。2012 年 9 月 12 日，国家能源局发布《太阳能发电发展“十二五”规划》。到 2015 年底我国太阳能发电装机容量达到 21 吉瓦以上，2020 年太阳能发电总装机容量达到 50 吉瓦。2012 年 9 月 14 日，国家能源局发布《关于申报分布式光伏发电规模化应用示范区的通知》。全国 34 个省份，每个省份分到 50 万千瓦的装机容量。2012 年 9 月 15 日，工信部下拨技改贴息资金 228 亿元；科技部下拨技术创新资金 260 亿元。2012 年国开行完成《关于进一步加强金融信贷扶持光伏产业健康发展建议》。该项建议明确，将继续加强对国内具有规模和技术优势企业的信贷支持，重点确保行业内“六大六小”12 家优势企业授信额度。2012 年 12 月 19 日，国务院常务会议研究确定了促进光伏产业健康发展的政策措施。

特别值得注意的是，2012 年 10 月 26 日，国网公司正式出台《关于做好分布式光伏发电并网服务工作的意见（暂行）》，对满足条件的分布式光伏发电项目承诺接入电网，免费提供接入系统方案制定、并网检测、调试等全过程服务，并且全额收购这些项目富余的电量，光伏发电并网瓶颈得以破除。

阵阵暖风让风雨飘摇的光伏企业在漫长的寒冬中感受到了些许春的气息。

2013 年

支持政策密集出台

光伏市场有复苏迹象

2013 新年伊始，国内光伏产品价格结束了近 9 个月的连续下跌之后出现反弹，其中单晶硅片和单晶电池片产品涨幅较大，最上游的多晶硅料价格也小幅反弹。随着 2012 年底以来一系列利好政策的出台，整个市场呈现反弹之势。

但光伏巨头无锡尚德宣布破产使该行业再次被推上了舆论的风口浪尖，光伏上市公司负债情况也成了关注的焦点。不过到第三季度，却有好消息传出：2013 年 7 月 27 日，欧盟委员会宣布，经过谈判，中国与欧盟就光伏贸易争端已达成“友好”解决方案，部分国内多晶硅企业深受鼓舞而纷纷复产。

相比饱和的上游组件市场，下游的电站市场则进行得如火如荼。一批组件商、逆变器企业纷纷涉足电站领域，探索电站总包与经营模式，但其同样也面临着并网与电价补贴等老生常谈的问题，亟待国家光伏政策的完善。因此，一些业内专家认为，我国光伏行业依旧属于“政策驱动型”而非“市场驱动型”的行业。

事实上，“重病缠身”的国内光伏产业正迎来国家新一轮的“输血”治疗。2013 年 6 月 14 日召开的国务院常务会议，重磅推出促进光伏产业健康发展的“六大扶持措施”（被业界称为“国六条”）。随着国家光伏扶持新政推进，国内光伏产业正在经历“黎明前的最后一段黑暗”。

2013 年 7 月 15 日，中国政府网发布《国务院关于促进光伏产业健康发展的若干意见》（被业界称为“国八条”），“国八条”进一步细化了国务院提出的刺激国内光伏需求的“国六条”，将 2015 年国内光伏发电装机目标在 2000 万千瓦基础上再上调 75%，提出将推动光伏企业兼并重组，并首次明确电价和补贴机制以及光伏准入门槛。

光伏产业的发展已上升到国务院层面，是最高层对于光伏产业的顶层设计，这个设计有利于产业的可持续发展，而最重要的意义是对行业的指导和市场的信心。

为引导光伏制造行业加快转型升级，推动我国光伏产业持续健康发展，2013 年 8 月 27 日，工业和信息化部下发了《光伏制造行业规范条件（征求意见稿）》（以下简称征求意见稿），进一步严格了光伏企业的准入门槛。相较于 2010 年 12 月出台的《多晶硅行业准入条件》，征求意见稿更加细致全面。我国光伏产业的相关政策已经基本出台完备，一些细则性、指导性的相关文件也正在逐渐颁布并落实。

从 2013 年下半年开始，随着光伏组件价格的回升，部分光伏企业开始逐渐恢复赢利。

2014 年

光伏产业从“哀鸿遍地”开始“咸鱼翻身”

光伏扶贫发力精准

如果说 2013 年的光伏设备制造企业仍然是“哀鸿遍地”的话，那么在 2014 年，多数企业已经打出了漂亮的“翻身仗”，以致机电产品进出口商会副秘书长孙广彬在谈到今后光伏产业发展前景时说：“中国光伏已经度过最艰难的时期，未来发展光辉前景可期。”

国内应用市场的迅速启动和蓬勃发展，与能源主管部门对光伏产业的鼎力支持密不可分。从 2013 年《国务院关于光伏产业健康发展的若干意见》开始，国家相关部门对光伏产业的支持政策密集出台，涵盖了从宏观到微观，从规划到管理，从中上游产品加工到下游电站建设等全领域。

2014 年 8 月 4 日，国家能源局在浙江省嘉兴市组织召开分布式光伏发电现场交流会，深入贯彻落实《国务院关于促进光伏产业健康发展的若干意见》和中央领导的一系列重要指示批示精神，总结交流典型经验，进一步促进分布式光伏发电健康发展。

2014 年 6 月 12 日，国家能源局在京组织召开光伏发电建设和产业发展座谈会，总结推广光伏发电建设典型经验，有效扩大国内市场应用，破解光伏产业健康发展的瓶颈和制约。

2014 年 10 月 11 日，国家能源局、国务院扶贫开发领导小组办公室联合印发《关于实施光伏扶贫工程工作方案》，决定利用6年时间组织实施光伏扶贫工程。

2014年9月2日，国家能源局印发《关于进一步落实分布式光伏发电有关政策的通知》，针对制约当前分布式光伏发电市场的诸多因素进行全面政策调整。2014年10月9日，国家能源局印发《关于进一步加强光伏电站建设与运行管理工作的通知》。2014年10月28日，国家能源局印发《关于规范光伏电站投资开发秩序的通知》，进一步加强光伏电站项目管理，杜绝投资开发中的投机行为。

所有的光伏产业相关文件，表面看促成了装机总量变化，背后却是推动一个产业质变过程的力量。

2015年上半年，中国光伏行业协会发布了《2014—2015年中国光伏产业年度报告》。报告指出，2014年是全球光伏产业否极泰来的一年。经历了2011—2013年的持续亏损之后，中、美、日等国家光伏市场的发展成为推动行业复苏的重要力量，光伏产业回暖态势明显，多数企业扭亏为盈，经营状况得到较大改善。

2015年

光伏产业发展热情继续

规范发展之时再发产能过剩预警

能源主管部门以及各级政府因地制宜出台支持政策，光伏发电应用模式不断创新，东中西部共同发展，“一带一路”倡议引导……多重利好形势下，2015年我国光伏产业发展热情继续，并实现跳跃式增长。

为这一跳跃式增长给的注脚就是，2015年7月22日，中国光伏行业协会在北京召开了“2015年上半年光伏产业发展与下半年展望”研讨会。会上发布的上半年行业运行情况也进一步印证了我国光伏行业快速回暖、稳步前进的现实。

另一个注脚则是，2015年12月15日，国家能源局下发了《太阳能利用“十三五”发展规划征求意见稿》，提出到2020年底，太阳能发电装机容量达到1.6亿千瓦时，年发电量达到1700亿千瓦，年度总投资额约2000亿元。

在这种快速发展形势下，规范光伏发展的政策还在继续出台：2015年上半年，国家能源局、工业和信息化部、国家认监委联合发布《关于促进先进光伏技术产品应用和产业升级的意见》。争论一年的光伏标杆上网电价调整终于在2015年最后一刻尘埃落定：2016年光伏发电标杆电价，一、二类资源区每千瓦时分别降低10分钱、7分钱，三类资源区每千瓦时降低2分钱。

2015年光伏行业以市场为主导的资源整合不断深入，意味着兼并重组加速。据中国光伏行业协会秘书长王勃华介绍，2015年光伏新增装机量约15吉瓦，同比增长40%以上，连续三年全球第一，其中地面电站占比84%，分布式电站占比16%。光伏累计装机约43吉瓦，跃居全球第一。A股太阳能发电概念板块上市公司中七成企业预期净利润增长率超50%，最高甚至达到15倍。与此同时，中游企业分化现象明显，上游企业多数仍亏损。光伏制造业深度整合，恰是行业兼并重组不断提高行业集中度的某种缩影。

随着2015年光伏行业发展统计数据的出炉，社会上对其产能过剩的问题关注度飙升。这一次，由于我国跃居全球光伏装机第一大国，对光伏电站开发建设的担心也多了起来。有观点认为，从整个中国光伏产业链来看，无论是上游制造业，还是下游迅猛发展的电站开发，都还存在潜在的过剩隐患。2016年是推进结构性改革的攻坚之年，强调“去产能”“去库存”“去杠杆”“降成本”“补短板”五大任务。五大任务中去产能居首，而光伏产业被移出产能过剩行业。这虽表明我国光伏产业回暖，表现良好，但仍需防范新一轮产能过剩。

（《中国电力报》2016年2月25日第6版，作者苏伟）

这篇通讯通过文献梳理的方法，将光伏产业十年发展中的大事、要事用记叙的笔法按时间顺序详细道出。每个小标题概括出这一年度发生的大事及特点，语言简明扼要。读者读完后，对中国光伏的历史脉络清清楚楚。

九、新闻观察

某一事实或现象发生后，我们可以用消息的方式进行报道，但是，有些事实或现象用消息简单地进行报道，受众可能并不满足，受众可能还想知道这一事实或现象的原因、结果甚至未来的走向。记者通过对相关文献或数据进行分析，通过对有关权威人士的深入采访，对事件的来龙去脉、远因近情、相互关系、结果后果、发展走向等做出定量或定性的判断，这就是新闻观察。一般而言，新闻观察的对象都比较宏观。产业观察有时也叫行业观察，是新闻观察的一种，通过对文献或数据进行分析，或通过对有关权威人士的采访，对某一产业的现状和发展趋势做出判断。如下例：

垃圾渐成“香饽饽”

——垃圾发电迎来蓬勃发展机遇期

12月6日至10日，在2021(第三届)全球生物质能创新发展论坛上，专家认为，在中国向着碳达峰、碳中和目标迈进的过程中，能源的“绿色化”升级让垃圾发电迎来快速发展机遇期。

来自中国产业发展促进会生物质能产业分会的数据显示，尽管受“邻避”这一普遍问题的困扰，我国垃圾发电近几年已经取得了不俗的成绩：2015年，我国垃圾焚烧发电装机容量仅为468万千瓦，仅仅5年时间，我国垃圾焚烧发电装机容量增加了3倍多，截至2020年底达到了1533万千瓦。这5年时间，年发电量更是从2015年的292.8亿千瓦时增加到2020年的778.3亿千瓦时。2020年，全行业发电设备平均利用小时数为5854小时，同比增加139小时，垃圾发电呈现出欣欣向荣之势。中国产业发展促进会副秘书长兼生物质能产业分会秘书长张大勇向记者表示，垃圾发电厂的运营模式成熟，在“双碳”目标、“美丽中国”的指引下，垃圾发电将有更大的发展空间。

垃圾无害化处理为垃圾发电“加热”

根据国家发展改革委、住房和城乡建设部发布的《“十四五”城镇生活垃圾分类和处理设施发展规划》，到2025年底，全国城镇生活垃圾无害化处理能力将达到60%左右，生活垃圾焚烧处理能力提升至80万吨/日。在国家发展改革委、住房和城乡建设部、生态环境部随后印发的《城镇生活垃圾分类和处理设施补短板强弱项实施方案》中更加明确提出在生活垃圾日清运量超过300吨的地区，加快发展以焚烧为主的垃圾处理方式，到2023年基本实现原生生活垃圾“零填埋”。

“焚烧为主”为垃圾发电创造了发展条件。因为垃圾发电的原理是将各种垃圾收集起来进行分类处理后，掺烧少量的煤进行燃烧发电，从而实现垃圾无害化、减量化、资源化处理。在垃圾无害化处理要求下，垃圾发电项目快速释放，投资规模不断加大。数据显示，截至2020年底，全国垃圾焚烧发电并网项目达631个，较2019年增加151个；并网装机容量达1533万千瓦，较2019年增加311万千瓦，增长了25.5%；年焚烧处理垃圾量约为1.4亿吨。

据中国产业发展促进会生物质能产业分会编制的《2020中国生物质发电产业发展报告》分析，当前垃圾发电项目平均每吨投资约为50万～60万元，项目投资回收期约为10~12年，相比其他很多行业，投资回收期略短，对各种社会资本进入该领域有吸引力。

垃圾发电商业模式成熟

张大勇认为，目前垃圾发电厂的商业模式比较成熟。

一方面，垃圾发电的燃料虽然受入厂垃圾量、垃圾热值和燃烧效率影响，但处理垃圾是收费的。目前，垃圾的全国平均处理费用约为73元/吨，不像农林生物质电厂那样需要支付数额不低的燃料收购费。

另一方面，国家一系列政策的出台，调动了地方政府、企业的积极性，有效推动了垃圾焚烧发电的发展。特别是从2011年至今，国家出台相关重要政策19项，将垃圾焚烧发电列为国策。在这些政策中，垃圾发电厂免征增值税、完善垃圾发电并网电价体系等为垃圾发电的发展保驾护航。

据了解，2012年发布的《关于完善垃圾焚烧发电价格政策的通知》完善了垃圾发电上网电价体系。通知规定：垃圾焚烧发电执行全国统一垃圾发电标杆电价0.65元/千瓦时，由电网企业、省级、国家3级分级承担。此次价格调整实质上是上调了对垃圾焚烧项目的电价补贴，而将所有地区价格“一刀切”也侧面反映出对中西部地区相对发达城市提高垃圾焚烧比例的政策倾斜。另外，《通知》更大作用在于规范垃圾发电行业秩序。

中国环境保护集团有限公司副总经理胡越告诉记者，目前，该集团在运电厂60个，在建项目10多个。除个别电厂因垃圾量不足亏损外，其他都运行状况良好。一方面，目前，0.65元/千瓦时垃圾发电标杆电价比较合理；另一方面，垃圾由有关部门直接送到电厂，并按量收费，每吨收费45~110元不等，一座3万千瓦的电厂每天处理垃圾可达1200吨，如按50元/吨来计算，每天的收入也有6万元，这可是不小的收入。这与农林生物质电厂需要花大量的人力、物力和财力收购燃料形成鲜明对比。

国家和投资主体越来越重视“邻避”

垃圾发电是个好东西，但谁也不愿它建在自家后院，这就是所说的“邻避”问题。几年前，一个地方一旦有上马垃圾发电厂的消息传出，立即会招致强烈和坚决的、有时高度情绪化的集体反对。

胡越对记者表示，目前该集团也还有电厂在建设阶段遇到居民投诉阻挠的事例，但比以往已经有所好转。

12月9日至11日，湖南邵阳中部生活垃圾焚烧发电项目指挥部组织邵阳市法相岩街道双田村村民代表等30余人，前往陕西省西安市考察生活垃圾焚烧发电项目，参观泾渭康恒环境能源有限公司、西安白鹿源益恒环境能源有限公司。这是在垃圾发电蓬勃发展背景下，项目的投资方为项目正常上马采取的消除老百姓顾虑的一种有效手段。

张大勇认为，公众对于垃圾焚烧发电在认识上有一些误区，这些误区可以通过宣传、村民实地考察等方式消除。垃圾焚烧环境风险是可控的：一方面是因为电厂选址时都经过严格的环评，都按规定离居民区有合理的距离；另一方面，有关部门对电厂的监管也非常到位。只要锅炉温度达标，垃圾焚烧排放，完全能够达到欧盟的标准，“难闻”“二噁英”等问题都可避免。

记者了解到，我国垃圾焚烧发电厂早已于2017年便全部完成了“装、树、联”，即依法安装自动监测设备、在厂区门口树立电子显示屏、自动监测数据与生态环境部门联网，实现了行业自动监测全覆盖，可对垃圾焚烧厂实现连续监管。一旦垃圾焚烧厂因污染物超标排放等环境违法行为被依法处罚，会核减或者暂停拨付其国家可再生能源电价附加补贴资金。

（《中国电力报》2021 年 12 月 21 日第 2 版，作者苏伟）

在信息海量化、碎片化的今天，新闻观察是信息大海中的“瞭望者”；是审时度势，为社会提供正确航向的“指引者”。新闻观察不是生活琐记，它是从新闻的专业视域出发，对新闻事实的走向进行分析的一种通讯。本文通过数据分析、文献梳理、专家采访，“观察”出了“垃圾发电迎来蓬勃发展机遇期”的结论。

十、新闻分析

新闻分析与新闻观察有些类似，也需要通过对文献或数据进行分析，或通过对有关权威人士的深入采访，对事件的来龙去脉、远因近情、相互关系、结果后果、发展走向等做出定量或定性的判断。不同的是新闻分析的事实对象一般较为微观，同时新闻分析需要先提出问题，再对问题进行分析，最后提出解决之道。例如下面的三篇新闻分析：

新闻分析一

光伏电价“犹抱琵琶”为哪般？

随着光伏产业类似“井喷”效应的出现，中国的光伏业界一波接一波的“论坛”“研讨会”“推介会”着实让人眼花缭乱，并且名头越来越响——1 月 20 日，冠名为“首届新能源国际高峰论坛”的会议十分热闹地召开；3 月 21 日，“2010 中国低碳经济与光伏产业可持续发展论坛”又在江苏金坛举行；4 月中旬，第二届亚洲光伏峰会也将闪亮登场。在过去一年里，类似的场景几乎每个月都会隆重地上演，并且座无虚席。

在会上，光伏企业的高管们不断重复这样一个故事：当传统能源日益枯竭，唯有新能源才能拯救人类，而这正是中国唯一能与世界同步的产业。会议的落脚点自然是“政策如何扶持太阳能产业”，其核心之一是“国家应尽快出台光伏上网电价政策”。

这种热望在今年“两会”期间形成一个“小高潮”。在今年的“两会”期间，光伏产业界的“新进”人士、全国政协常委刘汉元在接受记者采访时说，光伏产业目前发展的核心瓶颈就是要解决上网电价的问题，上网电价不出，国内多晶硅企业就只能依靠出口，产能过剩、行业利润低就成为必然。他还给如何确立光伏上网电价开出了“处方”。另外其他多名代表、委员也谈到了出台光伏上网电价政策对于启动光伏发电市场的重要意义。

与光伏产业界人士热切希望形成鲜明对比的是，就在年初，由国家能源局主导的第二批几个光伏并网电站招标开始开展前期工作。当此之时，有关官员表示：通过招标发展光伏的方式仍将延续几年，然后才会出台光伏标杆上网电价政策。也就是说，在出台全国统一的标杆电价和继续“一事一议”的电站招标的权衡中，决策层最终选择了更为保守的后者。

决策层的最终选择无疑给正在“发烧”的光伏企业浇了一瓢冷水。

理性分析，决策层的审慎是事出有因的。从企业层面上看，在去年甘肃敦煌 10 兆瓦太阳能电站招投标中出现 0.69 元 / 千瓦时“地板价”后，光伏企业无形中划分成了两大派：一方希冀以低价让决策层意识到光伏发电的价值，同时也树立了后来者进入的门槛；一方认为获得更高的政府补贴才有利于行业的发展。以晶硅技术为主的光伏企业就光伏上网电价的意见并不统一。

如果再将问题扩展到非晶硅技术层面，一些以薄膜技术为主的企业，曾经向媒体暗示，薄膜技术和目前被大量应用的多晶硅技术相比，造价低廉且转化率高，相比晶硅技术，薄膜电池技术更有市场前景，也能够规避产能过剩的风险。薄膜技术的竞争客观上也增加了出台光伏电价的复杂性。

中国可再生能源学会理事长石定寰认为，由于目前光伏企业水平参差不齐，以其中一两个企业招标的方式并不具有样本的意义。“要推动整个行业的发展，应根据当前光伏行业的实际情况算出一个合理的平均成本"，但目前操作起来难度太大。如果电价标准过低，"高门槛"将阻碍大批有志者进入，促进新能源健康稳步发展的目的就达不到；一旦定价过高，则一场光伏发电的大竞赛将就此拉开。前车之鉴不远——2004 年，西班牙启动了高额的电价补贴政策，照搬德国发展太阳能光伏的模式，在短时间内过度建设，让其在 2008 年超过德国成为全球第一大太阳能市场，但同时也导致了各种产业问题。在 2009 年初，西班牙政府又踩了"急刹车"，大幅度强制降低光伏市场规模，导致巨大的产业震荡，这种震荡还影响了以出口为主的中国光伏企业。

从政策的角度考虑，光伏发电上网电价标准的出台还有个时机问题，因为确定价格意味着短时间内要拿出巨额资金补贴，而有限的可再生能源发展基金却有很多工作要做。光伏发电上网电价政策越晚推出，用于此项补贴支出的就越少。2008 年 8 月，国家发展改革委核定内蒙古鄂尔多斯伊泰集团 205 千瓦太阳能聚光光伏电站和上海崇明前卫村太阳能光伏电站上网电价为每千瓦时 4 元；去年，我国首个光伏发电示范项目敦煌电站招标中，中广核能源公司牵头的联合体最终只以 1.09 元 / 千瓦时的上网电价在这一项目的招标中胜出。据悉，目前国家财政每年需要为光伏发电补贴 70 多亿元。按照现在的光电发展状况，要想达到 2020 年太阳能发电总容量 1800 兆瓦的目标，国家补贴将超过 1000 亿元。

国家能源局可再生能源司的官员 3 月中旬在接受记者采访时曾表示，光伏发电上网电价方案的出台还没有明确时间表。不过，敦煌项目 1.09 元 / 千瓦时的招标电价还是偏高，财政不可能拿出那么多资金进行补贴，需要降到 0.7~0.8 元 / 千瓦时才有可能推广到整个行业。

还有一点，不同地方的光照差异非常大，出台一个统一的"普惠性"的上网电价并不能解决问题，而出台一个类似风电一样大致分区的上网电价标准则需要一定数量的运行电站及对这些项目的大量调研，需要"先发展再说"。

（《中国电力报》2010 年 4 月 12 日第 2 版，作者苏伟）

新闻分析二

光伏产业政策何时能出组合拳？

有媒体曾用“高烧不退”来形容我国新能源产业的发展。就光伏产业而言，这话一点不过：在2005年底，太阳能多晶硅项目才正式获得独立“身份”，出现在国家产业目录中，此前都是归入半导体目录，连独立“身份”都没有，三年之后的2008年，中国太阳能电池产量就达到260万千瓦左右，占世界产量的32.9%。繁荣的背后，光伏产业的乱象也开始显现，政策无法形成合力更增光伏产业界的“浮躁”。

去年8月26日，国务院常务会议将多晶硅列入已出现重复建设倾向的产业；同日，工信部、国家发展改革委在其《2009年中国工业经济运行夏季报告》中指出，太阳能、风能等新兴产业重复建设、无序上马的问题非常严重。之后，中央据此公布了《关于抑制部分行业产能过剩和重复建设引导产业健康发展的若干意见》，规定3000吨以下多晶硅项目今后不再审批。

此后不久，科技部的一份内部调研报告则认为，媒体和官方采信的都是多晶硅的规划产能，与实际产能相去甚远，说多晶硅“产能过剩”的判断有失公允，矛头直指上述结论。

再后来，有消息说国务院启动了第二轮多晶硅调查，目的是澄清以上说法哪一个更接近事实，但时至今日，关于多晶硅产能是否过剩的争论不了了之。然而，这个争论却让人们明白了光伏产业“政出多门”的尴尬。

据了解，中国光伏产业的发展从来就不缺少政策的扶持：为了促进光伏产业的发展，国家多个部委各司其职，出台了与光伏产业相关的政策。

2009年3月23日，财政部联合住房和城乡建设部发布了《太阳能光电建筑应用财政补助资金管理暂行办法》《关于加快推进太阳能光电建筑应用的实施意见》，支持开展光电建筑应用示范，实施“太阳能屋顶计划”，城市光电建筑一体化应用，对农村及偏远地区建筑光电利用等给予定额补助，2009年补助标准原则上定为每瓦补贴20元。后来财政部确定了“金太阳示范工程”补贴计划，对于并网光伏发电项目，国家原则上按光伏发电系统及其配套输配电工程总投资的50%给予补助；其中，偏远无电地区的独立光伏发电系统按总投资的70%给予补助；对于光伏发电关键技术产业化和基础能力建设项目，主要通过贴息和补助的方式给予支持。

同样是2009年，为规范行业发展，工信部决定将组织行业制定产品标准，对产品及企业进行认证，尽快出台多晶硅产业发展指导意见，并配合企业积极应对反倾销诉讼。今年3月16日，工信部有关人士在上海透露，工信部将很快颁布多晶硅行业的准入制度，以3000吨为基础，限制规模小、能耗高的项目。此外，也在制定和完善光伏产业发展的行业标准，并按照市场需求和企业技术水平，制定多晶硅太阳能电池等产品相关标准，推动建立产品认证和监测管理制度。

也是在2009年，科技部启动了首批太阳能光伏发电技术国家重点实验室申请工作。全国共有17家光伏企业和科研院所参与了竞争。据有关专家称，由于光伏行业还是一个新兴产业，目前一直没有统一的国家行业标准，也缺乏涵盖产业整体的行业技术标准，而重点实验室的获批，标志着我国太阳能光伏行业有了集光伏技术研发、基础研究等于一体的综合公共服务平台，将加快推动国内光伏行业标准的制定进程，包括制定规范准入、性能、环保、安全等行业标准。

各地的地方政府或出于增加GDP的考虑，或出于低碳发展的考虑，也出台了各式各样的优惠政策，为光伏的无序发展推波助澜：有18个省份号称要打造“新能源基地”，近百个城市宣布要把新能源作为支柱产业。目前，全国18个省份的35个多晶硅项目在建或准备动工，如这些项目都能按期完工且完全释放产能，我国的多晶硅产量将达14万吨，光伏产业正如同过去互联网泡沫时代的故事一样。有官员声称：“即使没有技术，有银行贷款也能发展；即使连银行贷款都没有，有政府支持也能发展；即使全部都没有，摆着这么大的市场，也能发展。”

从中央到地方，支持光伏企业的政策可谓五花八门。什么时候，这些政策可以形成组合拳，引领光伏产业又好又快地发展？

（《中国电力报》2010年5月7日第2版，作者苏伟）

新闻分析三

启动光伏市场的钥匙何在？

中国光伏产业界期盼已久的中国光伏产业联盟日前正式成立。业内人士普遍认为，“结盟求共赢”是其宗旨。在此宗旨的鼓励下，中国光伏企业对产业联盟的成立也充满期待，他们期待着，通过产业联盟的努力，国内的光伏市场能够迅速启动。他们自己也在寻找启动国内光伏市场的钥匙。

现状：为人作嫁将欲休

据中国机电商会太阳能光伏分会统计，近年来，我国光伏产业发展迅速，2005—2009 年的 5 年间太阳能光伏产品出口额增长超过 10 倍，即使在金融危机的严重冲击下，2009 年出口额达 154.4 亿美元，同比增长 147.8%。

2009 年，中国太阳能电池产量达到了 4011 兆瓦，占世界太阳能电池总产量的四成，但这一年的全球光伏市场却令中国企业提心吊胆：先是在 2009 年初遭遇金融危机重创，在二季度逐渐恢复元气后，西班牙政府又大幅消减财政补贴；今年 1 月份，德国将光伏并网的补贴消减掉 15%；法国能源部也将屋顶太阳能电力收购补助费率下降 24%。这些信号意味着各国政府正在积极试探光伏行业独立生存的可能，同时，也给九成产品销往海外的中国光伏企业发出警告。

目前，我国近 60% 的太阳能光伏产品出口是以加工贸易的方式，98% 的销售靠出口。数据显示，受到金融危机波及我国有 200 多家光伏产业组件企业停产或减产，保持正常生产的企业仅 70 家左右，而去年全年出口产品的平均价格也呈现下降趋势。

期盼：市场尽快真正启动

在这种背景下，中国将成为决胜未来的战场已经成为共识，问题是这一市场何时能够真正启动。

从国际金融危机的阵痛中恢复后，为前几年的暴利所吸引，从2009年第四季度起，国内光伏企业重拾因金融危机而搁置的扩产计划。老企业扩产的同时，新兴企业纷纷加快进入步伐。光伏产业呈现一片欣欣向荣的景象。

但是国内市场并不明朗。由于决策层对大干快上的浪潮与国际市场的增速之间的落差忧心忡忡，去年8月，国务院采信工信部说法，发出了关于风电设备和多晶硅产能过剩的警告，虽然科技部在此之后强调只是产能“虚拟过剩”，但此警告还是在行业内引发了强烈震动；另外，决策者对中国承担过剩品试验场的角色也存担心，迟迟不愿打响国内市场的“发令枪”——明确新能源规划与上网电价。

但是，决策层在启动国内市场方面并不是无所作为的：去年，在海外太阳能市场陷入低谷之际，国内规模最大的太阳能电站——甘肃敦煌10兆瓦并网太阳能发电场的发电示范工程特许权项目招标。现在，第二批几个光伏并网电站招标有望近期启动，前期工作已经开展，这批电站选址在新疆、内蒙古等地，将选择光照条件好、电网接入条件好、市场好的荒漠地带。

借鉴：发展太阳能建筑

希冀光伏发电上网电价的出台作为国内光伏市场启动的钥匙，可以说，这把钥匙目前还得不到。由于目前光伏企业水平参差不齐，以其中一两个企业招标的方式确立的电价标准并不具有样本的意义。在大力培育战略性新兴产业成为业界共识后，一些专家和业内人士建议，启动光伏产业市场不应只着眼于建设大型光伏发电站，还应该在借鉴国外经验的基础上积极探索多种路径。

目前太阳能光伏产品应用市场除了大型太阳能光伏发电站外，还有一个就是将光伏与建筑结合。它包括两种形式：一种是建筑与光伏系统结合；另一种是建筑与光伏器件相结合。前者是把光伏发电设备直接安装在传统建筑物上，后者则是改变传统建筑的建造方法，用光伏材料替代建筑材料，使建筑本身成为一个全新的发电体。在现有建筑加装太阳能光伏系统，同样具有广阔的市场前景。

美国应用材料公司首席技术官麦克·斯普林特说，作为光伏产业的上游设备供应商，他希望看到中国能够迅速启动光伏市场。但如果一个市场迅速兴起后又迅速萎靡，这种波动对下游厂商来说即使可以接受，但传递到上游设备商那里就会成为惊涛骇浪。他更愿意看到一个平稳起步长期发展的中国光伏市场。

由此看来，启动国内光伏市场的“钥匙”就在我们的手中。

（《中国电力报》2010 年 7 月 2 日第 2 版，作者苏伟）

2010 年，随着全球经济逐渐转暖，各国政府大力推广太阳能政策的拉动效应渐显，国内外光伏产业呈现出强劲的复苏态势。几大龙头厂商 2010 年的出货量大幅提升，“订单接到手软”是光伏产业强劲复苏最生动的写照。中国光伏产业联盟的成立更让人感到光伏产业前途一片光明！在这种形势下，笔者针对光伏产业发展“热”中存在的“隐患”，连写了三篇新闻分析。第一篇新闻分析着重分析光伏电价迟迟不能出台对光伏产业带来的不利影响；第二篇新闻分析分析了现有的各种光伏政策没有形成合力给光伏产业发展带来的阻碍；第三篇新闻分析呼吁解决光伏产业依靠国外市场的现状，启动国内光伏市场。三篇新闻分析各自独立又形成一个整体，对光伏产业发展把脉、出谋划策，对光伏产业的发展起到了很好的促进作用。

十一、深度报道

关于深度报道，《新闻学大辞典》（甘惜分主编，河南人民出版社，1993 年）的定义：“运用解释、分析预测的方法，从历史渊源、因果关系、矛盾演变、影响作用、发展趋势等方面报道新闻的形式。”《宣传舆论学大辞典》（刘建明主编，经济日报出版社，1993 年）的解释：“通过系统的科学材料和客观的解释、分析、全面深入地展开新闻内涵的报道形式。”

其实，深度报道是一种系统的反映重大新闻事件和社会问题，深入挖掘和阐明事件的因果关系以揭示其实质和意义，追踪和探索其发展趋向的报道方式。

深度报道突破了“一人一地一事”的报道模式。一面剖析事实内部，一面展示事实宏观背景，把握真实性，要着重揭示原因和怎么样两个新闻要素。如下例：

“逮捕”二氧化碳
——我国碳捕集项目现状调查

调查对象：两家电厂

本调查的对象是华能上海石洞口第二电厂和中电投重庆合川发电有限责任公司双槐电厂。

华能上海石洞口第二电厂一期工程两台60万千瓦超临界机组于1992年投产。二期工程建设两台66万千瓦国产超超临界机组。工程配套建设烟气脱硫、脱硝、脱碳装置。其脱碳装置于2009年12月30日正式投运，它的建成投产，开创了我国燃煤电站实现二氧化碳捕集规模化生产的先河，标志着我国燃煤电厂二氧化碳捕集合技术和规模已达到世界领先水平。

中电投重庆合川发电有限责任公司双槐电厂（以下简称重庆合川双槐电厂）一期两台30万千瓦机组同时配套建设石灰石—石膏湿法烟气脱硫装置，于2006年建成投产。

2008年9月，开工建造二氧化碳捕集装置。2010年1月20日，脱碳装置正式投运。这是我国首个万吨级燃煤电厂二氧化碳捕集装置。

直击现场：“逮捕”的奥妙

以煤炭为能量来源的燃煤电厂是二氧化碳的排放大户。那么，能不能把电厂排放的二氧化碳“捉住”，进行再处理？

据专家介绍，目前电厂有三种“捕碳”路线：燃烧后捕集、燃烧前捕集、富氧燃烧，每条路线适用于不同类型的发电厂，而燃烧后捕集技术路线则适合于任何一种火力发电。

在重庆合川双槐电厂，工作人员打开阀门，伴随着响起的“嗞嗞”声，饮料瓶大小的蓝色罐子开始变得沉甸甸的——里面装的就是新鲜出炉的二氧化碳。从阀门边上抬头望去，是一个直径大概3米，长10米左右的银色大罐子。负责这个碳捕集项目的中电投远达环保工程有限公司（以下简称远达环保）的喻江涛博士告诉记者，罐子中储存的就是已经捕集到的保存在零下19摄氏度左右的液态二氧化碳。这些液态二氧化碳来自电厂排放的烟气，是通过一系列复杂的处理过程从烟气中分离出来，再经浓缩提纯后储存在这里的。

华能上海石洞口二厂的脱碳装置构造与重庆合川双槐电厂大体一致：脱碳区位于二期工程扩建端中部，分为两大区域，北侧为二氧化碳捕集设备区域，南侧为二氧化碳精制设备区域，电控楼布置在两大区域之间，整个脱碳区域面积有半个足球场那么大，看起来像个小型化工厂。

记者在比较两个脱碳装置后发现，其技术原理和工艺流程基本相同，都采用了燃烧后捕集技术的化学吸收法——这也是目前国际上燃煤电厂CCS项目普遍采用的办法，即在对烟气进行脱硝、除尘、脱硫的基础上，采用化学吸收法（MEA法）实现脱碳。

碳捕集装置主要由烟气预处理系统、吸收、再生系统、压缩干燥系统、制冷液化系统等组成。首先，对电厂锅炉排烟进行脱硝、除尘、脱硫等预处理，脱除烟气中对后续工艺的有害物质，然后在吸收塔内复合溶液与烟气中的二氧化碳发生反应，将二氧化碳与烟气分离；其后在一定条件下于再生塔内将其生成物分解，从而释放出二氧化碳，二氧化碳再经过压缩、净化处理、液化，得到高纯度的液体二氧化碳产品。

远达环保总经理刘艺博士给碳捕集装置作了个形象的比喻。他告诉记者，大气中二氧化碳的含量为0.03%~0.04%，而燃煤电厂所排放的烟气中二氧化碳含量高达10%~15%，因此燃煤电厂是二氧化碳集中排放源。“脱碳装置就好比给燃煤电厂这个排放源戴了个大口罩，通过过滤把对环境没有任何影响的干净气体排放出去，而把二氧化碳留下来集中处理。”

通过这样的“抓捕”程序，可以获得纯度大于99.5%的二氧化碳。再经过精制，最后可以产生达到食品级标准的、纯度为99.9%以上的二氧化碳液体。

深度挖掘：电厂脱碳的经济账

燃煤电厂脱碳技术，被认为是在无法彻底改变能源应用结构的当前阶段，实现二氧化碳减排的一大有效手段。目前，二氧化碳捕集和封存技术正成为世界各国科学界和企业界研究的热点，全球有100多个CCS项目正在或即将运行。然而，相对我国现阶段的火电规模而言，国内目前的电厂碳捕集项目可谓是凤毛麟角。既然技术上对二氧化碳的“逮捕”行动可以实现，那么，能否尽快将碳捕集装置应用到更多的燃煤电厂呢？

资深电力专家、原电力工业部总工程师周小谦告诉记者，CCS技术的经济性还需要进一步研究，其投资成本是一个主要问题。他认为，CCS要实现规模化应用，可能需要一个相当长的时间。针对这个问题，我们的调查对象给记者算了一笔电厂脱碳的经济账。

华能上海石洞口第二电厂二期工程配套的脱碳装置，包括二氧化碳捕集和精制系统，工程概算投资约1亿元，全部为国内设计制造。对于电厂来说，这是一笔不小的投资。在运行过程中，电、蒸汽、水、化工药品等主要消耗品也价格不菲——每捕集1吨二氧化碳，就要消耗一定数量的低压蒸汽，消耗约75千瓦时的电量。

另外，华能上海石洞口第二电厂二期工程配套的脱碳装置处理烟气量66000标准立方米/小时，约占单台机组额定工况总烟气量的4%，设计年运行小时8000小时，年生产食品级二氧化碳10万吨。设想一下，如果将全部烟气中的二氧化碳进行捕集，其二氧化碳的数量和“捕捉”成本是非常惊人的。美国工程院院士、“全球气候与能源计划”(GCEP)负责人、斯坦福大学普里克特能源研究所所长林•奥尔认为，常规电厂加上CCS技术之后，煤电的成本会在每千瓦时8~9美分(约合人民币0.54~0.61元)，比风电还要贵。

同样的问题，远达环保也在面对。刘艺表示，重庆合川双槐电厂的碳捕集装置总投资为1235万元，该装置是采用远达环保研发团队的自有技术，全部设备均由国内采购，因此已经大大降低了投资建设成本。但是，目前的装置作为一个研发平台，其处理的烟气量不到电厂排放总烟气量的1%。由此可见，如现阶段要使脱碳装置与电厂烟气排放配套、规模化发展，所需要的经济投入是相当大的。

“不过，我们对碳捕集装置还是很有信心的。”刘艺说，“远达环保下一步将通过二氧化碳捕集装置的实验运行，针对装置整体运行管理机制、运行参数等进行优化，对关键设备和吸收剂性能进行改进，降低捕集成本。另外，加快吸收剂的研发与改进研究，结合实验与理论分析，研发出性能更为良好的吸收剂，以降低运行能耗，从而进一步降低运行成本。”目前，该装置的能耗成本大概占总成本的40%。

后续思考：“用”还是“藏”？

二氧化碳“捕捉”到了，接下来要如何处理呢？无论是华能集团的10万吨脱碳装置，还是中电投集团的万吨级碳捕集项目，都面临着一个问题：再大的储存罐，能存放的二氧化碳也是有限的，这也是世界范围内遇到的CCU和CCS的问题。中国工程院院士倪维斗曾表示：“对于中国来说，首先要做CCU，把利用放在前面考虑。尽管从长远来看，能用掉的二氧化碳很少。但起步的时候，要先立足于‘用’。”

专家介绍，二氧化碳的工业用途非常广泛：在机器铸造业，二氧化碳是添加剂；在金属冶炼业，特别是优质钢、不锈钢、有色金属冶炼，二氧化碳是质量稳定剂；在陶瓷搪瓷业，二氧化碳是固定剂；饮料啤酒业，二氧化碳是消食开胃的添加剂；做酵母粉，二氧化碳是促效剂；在消防事业中，二氧化碳是灭火剂。

然而，虽然用途非常广泛，二氧化碳的用量却并不大。据调查，目前上海市每年的二氧化碳用量为15万～18万吨。而华能上海石洞口二厂的碳捕集量就为10万吨/年，可以满足整个市场需求量的近2/3。

因此，二氧化碳利用领域的开发与创新也必不可少。从清华大学一毕业就进入中电投远达环保工作的伍灵博士如今已经是该公司脱碳项目资源化利用领域的负责人。她告诉记者，如何再利用捉到的二氧化碳，是从2006年项目筹划之初就思考的问题了。“如果能够开发新工艺，实现产生二氧化碳的企业与需要的企业对接，将有效推动对二氧化碳的资源化利用。”伍灵说，远达环保计划接下来将利用捕集所得二氧化碳建立中试级可降解塑料制备实验装置，有针对性地开展二氧化碳利用方面的技术研发。

对捕集到的二氧化碳进行利用，更大程度上是发挥替代效应，从而实现碳减排。目前，市场供应的二氧化碳产品中，有相当一部分来源于燃烧天然气、燃烧石灰石、开采二氧化碳气田等以生产二氧化碳为目的的制备方式。电厂捕集二氧化碳并进行精处理后，可以替代原有的二氧化碳生产方式，达到碳总量减排的目的。对二氧化碳捕集产品进行循环利用，实现总量控制和二氧化碳产品资源化，是目前国际上燃煤电站实现碳减排的主要处理方式。

当然，利用为先，也不能忽视储存。针对“替代效应”的看法，远达环保副总经理、碳捕集项目总负责人杜云贵博士则认为，把二氧化碳安全而永久地“封存”起来，才能真正做到碳减排。然而，目前碳封存仍旧是CCS技术中最复杂的环节。在我国，关于二氧化碳储存的研究已经在进行：中石油集团在吉林油田开展的二氧化碳驱油（EOR）试验，主要针对二氧化碳封存技术进行研究；而神华集团计划在鄂尔多斯进行10万吨/年二氧化碳盐水层封存示范。

发展愿景：期待产业政策配套

环保产业，往往都是高投入产业。在投入的同时，我们或许无法立竿见影地感受到它所带来的回报。刘艺笑着说：“难道，站在脱碳装置边上，就会感觉到空气变好了？这当然不可能。”环保产业所带来的经济和社会效应，是需要时间来检验的。在环保问题上，我们必须有长远眼光。

目前，华能集团和中电投集团的碳捕集技术已经走在国内前列，并与国际水平基本同步。华能集团北京热电厂二氧化碳捕集示范项目的3000吨级碳捕集装置已运行一年多，捕获二氧化碳3500余吨；其中华能上海石洞口第二电厂的10万吨/年碳捕集装置是目前全球规模最大的，能耗指标达到国际先进水平。中电投集团在重庆合川双槐电厂万吨级捕集装置的基础上，也将开展大型吸收设备强化和过程优化的技术研究，建设10万吨级电厂二氧化碳捕集示范工程。

此外，两家企业在基于IGCC（整体煤气化联合循环）的燃烧前捕集技术研发方面也都各有进步：中国首座IGCC示范工程——华能天津IGCC项目率先通过国家发展改革委核准，并于去年开工建设。根据工程进度计划，2010年，天津IGCC项目进入施工高峰期，预计年底完成设备安装工作进入调试阶段；中电投集团针对廊坊IGCC项目、上海IGCC项目和集团煤制烯烃项目，研究了二氧化碳封存途径。廊坊IGCC项目将同步建设二氧化碳捕集示范工程，利用紧邻华北油田的优势开展EOR（二氧化碳油田回注增采）的应用研究。同时，中电投集团和国内外多家科研院所建立了专题合作研究的基础。

华能集团麾下的西安热工研究院是我国洁净煤燃烧的一支重要科研力量，研究院总工程师许世森是我国CCS的领军人物之一。他说："20年前，搞脱硫和脱硝被许多人认为是高成本'多此一举'，但环境污染和修复环境的巨大代价使人们很快认识到，必须脱硫、脱硝。此时，我们才发现自己没有技术。今天的CCS不能像当年搞脱硫、脱硝一样，都是引进国外技术，必须有自主技术，才能进一步降低造价。"

杜云贵在接受采访时多次对记者强调，现在考察碳捕集项目，一定要注意区分一个概念，那就是技术平台和产业化的区别。"当然，要真正地使这项技术在国内有更好发展，恐怕还需要国家层面的政策支持和来自社会各界的理解和重视。我们期待国家尽快出台相关的产业政策，扶持碳捕集技术。"他说。

高昂的成本是制约碳捕集技术迅速推广的重要原因，除此之外，还有两个方面的因素：一方面，推广过程还存在诸多不确定性，不像脱硫，在技术已经较成熟的情况下，国家出台了强制标准，并给予了适当的电价补贴。刚刚起步的脱碳技术，更需要国家在政策上的倾斜。西方国家在这方面已经有所行动：美国的经济刺激方案中有34亿美元用来启动碳捕集技术的应用；欧盟已通过总量管制与排放计划限制温室气体的排放，并公布了对去年使用碳捕集技术相关部门进一步的鼓励措施；英国、澳大利亚和其他一些国家也都许诺要资助相关的示范项目。此外，电价补贴和征收碳税将是更可取的办法。对脱碳发电给予一定的电价补贴，可以补偿电厂因配备脱碳装置带来的成本损耗；而征收碳税可以提高二氧化碳的排放成本，并将这些税收转给电力企业进行技术开发。

另一方面，英国、澳大利亚等国已着手建立CCS相关法规和标准，而我国这方面尚未起步。面对如此空白，监管部门很难对CCS的选址、运输、运行以及后续活动进行合理、准确的评估和管理。杜云贵认为，应该把CCS的一些前期工作放在国家层面来做，这样也可以有效避免重复建设和浪费。政府应该从战略布局出发，针对二氧化碳的捕集、封存及利用做出规划，并协调各方面关系，打造真正的碳减排产业链条。

（《中国电力报》2010年2月24日，作者苏伟、赫然）

2009年11月，我国对世界庄严承诺：到2020年单位国内生产总值二氧化碳排放比2005年下降40%～45%。此后不久，全球最大的燃煤电厂10万吨/年的碳捕集项目在上海正式投产，我国首个万吨级燃煤电厂二氧化碳捕集装置在重庆正式投运——作为目前技术上可行的、可以最直接有效地降低燃煤电厂碳排放量的CCS技术的起始环节，碳捕集项目在我国盛大开局。

那么，电厂究竟是如何捕集二氧化碳的？二氧化碳“被捕”后将何去何从？我国电厂目前脱碳的技术水平和现状怎样？电厂脱碳产业前景又如何？2010年春节前后，带着各种好奇和疑问，记者分别走访了华能上海石洞口第二电厂及中电投重庆合川发电有限责任公司双槐电厂，与碳捕集装置和CCS技术进行了一次“亲密接触”。这篇深度报道就按这个逻辑写作。

通讯除了按报道形式分类外，也有按报道内容划分的，主要有人物通讯、事件通讯、工作通讯、风貌通讯等。

以上两种分类方式，细究起来，都有一定缺陷。如按报道形式划分，各种形式数不胜数，上面的划分没有穷尽各种形式的通讯，即使能穷尽各种形式，也不免过于琐碎；而单按内容划分的“四分”法也没有涵盖所有的通讯，如有些调查性通讯和专访很难归于四分法中的哪一类。所以，有的专家将通讯进行三类划分：叙事记述型通讯、调查分析型通讯、谈话实录型通讯①。这种划分不无道理，比如，按内容划分的“四分”法中的人物通讯、事件通讯、

① 丁柏铨：《新闻写作研究导引》，南京大学出版社2015年版，第1~2页。

工作通讯、风貌通讯和其他记叙性的新闻故事、特写、巡礼都可以归于叙事记述型通讯；一些深度报道或调查性报道则可以归于调查分析型通讯；专访等则可以归于谈话实录型通讯，各种通讯在这里都可以找到所属类别。

不过，按内容划分的传统“四分”法虽然有缺陷，但在写作培训上却可圈可点：写好了这几种通讯，其他的通讯也就触类旁通了。因此，在下面的章节中，我们将重点讲解这四类通讯。

第三节 通讯的结构

一、常规通讯的结构方式通常有三种

一是纵式结构，即按单纯的时间发展顺序、作者对所报道事物认识发展的顺序、采访过程的先后顺序等来安排层次，如下例就是这样安排结构的：

牵手良缘“风”为媒

——神华集团与贫困县共谋发展纪实

风乍起，“雄风”“雌风”两不同

10月9日，神华集团国华能源投资有限公司所属国华（河北）新能源有限公司尚义风电场投运，尚义风电场位于河北省张家口坝上地区的尚义县境内，安装单机容量1500千瓦风机122台。一家在京国有特大型能源企业，一个位于坝上的国家级扶贫开发重点县，二者乍一看风马牛不相及，可二者却因风联系到了一起。

风本来不择贵贱而加矣，可是风之于神华集团国华能源投资有限公司，却成了“大王之雄风”。神华集团国华能源投资有限公司成立于1998年，净资产129亿元，主要业务是进行可再生能源投资开发及管理、回收煤代油资金，

在可再生能源的开发中，又以开发风电为主。风，是他们创造价值的源泉。

可是，风之于河北省尚义县，却成了“庶人之雌风”。尚义是一个农业县，从20世纪90年代初就被列入国家级扶贫开发重点县。尚义地处内蒙古高原南缘，平均海拔1450米，属大陆性季风气候，常年风不断，“一到大风天，大家待在屋里直抱怨”是当地居民生活的真实写照，因为风大，该下的雨下不来。风，成了他们贫穷的渊薮。

神华集团国华能源投资有限公司于1999年进入风电领域。2005年以来，其业务重点转入以风电为主的可再生能源领域。根据国家“十一五”能源发展规划和神华集团公司的战略目标要求，国华能源投资有限公司制定了中长期风电规划：到2010年，实现风电装机容量165万千瓦；到2020年，累计装机容量达到600万千瓦以上。要实现这个宏伟目标，选址是第一关口，尚义丰富的风能资源自然吸引了他们多情的目光。

对尚义来说，自从有人居住以来，当地居民只能是在风中伫立，默默地倾听着风的“叹息”。呼啦啦的大风去了来，来了去，吹尽了黄沙，却未见到金！而今，多情的目光投来，他们岂能错过！

风为媒，神华尚义已联姻

尚义虽然穷，可是，尚义人并不甘于穷，因为，他们和我们每个人一样都有发财致富的愿望；尚义的领导班子也不甘于穷，因为贫穷不是社会主义，带领全县人民脱贫致富是他们的任务。穷的地方不先进，并不意味着穷的地方没有后发优势。从大视角深入剖析自己，不断审视县情实际和县域资源，尚义领导班子发现了自己的后发优势——风。对照国家的产业政策，风能具有无污染、可再生的优势，而在尚义，风能资源可谓取之不尽、用之不竭！于是，县委、县政府连续召开了三次跨越式发展大讨论，在全县统一了对风能资源和风电产业前景的认识做出了以绿色能源风电项目的开发争夺未来的发展抉择。“风”再起时，尚义已将如何发展的命题解答出来！

当一份由华北电力设计院做出的尚义风能数据的科学测算方案提交到神华集团国华能源投资有限公司董事会上时，这个方案引起了迫切寻找投资基地、成就全国风电旗舰梦想的国华能源投资有限公司的极大关注。如果说做资源文章的尚义县谱好了“风曲”，那么神华集团国华能源投资有限公司则是随时准备填“风词”。

2002年9月，神华集团国华能源投资有限公司与尚义县政府签订了开发协议，当年11月，他们先后在尚义满井一带安装了测风塔10座，在区域面积近300平方千米的范围内进行测风。通过实测，尚义确属风电极佳开发区域。尚义县成为风电开发首选基地。尚义县委、县政府乘势而为，追踪项目落地。

风再起，风电建设千嶂里

2003年10月18日，投资3.6亿元、建设规模3.45万千瓦的神华集团国华能源投资有限公司尚义（满井）风电场项目一期工程作为河北省重点项目在廊坊正式签约。神华集团国华能源投资有限公司与尚义实现了成功“对接”。2004年7月28日，一期工程开工。为了赶进度，指挥部缩短了冬季休工期，次年3月份开始复工，但海拔1600多米的坝上地表依然被冻得结结实实，工程技术人员采取特殊的防冻措施，创造了有史以来坝上地区泥土工程开工最早的纪录。为了提升工程质量，桨叶等风电设备都是从德国等国进口，技术人员也是从德国引进。为保证第一台风机及时并网发电，在工程一开始，国华能源投资有限公司就着手为并网做准备，与华北电网相连接，及时安装站内出线架构。为缩短工期，使工程早投产早见效，安装一台，调试一台，并网一台。

2005年10月15日，尚义风电场一期工程投产。工程创造了三项第一：2005年3月8日各分项工程复工，开创了河北坝上地区室外混凝土浇筑最早的先例；历时48天，23台风机全部吊装完毕，风机吊装速度创下了GE公司全球第一；苦战11天，23台风机调试完成，风机调试之快再创GE公司全球第一。工程实际工期仅用9个月，创造了北方地区同等规模风电装机速度之最。

风又起　风机亭亭坝上立

神华集团国华能源投资有限公司尚义一期工程的成功运营，加之国家

《可再生能源法》的实施，给风能产业带来了潜在市场。

尚义县是铁了心要做大做强风电这项产业，并确立了风电剑指全国第一的目标。为此，他们进一步创新思维和工作举措，极力营造“洼地效应”，以优质的服务打造“诚信金牌”；实施大公司、大集团项目推进责任状。在尚义抢占先机的神华集团国华能源投资有限公司，风电建设更是畅通无阻。尚义县始终坚持环环紧扣，善始善终参与配合风电建设。专门成立了风电办公室，专门负责风电场项目全方位服务。这期间，县委、县政府共召开了30次相关风电工作调度、协调专题会议，先后解决制约风电发展难题96个。为开辟通往工程区的道路，县交通局和风电场区炕塄乡通力合作，以超常的工作强度克服修路占地、劳力动员、资金筹集等诸多困难，仅用20天时间就在山丘上铲出一条1千米的硬化路。特别是在风机设备运抵前后，为确保安全畅通运输，县交警大队在市交警支队的协助下，从京张高速公路宣化出口处一直护送到工地。

尚义人用真诚感动了神华集团，神华人的精神也同样感动着尚义。神华人办事的高效率，带来了工作的快节奏，打造中国乃至世界风电“航母”的神华人与追求全国风电大县的尚义人为了一个共同的目标，携手并肩登高望远唱起了“大风歌”。到2007年11月，装机容量皆为4.95万千瓦的二、三期工程相继并网发电，今年10月9日，四期工程并网。至此尚义风电场完成投资规模17.5亿元，总装机容量达到18.3万千瓦，成为全国单体装机容量最大的风电场。截至目前，尚义风电场累计完成发电量5亿千瓦时。

如今，风资源成为尚义的宝贵财富，风电产业成为尚义的发展希望。一架架亭亭玉立的风机在风中扬起机翼，强势崛起的风电产业正在续写尚义一个个神话，演绎一个个奇迹。尚义风电场的投运是神华集团“奉献绿色能源、构建和谐社会”的一大力作，它每年可提供绿色电能4.3亿千瓦时，同比火电每年可节约标准煤15万吨，节水430万吨，减排二氧化硫1.3万吨，减排二氧化碳43万吨，经济效益和环保效益十分显著。

（《中国电力报》2008年10月22日第1版，作者苏伟）

二是横式结构，即按空间变换或事物性质的不同方面来安排层次。横式结构又分为空间并列式、群相并列式和性质并列式等。空间并列式如《感受速度与激情——大唐新疆清洁能源有限公司发展见闻》(《中国电力报》2015年9月7日第8版，作者苏伟、孙岩辉、李娅，全文见本书中编第十章第二节)，文章开篇之后，用了三个小标题《走马川行三塘湖》《淖毛湖里烟尘飞》《托克逊县奏凯歌》，分别写了大唐新疆清洁能源有限公司三塘湖、淖毛湖、托克逊三个地方风电发展的情况。

群相并列式如下例：

融冰十八般武艺

1月3日凌晨1时29分，500千伏福泉变电站，贵州电网技术人员启动6万千瓦固定式直流融冰装置，对覆冰厚度达13毫米的500千伏福(泉)青(岩)线进行融冰。与此同时，220千伏习鸭11回输电线路直流融冰也在进行。

这两条高电压等级线路的直流融冰，在贵州都是第一次。融冰成功，开创了贵州电网用智慧、以技术抗击冰雪凝冻灾害的新局面，多种融冰方式、人工除冰手段共同呵护着贵州的坚强电网。

直流融冰
高电压等级线路融冰全搞定

2008年冰灾后，南方电网公司认真总结反思冰灾给电网造成的影响，率先提出了采用融冰技术提高电网抗灾保障能力的技术方案。经近一年的努力，自主研发了国内第一批大功率直流融冰装置，包括固定式、站间移动式和发电车移动式三种直流融冰装置。

这种主要用于220千伏及500千伏交流输电线路的直流融冰装置，攻克了均衡融冰、长期大角度大电流运行等技术难题，有效提升了线路防冰抗冰能力。

2009年1月，南方电网公司根据输电设备覆冰在线监测系统预警信息，先后在贵州、云南、广东对110千伏福牛线、220千伏福旧线、500千伏福施

II 回线路、110 千伏水树梅线覆冰进行直流融冰，获得实战成功。

在今年初抗击冰雪凝冻灾害过程中，贵州电网公司精心编制直流融冰计划，明确各环节控制时间，优化工作流程，提高直流融冰装置利用率。按照“人歇装置不歇”的原则，在全省范围内调动 12 套直流融冰装置对主干电网严重覆冰线路开展直流融冰，确保了主网架的安全。截至 1 月 13 日 17 时，贵州电网公司 500 千伏线路直流融冰 20 条，220 千伏线路直流融冰 46 条，110 千伏线路直流融冰 13 条。

方式融冰
低电压等级线路融冰不停电

在直流融冰的同时，贵州电网还用方式融冰技术进行融冰。方式融冰，就是在输电线路不停电的情况下，通过方式调整改变潮流分布，增加覆冰线路负荷电流，增大线路发热，使线路覆冰融掉脱落。

与直流融冰相比，方式融冰最大的好处是融冰作业时不用对线路进行停电，可以根据条件在 220 千伏及以下等级的输电线路中应用。在贵州电网的融冰实战中，其主要应用在 110 千伏及以下等级的线路，确保了县级以上城市不停电。截至 1 月 13 日 17 时，贵州电网公司对 3 条 220 千伏线路，204 条 110 千伏线路采取方式融冰，保障了线路安全。

百花齐放
融冰除冰手段层出不穷

贵州电网各地市供电局在总结经验的基础上对 110 千伏以下线路尝试开展交流短路融冰、人工除冰等方法，丰富了除冰手段。

在 35 千伏及以下县级电网，基层员工发挥聪明才智，采取单回线路交流短路融冰、直流电焊机融冰、跨电压等级交流短路融冰等措施融冰，或采用滑轮、竹竿等人工除冰方式，及时除冰，保障线路安全。

截至 1 月 13 日 17 时，贵州电网公司对 110 千伏线路人工除冰 7 条，35

千伏线路方式融冰、交流短路融冰和人工除冰250条，10千伏线路直流融冰、方式融冰、交流短路融冰和人工除冰1658条。

（《中国电力报》2011年1月19日，作者苏伟）

性质并列式即按不同类别及性质组织材料。如下例：

壮哉，电力天路

——青藏联网工程线路走向及意义解析

青海—西藏750千伏/±400千伏交直流联网工程（以下简称青藏联网工程）是国家深入实施西部大开发战略的标志性工程，在2010年7月召开的西部大开发工作会议上，中央明确提出，把推进电网建设作为当前和今后一个时期深入实施西部大开发战略的重点工作。

青藏联网工程从2006年开始可行性研究，2007年，西藏电力有限公司揭牌之时，国家电网公司与西藏自治区政府共同商定发展大计时又一次提出建设青藏联网工程。2008年4月29日，青藏联网工程取得国家发展改革委批准开展前期工作的路条。整个工程历经5年的全面论证和精心筹备。2010年6月17日，国家发展改革委以发改能源〔2010〕1322号批准工程建设，2010年7月29日全面开工建设。

青藏联网工程东起青海西宁，西至西藏拉萨，线路全长1774千米。工程包括三部分：西宁—日月山—乌兰—格尔木750千伏交流输变电工程，青海格尔木—西藏拉萨±400千伏直流输电工程，西藏藏中220千伏骨干环网工程。

其中，西宁—日月山—乌兰—格尔木750千伏交流输变电工程包括750千伏西宁变电站（扩建）、日月山变电站、乌兰开关站、柴达木变电站和1492千米的线路。工程动态投资76.65亿元。

青藏直流输电工程起于青海格尔木换流站，止于西藏拉萨换流站，输电容量120万千瓦。本期按60万千瓦规模建设，采用双极运行方式，直流线路长度1038千米，其中西藏境内约425千米，青海境内613千米，工程动态投资 62.53 亿元。

独具特色的变电站、开关站及换流站工程

750 千伏西宁变电站（扩建）工程。青海西宁 750 千伏变电站工程 2006 年 10 月开工建设，2008 年 9 月竣工投运，2009 年 11 月，国家发展改革委核准青海西宁 750 千伏变电站扩建工程，新增变电容量 150 万千伏安。

青海西宁日月山 750 千伏变电站工程。该工程位于青海省西宁市湟中县，于 2009 年 5 月 28 日开工建设，2010 年 11 月 3 日投运，该工程是国家电网公司重点建设项目和西部大开发重要工程项目。

这两个工程实际上是青藏联网工程开工之前就开始建设甚至是投运的，青藏联网工程有效地利用了已有电网基础设施。

乌兰 750 千伏开关站工程。该工程位于青海海西自治州乌兰县西北 6 千米的赛什克农场。工程静态投资 86921 万元，动态投资 90912 万元。本工程是连接日月山 750 千伏变电站和柴达木 750 千伏变电站的重要中端开关站，在系统中位置重要，对保证青藏联网工程电压质量和提高供电可靠性作用巨大，是青藏交直流联网工程中的重要一环，对整个青藏联网工程起着承上启下的关键作用。

该工程是目前世界上同电压等级中海拔最高的送变电工程。

格尔木换流站和柴达木变电站工程。±400 千伏格尔木换流站和柴达木 750 千伏变电站是同址合建工程，是整个青藏联网工程的重要节点，从地图上看，合建工程处在整个青藏联网工程的中心位置，是整个青藏联网工程的中心枢纽，青藏联网工程建设总指挥部就设在该市。格尔木换流站位于格尔木市以东 24 千米的西城区郭勒木德镇，格尔木换流站接地极极址位于格尔木市以东 46 千米的大格勒乡；直流额定容量本期规模为 60 万千瓦，远期规模为 120 万千瓦，阀组接线采用双极，每极 1 个 12 脉动阀组。±400 千伏直流出线 1 回，接地极出线 1 回，接地极线路长度约 25 千米。换流站变电器单台容量 11.77 万千伏安，本期共 7 台，其中 1 台备用。

柴达木 750 千伏变电站本期安装 1 组容量为 210 万千伏安的主变压器，750 千伏出线 2 回，330 千伏出线 7 回。

拉萨换流站工程。拉萨换流站位于西藏自治区拉萨市以北 18 千米的林周

县甘曲镇，拉萨换流站接地极极址位于拉萨市林周县以北 12 千米的松盘乡。

阀组接线采用双极，每极 1 个 12 脉动阀组。±400 千伏直流出线 1 回，接地极出线 1 回，接地极线路长度约 12.5 千米。

换流站变压器单台容量 11.77 万千伏安，本期共 7 台，其中 1 台备用。换流变交流侧直接接入 220 千伏环网。

世界上海拔最高的输电线路

(1) 青藏交流线路工程

7 月 10 日，青藏联网工程 750 千伏日月山—乌兰—格尔木交流输电工程 2851A 塔在海拔 3462 米的 5 标段关角山成功完成组立。至此，青藏联网 750 千伏交流输电工程 3003 基铁塔全部组立完成。

青藏联网工程 750 千伏日月山—乌兰—格尔木交流输电工程共 3003 基铁塔。其中拉 V 塔 755 基，自立式塔 2248 基；强降水基础 151 基，岩石基础 911 基。

根据计划,750 千伏交流输电工程已稳步推进，力争在 9 月 30 日前建成投运。

(2) 青藏直流线路工程

青藏直流联网工程起于距离格尔木市约 24 千米的格尔木换流站，止于西藏拉萨换流站，线路走廊经青海省的海西自治州、玉树自治州，西藏自治区那曲、拉萨地区，全长 1038 千米。其按单回路架设，输电容量 120 万千瓦，本期按 60 万千瓦规模建设，采用双极运行方式，其中青海段长约 616 千米，西藏段长约 422 千米。线路最高海拔 5231 米，平均海拔 4650 米，海拔 4000 米以上线路占 87%。

青海段起于格尔木换流站，止于青海、西藏两省区交界的唐古拉山口，沿线途经青海省的海西自治州、玉树自治州，线路基本平行 G109 国道（青藏公路)、青藏铁路、110 千伏格尔木—纳赤台—五道梁—沱沱河送电线路走线。线路总体为东北—西南走向，所经过地区多以戈壁、草原为主，在格尔木市附近有部分沙漠。地势基本是北低南高。

西藏段起于安多县唐古拉山口，止于拉萨换流站，沿线途径那曲市安多县、色尼区及拉萨市当雄县、林周县。线路位于唐古拉山至念青唐古拉山脉南部地区，地势总体北高南低，路径沿线海拔范围约在 3900～5300 米。

直流线路按不同风速规划了3个系列铁塔形式，全线共用杆塔2361基。

藏中220千伏骨干环网工程实现拉萨电网更新换代

藏中220千伏环网工程是青藏联网工程的配套工程，包括曲哥、夺底和乃琼三座220千伏变电站。2010年10月投运的曲哥变电站是西藏首座220千伏变电站，对青藏联网工程建设、藏中电网电压提升以及建设西藏加强交流主网架具有重要作用。夺底变电站于6月26日投运，乃琼变电站已经开始竣工验收。

2011年6月30日，拉萨夺底220千伏变电站及夺底—曲哥220千伏线路、夺底—拉萨朗塘换流站110千伏线路配套工程建成投产，为青藏联网工程拉萨换流站安装调试用电提供了保障。

拉萨夺底220千伏变电站概算投资15594万元，本期新建主变一台15万千伏安，220千伏出线5回，110千伏出线5回，2010年6月18开工建设，2011年6月27日启动投运；夺底—曲哥220千伏线路工程概算投资5500.92万元，线路全长23.9千米，全线50基铁塔，单回路设计，2011年1月15日开工，2011年6月27日启动投运；夺底—拉萨换流站110千伏线路工程，单回架设，线路长度约19.89千米，全线48基铁塔，2011年1月15日开工，2011年6月30日启动投运。

拉萨夺底220千伏变电站及配套工程是青藏联网工程藏中220千伏骨干环网工程的重要组成部分，是青藏联网工程送电入藏的关键变电站。该变电站及配套工程建成后将为拉萨换流站安装调试用电提供保障，也将进一步加快220千伏骨干环网的形成，确保藏中电网安全可靠供电。

曲哥、乃琼220千伏变电站，也是拉萨220千伏环网工程的重要组成部分，为提升西藏电网电压等级、确保电网安全稳定运行发挥重要作用。曲哥变电网站目前主变容量为1×15万千伏安，乃琼变电站本期新建1×15万千伏安。

（《中国电力报》2011年8月17日第4版）

三是纵横结合式结构，如《为了六十一个阶级兄弟》（原载《中国青年报》1960年2月28日，作者王石、房树民；后经删节发表在《人民文学》1960年4月号上）。这种结构将纵式和横式结合起来，多用于事件复杂、时间跨度大、空间跨度广的事件通讯写作。

二、新华体与华尔街日报体

笔者在跟通讯员的交流中，常有通讯员问“新华体”的问题。对于新华体，程曼丽等编的《新闻传播学辞典》中这样定义：“新华通讯社长期报道国内外新闻所形成的一种写作体式。关于新华体的特点说法不一，但这一概念在我国新闻界已流行通用。”① 笔者个人觉得，新华体与其说是一种文体，不如说是一种报道文风。因为，“新华体”不仅应用在消息写作上，也应用在通讯写作上。这类新闻多由授权机关拟定或审定，大多出自全局性视野，具有宣传性的话语。

在写作消息时，由于新华社作为国家通讯社的权威性、公信力和影响力，其整体风格是庄重严肃，“新华体”标题较直白，文章常用导语、主体、结尾的“三段式”结构，报道角度居高临下。在结构上，“新华体”吸收了金字塔结构和倒金字塔结构的优点。比如本书第一章第一节讲述消息分类所举的例子《中原我军占领南阳》《“飞蝗蔽日”的时代一去不返》都是如此。

在写作通讯时，“新华体”的结构别具一格。开篇高屋建瓴，有宏观性的概述，讲究气势。此后围绕主题思想，分解几个理念一段一段地深入，展示主题层面。叙述时点面结合，事理交错，情景交融，整篇文章往往具有新闻综述的功能，需要高度概括，并且需要提炼响亮的语句或标志性口号，丰富和提升主题。比如下面的例子：

四百壮士战洪魔

紧依长江的湖北省嘉鱼县洲湾，一周前刚度过一个悲壮的夜晚。

8月1日19时许，连续在赤壁江堤奋战3个昼夜的解放军官兵，刚想坐下来歇一歇，几十公里外的嘉鱼县又传来洲湾江堤告急的呼救。湖北省军区

① 程曼丽等编：《新闻传播学辞典》，新华出版社2012年版，第193页。

政治部主任戴应忠少将即刻点起某舟桥旅五营和空军某部二营400官兵，5分钟内便登上15台卡车往险段冲去。

20时20分，驰援的车队在距溃口一二百米处因水漫车轮而受阻。官兵们预感前边情况不好，劝戴应忠等领导赶快上堤。戴应忠走出指挥车又爬上车轮更高的延安牵引车，命令大家推倒一辆抛锚的东风车继续前进。这时，洪水在几分钟内急速上涨近50厘米。一路上成群结队后撤的群众也开始往军车上爬。戴应忠发现事态严重，命令部队撕开篷布和伪装网准备弃车，不料话没说完，一排几层楼高的巨浪就呼啸着打来，把他乘坐的延安牌重型牵引车打得连翻几个跟头，一车人全部身陷洪流漩涡……

……

（前几段由几个点切入，最后点面结合，气势非凡）

在同洪水搏斗中，在生与死的考验面前，战士们对人民表现出了无限的忠诚，对战友表现出深厚的情谊。

（高度概括，语句铿锵，丰富和提升主题）

战士杨德文水性极好，又穿着一件救生衣，本来完全可以生还。但他跳车下水后看到一个老人在拼命挣扎，就把救生衣脱给了老人，并与战友宋子辉牵着老人一起往前游。游出五六十米，前边又有一个群众在喊叫，杨德文马上让宋子辉去解救。两人刚一分手，不料一股激流冲来，杨德文被老人死死抱住，至今下落不明。

……

（这几段围绕主题思想，分解几个理念一段一段地深入，展示主题层面。叙述时点面结合，事理交错，情景交融）

沉沉黑夜，滔滔洪流，官兵们唱了一遍又一遍，直到一个个唱哑了嗓子。洪水还在上涨，深夜时分，裴道德又把他们在洪流中抓到的唯一一件救生衣给一位老人穿上。

（结尾写景抒情）

（新华社武汉1998年8月8日电，作者谭道博、贾永、刘建新、孙茂庆）

湖北洲湾江堤决堤，前往救援的解放军官兵突遇大险。这是长江抗洪抢险斗争中最为悲壮的一幕。《四百壮士战洪魔》是最早报道这一事件的通讯。解放军官兵的车队行至接近溃口处的大堤上，突如其来地面对着一场严峻的考验，包括近乎极限的精神、体力的考验和生死的考验。这篇新闻通讯是典型的新华体。

华尔街日报体是《华尔街日报》惯用的一种新闻写作方法，适用于非事件类题材的写作，带有明显的特写特点。其风格是以小见大，富有人情味。它首先以一个具体的切入点（小故事、小人物、小场景、小细节）开头，然后自然过渡到新闻的主体部分，接下来将所要传递的新闻大主题、大背景和盘托出，结尾再呼应开头。一般由四部分构成：第一步，讲一个活泼的故事（开头）；第二步，小故事引发大主题（过渡）；第三步，集中力量深化大主题（展开）；第四步，回应开头故事进行总结和升华（结尾）。

延伸阅读

《什么是新华体、华尔街日报体和倒金字塔体？》（作者马伯庸，微信公众号“传媒茶话会”）。

第八章 人物通讯

第一节 通讯中的人物分类及人物通讯溯源

人物通讯可以写单个人，也可写群相；可写人的一生，也可写一个阶段或某个侧面；多写正面人物，如先进人物、英雄人物、有突出贡献的人物等，也可写反面典型；可写大人物，也可写凡人百姓。通常，根据所报道的人物的性质、特性来划分，人物通讯中的人物可分为正面人物、负面人物两大类。

一、正面人物

正面人物包括典型人物、非典型人物和名人三种。

对典型人物进行报道也就是对典型人物进行的表扬性报道。这类报道宣传英雄模范和先进人物的事迹，可以对群众进行爱国主义、共产主义思想教育，为群众树立前进的路标，让他们“学有榜样，赶有目标”。列宁曾经说过：“多接近生活，多注意工农群众怎样在日常生活中实际地建设新事物。多检查这种新事物含有多少共产主义成分。”“要使大家熟悉并大力宣传任何一个多少有点出类拔萃的地方工作人员，使他们成为大家的榜样。”① 报道他们，有利于促进社会风气的根本好转，有利于建设高度的社会主义精神文明，有利于中华民族的伟大复兴。雷锋、焦裕禄、孔繁森等都是这类人物在各个时代的典型代表。

① 《列宁读报》，苏联《新闻工作者》1980 年第 3 期。

非典型人物是相对于典型人物而言的，被报道的这类人事迹不算很突出，但他们同典型人物一样有着自己的理想和道德追求，有自己的“真、善、美”标准。毕竟生活中的典型人物不好学，但精神境界却可追求。张华牺牲自己抢救老农，陈燕飞怀孕五月下水救人，杜芸芸生活俭朴却献出自己继承的遗产——他们以自己的行动告诉人们什么是“真、善、美”。

还有一类是对于知名人物的通讯报道，这些知名人物如影视、歌坛的明星、优秀的运动员，或因其他一些奇行异为、偶然性事件出名的人物，他们不属于典型人物或非典型人物，如“王海打假”、某演员怪僻、某某徒步万里长城、某某“逃离大城市的喧嚣深山隐居二十年”等。这类报道与媒介共生，大大丰富了报道的范畴。

二、负面人物

负面人物是指在一定历史时期起阻碍历史进步作用的那些人。这些人或为卖国窃贼，或为贪官污吏，或为其他不法分子。媒介报道他们就是撕掉他们的面具、剥掉他们的画皮，告诉人们什么是“假、丑、恶”，以激起人们对他们的痛恨之情，并在生活中以之作镜，反照自己，纠正自己身上的不良倾向。《中国青年报》1996 年 8 月 15 日登了一篇《泰山作证》（作者刘健）报道的就是一个反面人物。文章揭露了山东省泰安市以原市委书记胡建学为首的一伙贪官污吏贪赃枉法、欺上瞒下的事实。现在中央大力反腐败，这样的报道越来越多。对这些丑恶现象进行曝光，对社会上的不正之风进行鞭挞，可以起到以儆效尤的作用。

这种报道一般只报道人物的反面行为。不过，还有一种情况，被报道的人在一定的历史时期做过一定的贡献，后来走上了犯罪的路，单纯将这类人物归结为负面人物也未尝不可，但有的报道为了做到尽量客观公正，会客观地描述这些人物的功过是非，并针对其思想的发展剖析是如何走上犯罪道路的。

长期以来，由于党的新闻方针强调“弘扬主旋律”，对负面人物的报道一直不是主流。刊登出来的那些负面人物报道也是为了从反面教育人们，让他们区别什么是“真、善、美”、什么是“假、丑、恶”。同那些关于报道先进人物的通讯作用一样，负面人物报道从反方面与正面人物报道从正方面突出一个主题。

第二节　新闻通讯如何把握各种人物

一、典型人物

典型报道集中反映了在传统文化和时代精神双重影响下，中国新闻工作者对“人”的独特理解。典型报道对于推动社会进步，对于改变人们的精神面貌，建设社会主义精神文明，其感召力、凝聚力是非常之大的，以致其他类型的新闻自叹不如。20 世纪 50 年代和 60 年代人们的精神面貌之所以那么好，与当时大力宣传具有革命英雄主义的一代风流人物和雷锋式的先进人物有很大关系。

从战争时期到现在，新闻界每每称“战役”，每一战役即推广一个典型或一批典型。媒体自己在总结成就时，也往往以推出多少典型为标准。典型报道，是我国新闻报道工作最精当的缩影。

有一种倾向认为，典型报道“它的最显著的特点是循着鲜明的主观意识去发现和报道适用于推动工作的典型”，“因而，典型报道开始就有较强的宣传色彩，而较少甚至没有新闻性”。这一说法不免有失偏颇。因为：其一，中国人重视整体、群体精神，现实生活中表现出来的具有普遍发生与特殊性的人和事物，是某一特征突出的类型的代表。新闻典型就是对这类现实典型的报道。在每一特定时期，社会典型都有着特定的内容要求。其二，我国的许多读者不仅仅是从媒体上得到可供娱乐的新闻，得到诸多信息，而且还希望获得改进工作的经验，这是民族传统决定的。典型报道的指导性强，正确发挥这一功能，对整个社会是大有益处的。其三，典型报道有许多失误，这主要是强调典型的共性而忽视个性，但我们可以修正这些失误，在把握共性的时候突出个性，写好“这一个”。

如何做到写好“这一个”，我自己有个亲身体会与大家分享：李庆长是哈尔滨电业局客户服务中心“李庆长共产党员服务队”队长，中共党员，工人高级技师。李庆长同志自1970年参加工作以来，始终工作在电力行业的第一线。30多年来，他始终牢记“为人民服务，让客户满意”的宗旨，以对人民群众高度负责的精神，身体力行，默默奉献，一心一意为群众办实事，赢得了广大人民群众的爱戴和尊敬，被誉为“一心为民的好党员”。多次荣获全国劳动模范、全国五一劳动奖章、全国电力系统特等劳动模范、省优秀共产党员、省劳动模范、省电力公司优秀共产党员和劳动模范等荣誉称号。

李庆长的事迹最早是《中国电力报》报道出来的，后来《黑龙江日报》等地方媒体、《人民日报》等中央媒体都对他进行了报道。2010年，李庆长退休。作为最早发现这个典型人物并将之推向全国的《中国电力报》想对其再进行报道，这个任务落到了笔者的肩上。

接到任务后，笔者立即找到本报关于李庆长的所有报道以及《黑龙江日报》《人民日报》等媒体对李庆长的报道，与采访过李庆长的本报记者进行沟通，了解这个人物的特点。笔者发现，关于李庆长的报道内容几乎涉及了他工作及家庭生活的方方面面，形式上包括消息、通讯、现场速写、图片等各种方式，可以说，对他的报道从内容到形式是全方位、无死角。除了“退休”这个时间点有点新意外，很难找出其他的新意，但是笔者并没有放弃，而是先将全部相关报道看完，打算在采访过程中再发掘新意。

在对哈尔滨供电公司相关领导的采访中，他们都强调了李庆长“人退休，精神不退休”的决心，而李庆长作为“李庆长共产党员服务队”的名誉队长，也用实际行动表明了自己的态度。当了几十年劳模的他，非常知道记者想“要”些什么：全心全意的服务精神、勤勤恳恳的工作态度、实实在在的服务现场、服务对象的高度评价。他带领记者分别走访了他服务的厂矿企业、学校和街道。但这些都不是笔者想要的！笔者想要写出点与众不同的地方，于是又与他本人进行了沟通，并深入他所服务的个人用户家中进行采访。在其中一个用户家里，我发现了他服务的这个对象也是个全国劳模，这个发现引起了笔者的注意，于是笔者就此进行了深入采访，发现了两人感情很深并且有很多共同点，心中构思终于成型。后来写成了《共和国两代劳模的电力情》。这篇文章见报后获得广泛的好评。下面是报道全文：

共和国两代劳模的电力情

提起梁军，上了年纪的人都会想起当年那位英姿飒爽的女拖拉机手。即使对这个名字很陌生的年轻人，也一定会熟悉1962年4月我国发行的一元人民币上的那位“女拖拉机手”，她的原型就是梁军。1950年9月26日，梁军光荣地出席了全国工农兵劳动模范代表大会。作为农业代表，梁军受到毛主席、周总理和朱德总司令的亲切接见。

说到李庆长，也是“天下无人不识君”。作为共和国的同龄人，李庆长曾长期担任哈尔滨电业局客户服务中心“李庆长共产党员服务队”队长，先后荣获全国劳动模范、全国五一劳动奖章、全国用户满意服务明星、全国电力系统特等劳动模范等称号，并当选为党的十六大代表，十一届全国人大代表。

梁军1950年当选全国劳动模范，那时她刚20岁出头。李庆长2000年当选全国劳动模范，那时他已到知天命之年，比梁军当选全国劳动模范整整晚了半个世纪。

李庆长说，我能当上全国劳动模范，是学梁军“学”出来的；而梁军说，我与电的感情很深，头脑中“电老虎”的形象是因为李庆长而颠覆的。

梁军所说的“与电的感情很深”，是有些说法的。1948年，梁军参加工作的时候，黑龙江省北安市已经解放，当时收缴了伪满政府的“电柜”——也就是今天所说的发电机，在有些地方发电照明，梁军于是有幸“见识了”电，这使她很自豪。在北京参加全国劳动模范表彰大会期间，这种自豪感得到了强化。

当时，黑龙江的劳模代表都住在北京饭店。黑龙江的另一位劳模以前从来没有见过电灯，第一次见到白炽灯泡奇怪得不得了，这玩意儿咋就这么亮呢？灯里面没有油，用嘴吹还吹不灭。整整一宿，灯一直就那么亮着，闹得一夜没睡好。第二天，梁军告诉他，灯是通过墙上的开关控制的，只要按一下开关，灯就灭了。这让梁军在开拖拉机外，也找到了为人师的感觉。

虽然很早就用上了电，但梁军对电的感情很复杂。作为我国第一位女拖拉机手，她曾经与10万官兵一起参加北大荒的开发建设，以后又转战南北。

在北大荒、在哈尔滨，电，照亮了她的辉煌人生路。但除了用电照明以外，在人生的前几十年，深受勤俭持家美德影响的梁军总是舍不得用电烧水、煮饭，舍不得使用电器！

梁军回忆，20世纪70年代的时候，她家就有了电饭锅，广东三角牌的，但很少用，原因是怕费电。20世纪80年代，她家有了黑白电视机、电唱机，除了用电视看一下新闻及电视剧之外，那个电唱机一直被老伴锁在柜子里，一直锁到被淘汰。后来，家里又有了录放机，用了一次后，老伴说费电又给锁了起来，十几年后被当作二手货给处理了。

20世纪90年代，梁军离休了，但梁军的用电经历在不断更新。听大家说用电煮饭、煮饺子不仅节能，而且环保，梁军家的电器开始呈几何数增加，洗衣机、电冰箱、电磁炉开始成了家里的必备电器。电，除了照明之外，用途也越来越多，然而麻烦也接踵而至：线路老化、频繁跳闸已让人不堪其扰，而因为一条线路上某个家庭拖缴电费便遭遇供电人员的“一剪没”，更让人烦心，直到她结识了李庆长。

实际上，李庆长早就认识梁军。哈尔滨每逢冬季搞冰雕，李庆长曾经是冰雕保电的一员，梁军所在的黑龙江省农机研究所整了个特大的拖拉机冰雕供人参观，因为梁军的名头太响，在冰雕现场，李庆长就知道了梁军，而梁军并不知道他而已。也就是从那次见面后，李庆长有了向梁军学习的念头，并开始付诸行动。

梁军遭遇到的“一剪没”之苦，在那时很多人都有同感，以致社会上逐渐形成了骂电力行业是“电老虎”“电霸”的说法。作为电力行业的职工，李庆长听了很难受，他希望通过他和电力行业同人的共同努力，改变社会上的这种印象，使电力行业成为“电保姆”。李庆长的做法，契合了电力行业提高服务质量的行业诉求。

1993年，李庆长把自己的传呼号向社会公开，并承诺：有急事，找庆长。李庆长的做法，经媒体报道，在哈尔滨家喻户晓。而此时的梁军，看到报道后还直纳闷，电力行业啥时大变样了呢？正在发这种疑问的时候，她家里的电灯不亮了，抱着试一试的态度，梁军给李庆长打了传呼，没想到李庆长真的很快就来了，相差了整整半个世纪的共和国的两代劳模开始了第一次零距离接触。那时，李庆长还没当上劳模呢！从那时候起，梁军的关于“电老虎”的印象被完全颠覆，并逐渐形成了“有事找李庆长”的习惯。她还向自己的亲朋好友介绍了李庆长的事迹，两位劳模之间的友谊日渐加深。

2000年，李庆长光荣地当上了全国劳动模范，他在第一时间将此消息告诉了梁军，共同的荣誉使梁军发自内心地为庆长高兴。北京奥运会上，李庆长还光荣地成为火炬传递手，2009年的新中国成立60周年庆典上，李庆长作为电力行业代表，登上了能源花车。梁军衷心地为李庆长所获得的每一个荣誉自豪，而梁军自己也在最近光荣入选了全国总工会组织评选的“时代领跑者——新中国成立以来最具影响的劳动模范”行列。

现在，正式退休的李庆长被聘为“李庆长共产党员服务队”的荣誉队长。梁军说：庆长人退休了，但他的精神在黑龙江没有退休。我们还能用上放心电，这就够了。

（《中国电力报》2010年6月24日第7版，作者苏伟）

二、非典型人物

非典型人物是指不具备典型人物的那种典型性而被报道的人。关于这类人物的报道我们称为非典型人物报道。在中国，由于受传统的价值观、道德观的影响，新闻工作者报道普通人，如环卫工人、煤矿工人、殡仪馆工人等，落脚点同样放在精神境界和道德追求上。

顺便提一下，我们报道普通人物时与西方媒体的报道有些差别。西方媒体在写普通人时往往抓住某一方面的特别之处大书特书，一般反映的都是异乎寻常的敬业精神，如《牧工的生活：茹苦含辛》《伐木工的生死之交》等。当然，这里不可避免存在着阶级、阶层的粉饰，但敬业精神作为人类意志的一部分，却永远具有震撼人心的力量。如《“老报童”罗伊去世了》文章是这样写的：

罗伊·迈尔斯的追悼会将于星期一举行。四分之一世纪以来，他是《自由新闻》大楼附近的一个近乎传奇式的人物，也是不管年岁多大都被人叫作“报童”的那号人当中的仅存者之一。

他形容枯槁，白发苍苍，体弱多病，吃力地背着笨重的帆布报兜，背带深深勒进瘦削的肩头。然而，在他衰弱的外貌下，却隐藏着强烈的自立精神。

他对工作极为认真，也能滔滔不绝地神聊一气。“罗伊，你今天干得怎么样啊？”一位打算买报的顾客会这样招呼他。

“要买时报？”他会这样回答，声音粗得像是从沙石上蹦出来的一样。

……

（原载美国底特律《自由新闻》，选自1980年6月新华出版社出版的《怎样当好新闻记者》一书，伍任译）

这篇报道主要通过罗伊生前的一些细节对其进行刻画。刻画了他近乎刁蛮的倔强性格，同时也凸显了其自尊、自立一面。

该篇通讯的写作融合了叙事、写人、抒情的写作特点。为了写好罗伊这个人，作者通过一些具体的事情来反映他的品质：他一直把报纸送到订户桌上，即使人们在开会时也是如此；他退休后仅仅一个月就又重操旧业，直到病逝前几个月才停止做这份差事；等等；证明了罗伊是四分之一世纪以来近乎传奇式的人物。从这些事情中可以看出作者对罗伊由衷地尊重与敬佩，从字里行间中无不流露出作者的这份感情。

我国的新闻工作者在写非典型人物时也和写典型人物一样着重于精神境界和真善美的追求，也是这种内因在起作用。1994年，在“东方时空”诞生之后，许多报刊不约而同，竞相展示“爱心”，把大量版面毫不吝啬地馈赠给普通人和普通的故事。

如果这些故事有主题，那就是“善良”。

比如《中国青年报》1995年4月11日“冰点”专版刊登了记者蔡平写的一整版没有“主题”的文章，叙述几位知青定期到农村看望当年的房东这一看似很平凡的事情。记者说：“我终于写了他们，是因为他们太普通了。”“这普通中的东西打动了我。”（《中国青年报》1995年4月11日）。在这里，平和、平淡代替了激烈，观看代替了深挖思想根源，会心一笑或“含泪微笑”代替了学习、对照。只有平和的才是长久的，因为这毕竟是生活的主要部分。道德楷模固然崇高，而生活中有多少人愿意别人老是刻板地教育自己呢？

非典型人物报道讴歌美德，和前面的“大人物”一样着重精神境界和道德追求。不同的是，其在写作上却没有拔高之嫌，不易引起典型报道有时让人们产生的那种逆反心理，有新闻报道上的科学和合理之处，有益社会的有序化和“类”化，可以预见这种报道将会日趋活跃。

三、知名人物

对知名人物的报道我们常用不同的处理方式。比如，有些知名人物本来就是行业的典型人物，如科学家等，他们在其岗位的工作和敬业精神可以像典型报道那样处理，他们的生活可以像非典型人物报道一样处理，或者二者结合进行报道。

对于一些娱乐界名人，镜头前、舞台上，他们永远是彬彬有礼、优雅大方，时刻注意自己形象的人，但幕后的他们或许并非如此。正因为如此，一些娱乐记者才一味挖掘他们不为人知的脾气与性情：镜头前嬉笑怒骂的搞笑高手可能少言寡语，舞台上深情款款的白马王子可能放荡不羁——我们生活中需要轻松的调剂，需要些“八卦”新闻，报道这些也是为我们严肃的生活添加一种“调料”，但如果一味地“挖掘”，就容易步入“黄色新闻”的陷阱，这是我们必须杜绝的。

第三节　如何搜集素材表现人物

一、从《史记》人物传记说起

在人物描写方面，中国古代优秀的历史作品和文学作品塑造了许多让人耳熟能详的人物形象，如刘邦、项羽、李斯、张飞、鲁达、林冲，等等。这些人物有些是历史作品中的历史人物，有些是文学作品中的虚构人物，这些人物描写手法都是我们学习的好范本。

《史记》在文学上最伟大的成就之一在于它成功地塑造了许多人物。其所记载的人物形形色色，众态纷呈，其所刻画的人物惟妙惟肖，栩栩如生。

《史记》的人物传记写人，完全尊重历史，这和西方写人物传记的方法有些不一样。西方作者写人物传记，为了突出人物的某一方面的性格特征，可能会虚构出一些与人物性格特征一致的小故事，比如著名的华盛顿樱桃树的故事，就是传记作者为了突出人物的诚实特征而虚构的——这和新闻的真实性原理是相悖的。《史记》的作者司马迁为了写《史记》，读遍当时的典藏，还经常实地搜集有关历史人物的传说、故事，他漫游江淮，到会稽，渡沅江、湘江，向北过汶水、泗水，于鲁地观礼，向南过薛、彭城，寻访楚汉相争遗迹传闻，经过大梁，而归长安，历时数年。这和时下的记者采访要求一样，忠于事实，绝不虚构，只不过司马迁笔下的人物主要是历史人物，而我们记者所写的人物是当下现实生活的人物罢了。

如果把司马迁笔下的历史人物置换成现实生活中的新闻人物，借鉴古代人物传记的写法，人物通讯就不愁写不好了。

司马迁描写人物的艺术手法主要表现在以下几个方面：一是善于在矛盾冲突中刻画人物性格，即通过许多紧张的斗争场面，把人物推到矛盾冲突的尖端，让人物展示各自的形象，表现各自的性格特征；二是善于用细节描写来刻画人物性格，经过作者选择提炼的典型细节，往往最能体现人物精神和个性；三是通过外貌、神情描写，使人物形象具有可视性；四是通过对话和富有个性的语言体现人物的性格。

二、用人物的行动表现人物

《史记·太史公自序》有这样的话："我欲载之空言，不如见之于行事之深切著明也。"

《史记》善于在矛盾冲突中刻画人物性格，即通过许多紧张的斗争场面，把人物推到矛盾冲突的尖端，让人物展示各自的形象，表现各自的性格特征。

现在的和平生活，虽然暗淡了刀光剑影，但各种矛盾冲突仍在，人物在这种矛盾冲突中的所作所为最能展现人物的个性。恩格斯曾经指出："我觉得一个人物的性格不仅表现在他在做什么，而且表现在他怎样做。"①

以经典新闻作品《县委书记的榜样焦裕禄》（原载《人民日报》1966年2月7日，作者穆青、冯健、周原）为例。为了改变兰考县委中有些干部在严重的灾害面前害怕困难，缺少信心的精神状况，作品是这样写焦裕禄的：

1963年元月，焦裕禄在县委扩大会议上，要求各级领导同志要带头到困难村去，与基层干部同甘苦、共患难，为改变贫困地区面貌作出贡献，为基层干部作出榜样，真正做到心不离群众，身不离灾区。

在一个风雪交加的夜晚，焦裕禄召集在家的县委委员开会。人们到齐后，他没有宣布议事日程，就领着大家到火车站去了。

当时，兰考车站上北风怒号，大雨纷飞。车站的屋檐下，挂着尺把长的冰柱。国家运送兰考一带灾民往丰收地区的专车，正从这里开过。也还有一些灾民，穿着国家救济的棉衣，蜷曲在货车上，拥挤在候车室里……

为了搞清"三害"的程度，文章中则是这样写的：

他下决心要把兰考县一千零八十平方公里土地上的自然情况摸透，亲自去掂一掂兰考的"三害"究竟有多大分量。

根据这一想法，县委先后抽调了一百二十名干部、老农和技术员组成一支三结合的"三害"调查队，在全县展开了大规模的追洪水、查风口、探流沙的调查研究工作。当时，焦裕禄同志的肝病已相当严重，许多同志劝他不要下去，劝他在家里听汇报。他说："吃别人嚼过的馍没味道。"他背着干粮、拿起雨伞，和大家一起在兰考的原野上日夜奔波、追沙，他一直追到沙落地；查水，他又是查到水归槽。干旱季节，他亲自用舌头辨别盐碱的种类和土的含碱量。在同自然灾害的斗争中，焦裕禄同志不顾重病缠身，忍受着严重疾

① 《马克思恩格斯选集》第4卷，人民出版社1995年版，第344页。

病的折磨，在风里、雨里、沙窝里、激流里，坚持度过了一百二十多个白天和黑夜，跑了一百二十多个大队，跋涉五千余里，终于摸清了兰考“三害”的底细，全县有大小风口八十四个，经调查队一个个查清，编了号、绘了图；全县有大小沙丘一千六百个，也一个个经过丈量，编了号、绘了图；全县的千河万流，淤塞的河渠，阻水的路基，涵闸……也调查得清清楚楚，绘成了详细的排涝泄洪图。

可以说，优秀的人物通讯，总是善于通过精心选择的人物行动，鲜明地展示人物的思想境界。

三、用人物的语言表现人物

汉代扬雄《法言·问神》有云：“故言，心声也；书，心画也。声画形，君子小人见矣。”前一句就是说人物的内心世界必定通过言语表达出来，这种语言出自人物内心，因而能展示人物丰富的心理境界。

经典的文学作品能让读者由人物语言看出人物的个性，新闻作品也一样。

语言是人物思想感情的表白，是人物性格展示的一面镜子。不管是文学作品还是新闻作品，成功的人物语言描写首先在于传神，即语言富有个性，符合人物的身份、年龄、性格等，使读者看了人物的语言，就好像目睹了说话人。鲁迅先生曾说过：“《水浒》和《红楼梦》的有些地方，是能使读者由说话看出人来的。”“如果删除了不必要之点，只摘出各人有特色的谈话来，我想，就可以使别人从谈话里推见每个说话的人物。”

《红楼梦》里林黛玉进贾府时王熙凤的出场就是未见其人先闻其声：“我来迟了，不曾迎接远客！”

文章以贾府严肃的气氛侧面烘托王熙凤泼辣豪放，在严肃氛围中王熙凤说的这句话能够体现王熙凤在贾府的地位，以及贾母对其喜欢的程度。由此，一个泼辣豪放、八面玲珑的少妇形象跃然纸上。

虽然鲁迅在这里谈论的是文学作品，其实新闻通讯作品也一样，成功的作品中的人物语言应当是个性化的，是能够让读者“由说话看出人来的”。

我们还是以前文提到的西方经典人物通讯作品《“老报童”罗伊去世了》为例：

他对工作极为认真，也能滔滔不绝地神聊一气。“罗伊，你今天干得怎么样啊？”一位打算买报的顾客会这样招呼他。

“要买时报？”他会这样回答，声音粗得像是从沙石上蹦出来的一样。

有一次，罗伊从《自由新闻》的电梯上走下来，正好赶上采编人员在那里开会。也许是由于他视力不佳，也许是由于他脾气倔强，反正他把报纸都分发给了在场的记者。会议只好中断，直到罗伊把报纸分完。

“两毛五？”一个记者有一次在罗伊对他说了《芝加哥论坛报》的价钱以后提出了抗议。“见鬼，罗伊，我花一毛五就能买到一份。”

“是喽，不过你得上芝加哥去。”

……

（原载美国底特律《自由新闻》，选自1980年6月新华出版社出版的《怎样当好新闻记者》一书，伍任译）

作品中，罗伊的话虽然不多，但特点鲜明，除了表现他的敬业精神外，一个自尊、自立、倔强的老头跃然纸上。

同样，我国人物通讯的经典作品《县委书记的榜样焦裕禄》在突出表现焦裕禄善于做青年的知心人时，是这样通过人物语言刻画的：

1952年春，焦裕禄同志调陈留团地委任宣传部部长时，参加地委工作组到杞县搞土地复查。他利用一切机会接触青年，调查青年思想实际，趁着各种间隙找团干部谈话，了解青年工作状况，常常是通宵达旦。一位团干部说：“团的工作就比人家事多，熬夜多。”焦裕禄笑着说：“年轻力壮的时候不为党多做点事，将来老了，只怕想干也干不成了！”

1953年夏，焦裕禄同志任青年团郑州地委第二书记，一位在尉氏县工作过的团干来看他，老战友相逢，格外亲热。焦裕禄问：“这次到哪里去？”他说：“转业了，到省里待分配工作”。焦裕禄说：“是啊，团干部总要转业改行的。可咱们做过团的工作的人不能忘了青年，要永远把教育青年的任务担在肩上。”

（原载《人民日报》1966年2月7日，作者穆青、冯健、周原）

应用语言表现新闻人物时，有几点要注意：

一是人物的语言必须是实有其言的，不能虚构。虚构是文学作品的特点，不是新闻作品的特点。

二是人物语言要做到简洁、铿锵有力，不能拖沓冗长。要提炼有助于表现人物性格特征的语言，不能有言必录。

四、用细节刻画人物

细节描写是指对人物、环境、事件等所作的具体而细致的描写，其要求是于细微处见精神。真实、典型的细节描写是刻画人物、丰富情节、表现主题的重要手段。细节描写的范围很广，有语言细节、动作细节、心理细节、神态细节、场景细节、服饰细节等。运用细节描写来刻画人物的性格时，要尽可能做到“细”“真”“精”。

细节描写的优势在于从“细”中反映出对象的特征。越“细”越具有表现力。如魏巍《我的老师》：

她从来不打骂我们。仅仅有一次，她的教鞭好像要落下来，我用石板一迎，教鞭轻轻地敲在石板边上，大伙笑了，她也笑了。

这处细节描写，把老师不是存心要打“我”的神情、动作刻画了出来，表现出老师对“我”的爱。

“真”就是要符合生活实际，经得起推敲。细节描写以真实为生命，它来自对生活的仔细观察和加工。如鲁迅《藤野先生》：

也有解散辫子，盘得平的，除下帽来，油光可鉴，宛如小姑娘的发髻一般，还要将脖子扭几扭，实在标致极了！

这处细节描写将“清国留学生”的丑态形象地刻画出来，令人印象深刻。

斯诺在《西行漫记》的《彭德怀印象》中写彭德怀喜欢“小鬼”，文章是这样写的：

有一次我同彭德怀一起去看一军团抗日剧团的演出，我们同其他战士一起在临时搭成的舞台前面的草地上坐下来。他似乎很欣赏那些演出，带头要求唱一个喜欢听的歌。天黑后天气开始凉起来，虽然还只八月底。我把棉袄裹紧。在演出中途，我突然奇怪地发现彭德怀却已脱了棉衣。这时我才看到他已把棉衣披在坐在他身旁的一个小号手身上。

（《斯诺文集》第2卷，《红星照耀中国》，董乐山译，新华出版社1984年版）

首先，作为人物通讯的细节，必须是真实的，然而，光有真实还不够，还要有典型性，典型性对刻画人物能起到“以一当十”的作用。其次，细节要给人以新意。比如，科学家有了成绩，并非都要走路时还在思考问题，碰到电线杆，然后还说“对不起”；做菜时，也并非都因思考问题把手表放到锅里当鸡蛋煮。同时，对于相关的细节描述也不能写得太过，若写得太过于偏离正常的生活，会让读者认为所刻画的人物是“白痴”，而不是工作狂或创新迷！

五、情景烘托，允许抒情，少发议论

人物通讯写人的基本表现方法是叙述、描写，通过描述人物的事迹表现人物的思想。既然是描写当然离不开情景烘托。一种是以人烘托人，一种是以物烘托人。

文学作品中，烘托手法应用很多，如著名的汉乐府民歌《陌上桑》，对罗敷外貌的描写："行者见罗敷，下担捋髭须；少年见罗敷，脱帽著绡头。耕者忘其犁，锄者忘其锄；来归相怨怒，但坐观罗敷。"作者极写罗敷之美，却未对罗敷的美貌做任何正面描写，而是通过描写行者、少年、耕者、锄者见到罗敷时的惊叹、赞赏、痴迷等各种反应，烘托出了罗敷的美貌，把读者的联想向远处延伸、扩散，从而间接构成了极为活跃的视觉艺术效果。不写罗敷的美貌，而罗敷的绝世美貌跃然纸上。这是以人烘托人的手法。

又如《诗经·秦风·蒹葭》中首章的"蒹葭苍苍，白露为霜"，次章的"蒹葭凄凄，白露未晞"，末章的"蒹葭采采，白露未已"。写出芦苇的颜色由苍青至凄清到泛白，把深秋凄凉的气氛渲染得越来越浓，烘托出诗人当时所在的环境十分清冷，心境十分寂寞。这是以物烘托人的手法。

很多优秀的人物通讯作品也运用了这种烘托法，以人烘托人的例子如通讯作品《为了周总理的嘱托——记农民科学家吴吉昌》中这样写道：

一天，吴吉昌离村走了五六里，来到北街大队。眼前是一大片棉田，绿油油的棉苗正在疯长，他多么想去提醒社员注意。但他想，自己当时的"身份"和处境，人们会不会听他的话，会不会因此招来新的祸害呢？一连两天，他围着棉田看了又看，转了又转，内心斗争非常激烈。

直到第三天，当社员们走出棉田，围在一棵大树下面休息时，他终于鼓起勇气凑了过去。人们用同情和关切的眼光看着他，沉默着。半晌，吴吉昌好像自言自语地说着："棉苗长得不错呵。"队长立刻回答说："就是挂桃少。"老汉说："那是因为后期管理没跟上。"这时候，一位中年女社员冲口说："吴劳模，你给指点指点吧。"吴吉昌凄然一笑，摆摆手说："好妹子，不敢再称劳模了。"那位女社员噙着眼泪回答："老大哥，俺们心里明白……"

以环境烘托人物的例子更多，如通讯作品《县委书记的榜样焦裕禄》在突出表现兰考灾区的经济生活落后状况和焦裕禄的决心与困境时，文章是这样写的：

一九六二年冬，焦裕禄同志怀着改变灾区面貌的雄心壮志，来到了兰考。

展现在焦裕禄面前的兰考大地，是一幅严重的灾荒景象。横贯全境的两条黄河故道，是一眼望不到边的黄沙；片片内涝的洼窝里，结着青色的冰凌；白茫茫的盐碱地上，枯草在寒风中抖动。这一年，春天风沙打毁了二十万亩麦子，秋天淹坏了三十万亩庄稼，盐碱地上有十万亩禾苗被碱死，全县的粮食产量下降到历史的最低水平。

（原载《人民日报》1966 年 2 月 7 日，作者穆青、冯健、周原）

人物通讯可以允许抒情，当然也不排除议论，但是议论必须少而精，并恰到好处。如通讯作品《泰山作证——胡建学其人》(《中国青年报》1996 年 7 月 19 日，作者刘健) 的结尾：

他唯一的过人之处，不过是一点政治上的小聪明。但他没读过鲁迅："捣鬼有术，也有效，然而有限。"他大大低估了我们党的自我净化能力。

不是不报，时候未到。时候一到，彻底报销。

要始终牢记，通讯是新闻体裁，人物通讯中的抒情，与文学中的抒情是有区别的：文学作品中的抒情，或直抒胸臆，或借景抒情，或托物言志，其情是真的，而景、物和人、事则不必真，即缘情而发，因情设事者多。相比之下，通讯之议论、抒情皆须缘事而发，因事生情、情不离事；而且，人物通讯中抒情和议论不可乱用和滥用，要用在适当处，通常是开头之处做诱导，关节之处做渲染，衔接之处做黏合，结尾之处做点睛。

六、人物通讯写作"五忌"

一忌"有人无魂"。所谓的"有人无魂"，是指即人物的经历、事迹都写了，但不善于选择典型材料、组织安排材料，或不善于透视人物内心世界，不善于站在时代高度对人物进行观照。"人"是有了，但思想感情、性格风貌、精神境界却没表现出来。

二忌“有魂无人”。所谓“有魂无人”，是指作者能站在一定高度，把握了方向性和时代性，但人物的精神面貌、思想境界表现得空洞、抽象、缺少丰满的血肉，没有具体、丰富而典型的事实，只有“幽灵”而已。

三忌“千人一面”。所谓“千人一面”，是指作者在写人物时，难以克服雷同之病，或与自己以前写过的人物雷同，或与别人笔下的形象相似，缺乏个性，没有特色。

四忌“褒一贬百”。写人物通讯，不宜用“水落石出”的方法，压低一片，抬高一个，不能故意把群众写得特别落后、矮小，从而突出所写人物的先进、高大，而应用“水涨船高”的方法，处理好“一”与“多”的关系。

五忌不写“全人”。在人物通讯中，要把人物形象写“全”，要处理好“软与硬”“正与反”的关系。所谓“软与硬”，即指既要写关键性的“大”材料，又不能忽略日常小事、生活琐事的“小”点滴。再伟大的人物也有与普通人生活相同的地方，也要食人间烟火。只有这样，人物的形象才丰满、才真实可信。所谓“正与反”，是指对报道对象作既有“正像”又有“反像”的“全息摄影”。把新闻人物写成没有七情六欲、满口豪言壮语的“神”的做法不是实事求是的写作。把常人写成超人、圣人，把新闻人物写成“高”“大”“全”的人，这不是我们所说的“全人”。如写先进人物坚守岗位、勤奋工作，不要动辄写他父母病危也不回家、妻子难产也不离岗。“无情未必真豪杰，怜子如何不丈夫。”还有，不要写人好则“好绝”，写人坏则“坏透”。

延伸阅读

1.《县委书记的榜样焦裕禄》(《人民日报》1966 年 2 月 7 日，作者穆青、冯健、周原)；

2.《为了周总理的嘱托——记农民科学家吴吉昌》(《人民日报》1978 年 3 月 16 日，作者穆青、陆拂为、廖由滨)；

3.《泰山作证——胡建学其人》(《中国青年报》1996 年 7 月 19 日，作者刘健)；

4.《“老报童”罗伊去世了》(原载美国底特律《自由新闻》，选自 1980 年 6 月新华出版社出版的《怎样当好新闻记者》一书，伍任译)。

第九章　事件通讯

第一节　事件通讯的定义及特点

一、什么是事件通讯

事件通讯是通过记事，报道某一事件的发生、发展和结束过程。通常，事件通讯所报道的事件具有强烈的新闻性，有相对完整的故事情节。需要说明的是，写事当然离不开与事件有关的人，但事件通讯不像人物通讯那样着力刻画人，而是以事件为中心，在事件的总画面中，为了写事来写人。它既可以反映现实生活中发生的重大的、人们普遍关心的典型事件和突出事件，也可以反映现实生活中发生的惊心的、让人悲痛的各种事件；还可以从某一新闻事件截取一个或若干个片段，进行细致详尽的描述，揭示事件的深刻含义。

对所发生的具有强烈新闻性的事件进行报道，满足人们“熊熊燃烧”的好奇心，而报道的方式不外乎简单地陈述事实（消息）和绘声绘色地描述事实（通讯）。

二、事件通讯的特点

1. 事件通讯着重记事，而不是写人，写人也是为了写事

事件通讯经常以事件发生、发展、结果为线索，以时间先后顺序讲述事件的来龙去脉，有时也可打破时间先后顺序，进行倒叙和插叙。

以《为了六十一个阶级兄弟》(原载《中国青年报》1960年2月28日，作者王石、房树民。后经删节发表在《人民文学》1960年4月号上。在被中学教材选用时，又作了删改）为例，这篇通讯写人其实就是写一种“一切为了人民”的精神，实际上还是写事，以时间为序。报道的事情发生在1960年，春节刚过，山西省平陆县有61位民工集体食物中毒，生命垂危。当地医院由于没有解救药品，用电话连线全国各地医疗部门，终于找到了解药。但当时交通不便，药品不能及时送达。当地政府便越级报告国务院，中央领导当即下令，动用部队“运五”运输机，将药品及时空投到事发地点，61名民工兄弟得救了。这篇通讯是新闻写作的范文，入选了中学课本。

一滴水能反映出太阳的光辉，一件平常事足以体现我们时代最美好的思想、最高尚的风格。通讯的主线是挽救61位集体食物中毒的员工，通讯中流露出的干部、群众之间真诚、质朴无华的深情，让人动容。领导干部身上体现出来的“一切为了人民”的思想和急群众之所急，想群众之所想，与群众“同呼吸、共命运”的工作作风，是那个时代共产党员的真实写照。类似的例子如：

激流中的“生死时速”

——华电福建闽兴水电有限公司“5·27”救人纪实

“谢谢你们的救命之恩，没有你们，我今天就不能站在这里了！”5月28日上午，华电福建闽兴水电公司峡阳水电厂中控室，年近古稀的南平市峡阳镇村民江老伯，一手拎着鸭蛋，一手拎着线面，来感谢昨天傍晚救他一命的恩人们。

进入5月以来，受极端天气的影响，闽北地区迎来了一次历时较长的强降雨过程。5月27日18时20分左右，峡阳水电厂中控室运行值班人员在监控视频上发现上游距大坝约150米处有一竹筏正漂向大坝，竹筏似乎已失控，筏上有一人，正奋力求生。此时正值大坝泄洪，洪水的流速很快，竹筏被洪水推向闸门，随时可能吞没在闸门前的漩涡中。

情况万分紧急。当班值长根据险情和公司赋予的生产应急第一时间处置权，当机立断，紧急启动峡阳水电厂捞沙船、铁壳船现场处置方案，同时立即向现场值班负责人和公司应急指挥部报告。现场值班负责人接到报告后飞速赶到大坝现场指挥施救，并根据竹筏可能靠近的闸门位置，下令当班运行人员紧急关闭14号至16号泄洪闸门，再开启远离竹筏位置的左岸3号至5号泄洪闸门，以控制好上游库水位。

值班人员以最快速度远程操控泄洪闸门降落，此时，老人已经被洪水卷入16号闸门前的漩涡中，正在拼命挣扎，只剩下一只紧抓竹筏的手露出水面。正在闸门完全关闭的一瞬间，老人的头部重新露出水面。已接到紧急抢险命令的值班抢险队员携带着软梯、安全绳、安全带等急速奔跑到大坝现场，在现场值班负责人的指挥下，做好安全措施，下降到离坝面6米高的16号闸门顶部，把老人奋力从水中拉上闸门顶部。老人因筋疲力尽，已无法独自站立，施救人员小心替他绑好安全带，在坝面救援人员的协助下，上拉下托将其救至坝面。

峡阳镇派出所两位民警接到报警也随即赶到现场，他们对电站及时救人的行为表示高度赞扬。赶到现场的老人亲属万分感谢峡阳水电厂的救命之恩，为了表达感激之情，他们当场重金酬谢现场施救人员，但被婉拒了。

获得重生的江老伯说他昨晚彻夜未眠，他在水边生长，平时以打鱼为生。因为舍不得家养的几只鸭子被突发的洪水冲走，情急之下误判水情，贸然涉洪，导致险情发生。由于峡阳电厂救援团队的成功施救，老人与死神擦肩而过。

28日上午，江老伯在家人的陪伴下再次来到峡阳水电厂，在16号闸门前看到自己昨天涉险的竹筏时，心情仍然十分激动，拼命塞钱给救命的恩人们，但还是被婉拒了。面对老人的盛情，闽兴水电公司领导笑着对他说："老人家，如果你真要感谢我们的话，希望你能当我们公司的义务防汛宣传员，将你的亲身经历告诉你周围的人，特别是你周围的渔民，汛期是洪水多发季节，涨水下河非常危险，希望大家以此为戒，珍爱生命，这就是对我们最好的报答。"老人激动地说："感谢你们的救命之恩，我一定会当好这个宣传员，以后洪水季节我肯定不会下河，我还要对村民们说，不是每个人都像我这么幸运的。"

（《中国电力报》2013年6月14日第8版）

这篇文章很多地方写人，但写人都是为了写事件。

2.记叙的事件具有强烈的新闻性和典型性，往往有相对完整的故事情节

事件新闻一般说来较为详细地介绍事件的来龙去脉与发展过程，往往有头尾、有情节、有细节。篇幅不论大小，都力求把事情说清楚，使读者读后对事件能够有一个完整的印象。事件通讯一般有一个中心事件，其他人物或事件都围绕这一中心事件展开。如：

新的煤电博弈在湖南上演

——大唐湖南金竹山发电运煤通道遭当地煤企封堵调查

苏伟

在煤炭价格高企的“黄金十年”，煤电双方的博弈是一种常态。彼时，煤企和电企之间为了重点合同煤的价格讨价还价。在煤炭价格全面市场化的今天，湖南娄底冷水江再现“煤电博弈”。本地多家煤企指责央企大唐湖南华银电力金竹山发电分公司（简称金竹山发电）罔顾电站属坑口电站的事实，大量采购外地煤甚至是高硫煤，因此导致一些职工采取了封堵电厂进煤专用公路和铁路的极端措施（企业领导方称是职工的自发行动），金竹山发电则称增加外省煤的采购量是煤价煤质等多种综合因素决定的，因为本地煤价格高、灰分超标。金竹山发电认为本地煤企的封堵行为严重影响了电厂的生产经营，对电力安全生产造成巨大威胁，封堵行为是严重违法行为，希望有关部门严肃处理。4月1日，本报记者赶到湖南娄底冷水江，对这一事件进行了深度调查。

一、“封堵”事件回放

据金竹山发电提供的一份材料，3月4日22时，金竹山发电铁路进煤专用线被湖南资江煤业集团有限公司（以下简称资煤公司）人员设置路障堵塞。这是金竹山发电燃煤入厂专用线继2014年8月1日、9月6日、9月24日后发生的第4起被人为干扰事件。

3月4日22时，金竹山发电燃煤铁路专用线的铁轨被道枕挡住并插上小红旗，经查证系资煤公司人员所为；3月5日8时，铁路专用线路障仍在，现场聚集资煤公司人员约7人；3月6日8时，铁路专用线路障设置依旧，资煤公司人员约5人在现场值守；3月7日下午，冷水江市政府组织召开协调会，要求资煤公司于3月8日上午前搬移障碍物。3月8日22时，资煤公司人员暂时将铁路专线路障移除；但资煤公司于同日致函广铁集团金竹山货运站，公然要求暂停金竹山发电所购外省煤进站。3月9日8时，资煤公司7名人员又聚集在铁路专用线附近，经冷水江市经信局调解后撤离。

3月10日8时，金竹山发电进煤公路与312省道接口处被20余人驾驶小车故意堵塞，堵路人员自称是本地煤矿协会成员。据悉，当日下午有数10人还驾车在冷水江市、新化县进行了游行。3月11日，进煤公路被两名自称本地煤矿协会的人员驾驶两台小车堵塞。

3月12日，铁路专用线再次被人为设置的枕木、横幅等障碍物堵塞，且有资煤公司人员在现场通宵值守。至此，金竹山发电公路、铁路专用线全线均被堵塞。

3月13日，针对公路、铁路专用线均被堵塞的紧急情况，金竹山发电主要领导向冷水江市委主要领导当面汇报，请求市委、市政府继续协调解决。

3月14日17时2分，资煤公司邓建辉率40余名自称本地煤矿协会的人员，驾驶20余辆小车利用金竹山发电下班通勤车出门卫的空档期，强行经金竹山发电主门卫冲至行政办公楼前，在金竹山发电保卫人员劝阻后，人、车方才离厂。当日21时，进煤公路门卫被1辆货车横向堵塞，导致进煤公路上陆续有40余台送煤车辆被堵塞，其中20余辆非金竹山发电合作送煤车辆，且车上装有石头、灰渣等非煤物资，系故意扰乱进煤秩序的行为。

3月15日，冷水江经信局牵头，组织相关部门在现场进行调解，无果。

3月16日，金竹山发电主要领导向娄底市政府主要领导及分管领导进行当面汇报，市政府领导在金竹山发电专题汇报材料上做了相关批示；同日金竹山发电向省经信委相关部室进行了汇报。

3月17日，娄底市政府派出由娄底市经信委主任担任组长的5人工作组，专程来冷水江市组织调处，与金竹山发电、煤矿方分别见面并协调。工作组要求资煤公司在3月18日上午10时前必须撤除路障；撤除路障后，双方再就燃煤采购问题进行洽谈。但路障仍未按要求撤除。

3月19日上午，金竹山发电主要领导再次赶赴娄底欲向市政府主要领导当面汇报当前紧急情况，并请求出面协调；但因市长在娄底军分区参加会议，只转呈了紧急汇报材料。

3月20日下午，娄底市经信委组织在娄底市政府召开了煤电企业协调会，娄底市煤炭局等相关部室、金竹山发电主要领导与会，娄底部分煤矿企业20余名代表参加。会议要求，3月21日上午10时前，进煤专线上（含铁路、公路）的所有路障必须全部撤除。

3月21日10时，铁路专用线上的路障撤除，进煤公路上仍有10台非正常送煤车辆未驶离（含装灰土的车、装煤但非金竹山发电合作矿点的车）。直至3月22日11:40，进煤公路上最后两台堵路车辆驶离，进煤公路才全面恢复通车。

3月23日8:30，7～8名自称金竹山煤矿的人员聚集在进煤公路门卫处，导致60余台送煤车辆无法入厂；13:20，经冷市政府部门出面协调，堵路人员暂时离开，但宣称“明天一定会再堵”，同时扬言“谁送煤就砸谁的车”。21:30，进煤公路与312省道接口处被7名自称本地煤矿协会的人员，驾驶两台小车堵塞。

3月24日8时，两台堵路小车已驶离，数名堵路人员围堵至运煤公路门卫处，逐台记录现场的送煤车牌，并对送煤司机进行口头威胁。至10:30，经现场公安干警的劝阻后，堵路人员方才离开。

3月25日15:00，娄底市政府牵头组织召开金电电煤调运协调会，金竹山发电领导及矿方代表参加会议，会议明令禁止堵路等非法行为。

3月26日1:30，铁路专用线再次被人为以圆木、横幅等障碍物堵塞，且现场有6人值守；运煤公路门卫也被3台货车堵住，造成金竹山发电燃煤入厂的铁路、公路专用线全线瘫痪。3:10，冷水江市公安干警赶至现场劝阻无效。当日15时，冷水江市市长组织召开金电调煤专题协调会，会议明确要求当晚须拆除现场路障。21时，铁路专用线上路障被撤除；22:20，进煤公路堵路车辆全部驶离。

3月27日07:30，数名自称金竹山煤矿的人员聚集在进煤公路与312省道接口处，阻止送煤车辆入厂；经冷水江市工作组现场调解后，堵路人员撤离。17:40，铁路专用线再次被人为以枕木、横幅等障碍物堵塞；22:30，进煤公路门卫再次被3台货车堵住，其中1台货车侧门上有“金竹山矿业”字样，现场多台送煤车辆被堵。

3月29日，资煤公司再次致函广铁集团金竹山货运站，要求暂停金竹山发电的外省电煤进站。

二、记者现场见闻

4月1日13时40分左右，记者赶到了金竹山发电的煤场旁边，只见运煤专用公路正被几辆运煤厂封堵，有几辆车的车门上有“金竹山矿业”字样。公路边的墙上挂着几幅横幅，其中一幅还未被风吹皱的横幅上写着：“金竹山矿业公司3万职工家属要生存要吃饭！强调要求调煤保矿！”字样。

4月1日14时13分左右，记者赶到了离煤场不远的金竹山发电运煤专用铁路，见公安人员正在清理封堵铁路的枕木及绑扎枕木的铁丝，铁路清理好后，巡线人员开始去通知积压的装煤列车进场。

在清理现场，记者了解到冷水江市政府办、经济工作局、政法委维稳办、公安机关的人员正在此处联合现场办公。记者试图与这些现场办公的同志交流、了解情况，得到的答复是要找相关部门的负责人，他们不好乱讲。

记者随后采访了大唐华银电力燃运部的负责人及金竹山发电燃运部和办公室的相关人员。此后，记者马上赶到金竹山矿业公司，在那里，记者采访了金竹山矿业公司副总经理龙跃清和资江煤业集团副总经理胡凌云及几位小煤矿的经理。在采访过程中，金竹山发电思政部员工打电话告诉我们，金竹山发电运煤专用铁路又被封堵了。在结束对煤炭企业的采访后不久，金竹山发电政工部员工告诉记者，电厂的运煤专用铁路和公路已经暂时疏通。4月2日上午记者赶往娄底市准备采访经信委主任陈奉文，工作人员告诉记者他已赶往冷水江协调此事，于是记者进行了电话采访。

采访中，记者发现，接近30天的堵路事件中，煤企、电厂和当地政府有关部门均已因此疲惫不堪。

三、封堵性质恶劣后果严重

自封堵事件发生以来，金竹山发电曾先后多次向冷水江市和娄底市两级政府及有关部门、湖南省铁路专线办、湖南省经信委交通处书面汇报相关情况，请求协调，以恢复进煤专用线的畅通。其间，在娄底市委市政府、冷水江市委市政府的多次调解下，被堵道路曾短时间恢复畅通，但堵路行为至今仍未结束，非法路障至今仍未清除，且已蔓延至堵塞与金竹山发电合作供煤单位的运煤出口，使本地燃煤无法调运入厂。

受此事件影响，广铁集团于3月14日、3月26日曾两次对金竹山发电下达“停装令”。

记者在采访当地煤企负责人时，他们表示：封堵行为是因发电企业从“质”和“量”上打压本地煤企导致职工群众的自发行为，封堵行为不合法，公司已经对职工群众情绪进行疏导，劝说职工不要采取过激行为。

金竹山发电则认为，封堵行为违反了《中华人民共和国电力法》、《电力设施保护条例》[中华人民共和国国务院令（第239号）]、《湖南省铁路专用线管理办法》（湖南省人民政府令第227号）等法规的相关条文，属违法行为，希望尽快得到遏制。公司已行文省政府督促有关部门和当地政府采取有力措施，依法尽快恢复金竹山发电公司燃料入厂道路畅通。同时，加强与相关部门的沟通，依法维护企业正当利益。

封堵行为已严重影响金竹山发电正常的安全生产。因来煤受阻造成金竹山发电的配煤掺烧工作无法正常开展，存在锅炉燃烧不稳造成灭火甚至被迫停运的安全生产事故隐患，运行机组已受到了一定的安全影响且逐日加重，可能即将发生因缺煤而被迫停机的电力生产事故。

同时，此违法行为不仅影响到金竹山发电正常的燃煤采购秩序，而且使企业的经营创效工作也处于非常被动的局面。因来煤受阻所造成的现有存煤结构不合理，使机组接带高峰负荷的能力受限，并且因厂内被迫二次转煤而造成燃煤综合成本升高；火车来煤因不能正常入厂而长时间滞留铁路站点，使铁路部门收取的火车延时费大幅增加。初步统计，因降负荷带来的电量利润损失、因阻挠发生的火车延时费和厂内二次转运费等，目前累计已高达200余万元。

而在这场封堵事件中，当地煤企同样陷入了困局。煤企的存煤库场地有限，堵路事件发生后，一直没有送煤出去，存煤库已没有空间，很多煤矿只能暂时停产。他们希望由政府出面对当地产煤企业进行适当补贴，或跟火电厂协商，将煤价适当上调，采购量维持在以前的标准，让本地产煤企业在煤炭市场低迷的时候，度过“寒冬”。

四、煤企说法：为什么职工会采取“封堵”极端行为

据记者了解，当地主要煤企是金竹山矿业公司和资江煤业集团，另外还有一些民营小煤矿。金竹山矿业公司是省属国企湖南省煤业集团的下属企业，湖南资江煤业集团有限公司是以整合娄底煤炭优质资源于2006年3月改制组建的新企业。在采访中，煤企向记者陈述了自己的看法主要有下面几点：

1. 坑口电站就应该燃用本地煤

在采访中，几家煤企负责人表达的主要观点之一是，金竹山发电是以坑口电站的名义立项的，因为本地有丰富的煤资源，国家才批准建坑口电站，坑口电站的性质谁都不能否认，坑口电站就应该燃用本地煤。

本地煤低硫、中低热量、中高灰分，金竹山发电的机组设计、锅炉选型都是依据本地煤种确定的。

2. 煤价高企时，政府“调煤保电”，煤企让利电厂，现在煤价下跌，煤价已低于生产成本，政府应“调煤保矿”，电厂让利煤企

在采访中，煤企负责人都提到一件事，在煤价高企的“黄金十年”特别是2008年的冰灾期间，政府为保社会用电，采取强有力的措施“调煤保电”，要求煤企以低于市场的价格给电厂供煤。为了保障金竹山发电的供煤，他们把省内省外的其他市场都丢掉了，主要的市场就剩金竹山发电，现在全国煤价

都在下跌，金竹山发电利用此机会在价格上、采购数量上打压本地煤企，不顾本地煤企死活，是企业不负社会责任的表现。本地煤企要求政府“调煤保矿”，或者把煤企“调煤保电”的让利还回来！

3. 电企违规采购外地高硫煤

据记者了解，为提高商品煤质量，促进煤炭高效清洁利用，2014 年 9 月 3 日，国家发展改革委、商务部、生态环境部、海关总署、国家市场监督管理总局等六部委联合制定了《商品煤质量管理暂行办法》，对商品煤的质量监管作了具体的规定。该办法已于 2015 年 1 月 1 日起开始施行。其中，该办法第七条规定，含硫量等于或超过 2% 的其他煤种，运输距离不能超过 600 千米。

煤企负责人向记者表示，电厂采购外地煤不符合《商品煤质量管理暂行办法》。其理由是，在封堵事件发生后，湖南省环保厅相关人员曾对金竹山火力发电分公司采购的一批北方煤进行了现场取样，检测发现这批煤的含硫量超过了 2%。按照相关规定，这种煤炭运输距离不能超过 600 千米。湖南省环保厅相关人员表示，他们将会把此事移交湖南省经信委处理。

4. 当地煤炭的价格已低于采购成本，电企却在“价”和“量”上对当地煤企进行打压

当地煤企还认为，作为当地用煤大户的金竹山火电厂，近两年间逐年减少了当地电煤的采购量。他们的依据是，娄底市经信委在给娄底市政府的一份汇报材料中显示，2013 年，金竹山发电公司采购本地电煤为 281.85 万吨，2014 年减少到 233.54 万吨，呈逐年下降趋势，而采购外地电煤数量则逐年在增多，由 2013 年的 70.24 万吨，增长到 2014 年的 74.59 万吨。

五、电企回应：煤炭已全面市场化，电厂做法完全合规

1. 关于“坑口电站就应该燃用本地煤”说法

金竹山发电是坑口电站，但煤矿与电企是不同利益主体，电厂用煤是从市场上获得的，不是坑口自用煤。煤炭采购是完全市场化行为，买卖双方

均有自主的权利，当地煤企人为堵路的做法是公然违反市场竞争的强买强卖行为。

大唐华银电力燃运部负责人赵云辉告诉记者，作为坑口电厂，金竹山发电一直以来绝大部分是燃用本地煤，现在外地煤质优价廉，因此增加了外煤的比重，但还是以燃用本地煤为主。赵云辉向记者介绍，一般坑口电厂，煤企和电厂是同一市场主体，而金竹山发电与当地煤企不是同一市场主体，现在全国的煤价处在下行通道，全国其他地方煤炭降价幅度大、频次多，如果本地煤价高于外地煤价，承担资产保值增值经济责任的央企为降本增效采购质优价廉外地煤理所当然。

2. 关于“调煤保电”

大唐华银电力公司认为，在前几年的“调煤保电”中，煤炭企业和电力企业在政府的统一部署下很好地履行了社会责任，保障了全社会用电的稳定供应。

“调煤保电”，“保”的“电”是“社会用电”，不是保“发电企业”，在“调煤保电”中，煤炭企业在“调煤保电”中确实让了利、做了贡献，而发电企业更是做出了牺牲，双方都是在履行社会责任。当年发电企业越发电越亏损，因保社会用电、履行社会责任刚性亏损严重，直到现在，华银电力公司仍有30亿元亏损需要弥补。

3. 关于采购高硫煤

大唐华银电力公司系统从来没有主动采购高硫煤。采购行为也没有违反《国家商品煤质量管理暂行办法》的要求。

赵云辉说，公司采购外省煤在合同上是严格控制含硫量的，但由于电力生产的连续性和检验的时差，可能会接收到部分含硫量较高的煤炭，对于供煤方没有按照合同要求供煤的情况，公司只能采取事后考核处罚供煤方的办法，并将供应高硫煤的供煤方纳入黑名单，不再从那里购买。

赵云辉认为，即便公司采购的个别车次的电煤含硫量超过了2%，也不能说违反了《国家商品煤质量管理暂行办法》的要求。因为这个办法第八条规定：“对于供应给具备高效脱硫、废弃物处理、硫资源回收等设施的化工、电力及炼焦等用户的商品煤，可适当放宽其商品煤供应和使用的含硫标准，具体办法由国家煤炭管理部门及有关部门制定。”金竹山发电的脱硫脱硝除尘都达到最新的环保排放标准，所以并不违规。如果采购到了高硫煤，金竹山发电可以通过配煤掺烧方式，做到达标排放。他们告诉记者，湖南省环保厅已知悉相关情况，并进行了相关调查。

赵云辉认为，本地煤企只挑公司购买的外地煤可能存在含硫量超标的情况而有意忽视了《国家商品煤质量管理暂行办法》的其他条款，即煤炭灰分不超过 40% 的要求。因为冷水江当地采购的煤炭灰分超过 40% 是常态，不符合这个暂行办法的硬性要求。外省煤含硫高和本地煤灰分高的问题，发电企业很难控制，更不能“选择性守法”。

4. 关于采购外省煤

今年湖南省经信委有个 28 号文，《关于做好 2015 年全省煤炭产运需衔接工作的意见》，文件第一条即明确指出，要认真做好省外煤炭资源衔接落实工作，确保省外煤炭稳定调运入湘。另外，在文件中，对加大省内煤的衔接力度，要求是在“同质同价的情况”下，优先考虑省内煤炭采购，所以采购“同质价优”的外地煤不应该受指责。

现在煤既不是政府定价，也不是政府指导价，完全是市场价。买卖双方都是平等的市场主体，你嫌我的煤价低，可以不卖给我，我嫌你的煤价高，也可以不从你那购买。这就是市场经济。本地煤炭企业认为，我们购买外地煤的价格比本地煤价还高，这是傻瓜才干的事。

记者在腾讯财经、中银国际证券等多家网站上看到，3 月份以来，全国煤炭行情持续低迷，截至 3 月 31 日，国内煤炭主要集中地秦皇岛 5500 大卡动力煤价下跌至 450 元，跌幅加大且再创 7 年新低。秦皇岛煤炭库存增长 6% 至 806 万吨的高位，主要是调入量增长而调出量减少。

根据当前市场行情，赵云辉跟记者算了一笔账。5500 大卡动力煤已跌至 450 元，每 1000 大卡只需 82 元，加上运费，1000 大卡也不会超过 90 元，而购买冷水江当地煤，1000 大卡 93 元，还不考虑当地煤灰分大部分超过 40% 的情况。

对于减少对当地煤采购量的说法，金竹山电厂法律顾问、总经理工作部主任伍懿告诉记者，电厂每个月跟煤企签订的采购量是由当月电厂的消耗量和库存量所决定的，采购当地煤与外地煤数量的多寡，是由于煤价、煤质、配煤掺烧等多种因素决定的。

三、事件通讯的分类

事件通讯按内容大致可分为四类。

一是以表扬、歌颂为宗旨的事件通讯。这类事件通讯反映具有典型意义的新闻事件中所包含的科学追求、先进思想、时代精神、高尚道德情操，以弘扬真、善、美，激励人们奋发向上，如《半个世纪的论证》(《中国青年报》1992 年 3 月 24 日，作者卢跃刚，李雪红)。该文第一次在主流媒体上系统地梳理了三峡工程的来由，比较系统地介绍了反对派的意见，李锐等“缓建派”的名字和林一山等支持者的名字以同样重要的地位出现在报道中。

二是以揭露、批评为宗旨的事件通讯。这类事件通讯针砭社会中的弊端和丑恶现象，以伸张正义，令人警醒，如《刺死辱母者》(《南方周末》2017 年 3 月 23 日，作者王瑞锋、李倩)。

三是对社会重大热点问题进行客观报道和中肯分析，以引起社会各方面重视，启发人们为解决问题而努力的事件通讯，如《中国消费野马正脱缰狂奔》(《中国青年报》1988 年 8 月 18 日，作者王安)。该文开头即点明消费主义、福利主义、享乐主义、实惠主义和“今朝有酒今朝醉”的情绪在全国蔓延的情况，指出这种状况蕴藏的危机，并倡议要为解决这种状况早做努力。

四是灾难性事件通讯。对此类事件通讯我们后面将做专门讲解。

四、事件通讯的写法

事件通讯就其写法而言，要么全面报道一桩重大新闻事件的来龙去脉，给读者提供关于这个事件的具体情节，深刻发掘这一事件所包含的思想意义；要么从某一新闻事件中截取若干断面，反映若干场景，让读者窥一“斑”见全“豹”。

不管是哪种事件，都不应从头至尾、事事俱现，记流水账。这就要求在写作中能抓住对事件的表现、对主题的揭示起关键作用的一个或几个关键来写。在写作前，作者就应分析手头的材料，是否能满足一篇通讯的需要。一般而言，一篇事件通讯至少应有一个至三个骨干性材料。有一个骨干性材料，便可写成一篇“小通讯”；三个以上，可写中型通讯；多组材料，可写中等篇幅以上的通讯。

要写好事件的高潮。没有高潮，事件就是“死”的，就是平淡无味的。高潮是矛盾之焦点，是人的思想和行为的“闪光”之处，故应调动多种手法，不惜笔墨，写活写好。

要在写事的同时，写好关键人物。事件是事件通讯的核心，而事件又终究离不开人。写好关键人物，又有助于把事件写活。

要在记事的基础上，恰到好处地点出事件的意义，同时也要善于寓情于事、寓理于事。

第二节　灾难事件的通讯写作

一、何谓“灾难事件”

事件通讯中，有一类通讯专门写大型灾难性事件，这类事件影响大，有必要专门做说明。

所谓“灾难事件”，是指突然发生的、可能造成严重的社会危害的，需要采取应急处置措施予以应对的自然灾害、事故灾难、公共卫生事件和社会安全事件。灾难事件具有突发性、异常性、破坏性和紧迫性。自然灾害事件如地震、海啸、火山爆发等，事故灾难如飞机、轮船、火车失事等，公共卫生事件如“非典”、新冠肺炎及别的疫情突发等，社会安全事件如大规模的恐怖袭击等。

对灾难事件的报道，记者大都会在第一时间以消息的方式进行报道。但是，由于灾难事件事发突然、破坏性大，消息报道为了抢时间，往往不能全面或者说深入报道灾难事件的原因及过程，报道灾难发生的后果或者说影响也不完整。这时候，有关灾难的通讯报道便大量产生。

二、灾难事件的通讯报道要体现记者的人文关怀，对人为的灾难要有问责意识

灾难的现场，往往会给记者猛烈的冲击，但记者的身份和职业，要求记者在叙述过程中要控制好自己的情感来表达对受难者的同情和怜悯。特别要注意，对于一些可能是人为的灾难事件要充满问责意识，如《人祸猛于火——克拉玛依“12·8”惨案的警示》(《中国青年报》1995年1月10日，中国青年报记者刘冰、新华社记者刘光牛)。

克拉玛依友谊馆火灾（又名克拉玛依大火、“12·8”大火）是一场于1994年12月8日在中国新疆维吾尔自治区克拉玛依市友谊馆发生的特大火灾。在克拉玛依市教育局为欢迎上级官员而组织学生进行的演艺活动过程中，靠近灯光的舞台幕布因过热自燃而酿发大火，导致325人遇难，其中288人为中小学生。

三、中西方新闻记者在报道新闻事件上有不同的处理方式

世界上每天都会发生灾难。当我们说“这是一个灾难”时，实质上是在说这是一个灾难性事件。自然地，对灾难性事件的报道是新闻的一个恒久主题。如果对灾难性事件写一篇消息，把消息的六个要素写好，那么中国文化背景下的记者和西方文化背景的记者写出来没有什么大的差别，跟现在机器人写作出来的消息放在一起，我们几乎辨别不出来。但是，如果把这个灾难性事件用通讯方式写作出来，由于通讯中渗透着记者的情感与审美倾向或者说中西方新闻思维不同，反映在报道思想、素材搜集及写作的风格上，就会有明显的区别。

简单地说，西方记者在素材搜集及写作时，极其注意仔细地描摹事实，带着感情浓烈地宣泄及宣泄后的毁灭感：在这个灾难下，一切好像无可救药！而中国文化氛围下的记者，则习惯于“哀而不伤”，习惯于反映灾难中人的精神，用人的“战天斗地”去消解事件的悲，坚信“痛苦终将过去，一切不过是一个过程”的信条。

比如，当地震灾难二度降临在旧金山时，便有了诸如《旧金山完了》(《美国新闻与世界报道》1906 年 5 月 6 日，作者杰克·伦敦）和《突然间好像世界末日降临》(《国际先驱论坛报》作者马尔科姆·麦克弗森）等通讯报道。

杰克·伦敦这样描写灾难及恐怖：“旧金山完了！”“组织瓦解，通信完全中断，这座 20 世纪的城市，一切精致的新建筑都被地震粉碎了……”文章中充满了“旧金山完了”的细节描述。马尔科姆·麦克弗森则在文章中这样悲观地表述：“地震的最糟糕结果是终于使人惨痛地意识到，面对这样突然而来的自然力量，我们所有的人是多么无助”，“高度进化、握有科技的我们是怎样的脆弱”。文章字里行间都渗透着深入骨髓的悲观意识。[①]

地震，也频繁地光顾中华大地，甚至，1976 年的唐山地震和 2008 年汶川地震比旧金山的那两次地震有过之而无不及。可是，中国记者很少有过毁灭感、有过绝望感。占据记者心灵的是“灾难不是新闻，救灾才是新闻”的观念，全文直接写灾难破坏性的通讯不多（现在开始有所增加），更多是一种反映英雄主义的旋律，险恶成为英雄行为的铺垫，恐怖成为道德力量的支点。

拿汶川大地震为例：2008 年 5 月 12 日（星期一）14 时 28 分 4 秒，我国汶川发生 8 级大地震，地震严重破坏地区超过 10 万平方千米，其中，极重灾区共 10 个县（市），较重灾区共 41 个县（市），一般灾区共 186 个县（市）。截至 2008 年 9 月 18 日 12 时，“5·12 汶川地震”共造成 69227 人死亡，374643 人受伤，17923 人失踪，是中华人民共和国成立以来破坏力最大的地震，也是唐山大地震后伤亡最严重的一次地震。大地震发生后，各媒体都对灾情进行了报道。但几乎无例外的，除了通报灾情外，在所有描写灾情的后面，都用了“奋力抢救”“顽强”以及“置个人安危于不顾”等褒扬态度的词汇，着重报道了各界援助与现场救援的进展。据统计，2008 年 5 月 12 日至 2008 年 6 月 10 日，我国最权威的官方媒体《人民日报》与汶川地震相关的新闻报道共 964 篇，平均每天 32.1 篇[②]。

《中国电力报》关于汶川地震的报道集中体现了这种特色。地震发生

---

① 樊凡、单波主编：《中西新闻比较论》，武汉出版社 1994 年版，第 42、第 43 页。

② 丁易：《从汶川地震看中美主流报纸新闻报道差异》，《新闻世界》2010 年第 5 期。

后，《中国电力报》第一时间发了消息《四川汶川发生 7.8 级地震》，此后关于直接灾情的播报都是提纲挈领式的。大量的报道是围绕救灾展开的。《中国电力报》“城市供电”专刊 5 版、8 版专门推出“众志成城、抗震救灾”专题报道。

其中就包括下面这篇文章：

中电投 67 小时爱心传递

震区有我们 18 个兄弟

5 月 12 日 14 时 28 分，青海西宁。“地震了！”

当中国电力投资集团公司黄河发电运营公司副经理任德宁听到办公楼走廊内的喊声时，责任和习惯让他做出第一反应：“马上联系各电站项目部，反馈震后信息。”这位有着多年水电站运行管理经验的副经理立刻拿起电话通知安全生产部。

14 时 45 分，网上发布消息，四川汶川发生强烈地震。

“地震中心就在薛城电站附近，往电站、项目部办公室反复拨打电话，都无法接通……”

听到安全生产部的汇报，任德宁的心马上沉了下来，因为就在离震中 30 千米的薛城水电站有黄河发电运营公司的 18 名兄弟！

薛城水电站位于四川省杂谷脑河流域理县境内，电站装机 13.8 万千瓦。

15 时 30 分，震后一小时，在经过反复联系却始终没有联系到薛城项目部人员的消息后，任德宁通过黄河水电公司将情况上报到中电投集团公司总部。

中电投集团公司总经理陆启洲迅速指示，不惜一切代价，尽快派人奔赴灾区，尽快联络被困人员，并做好救援准备，一有消息，立即通知员工家属、上报集团公司。

5 月 13 日凌晨 7 时，在地震 16 个小时后，以任德宁为主的小分队从青海西宁动身前往四川理县薛城项目部开展救援。

余震中向薛城挺进

考虑到时间紧急，救援组制定了两条行进路线。

一条从青海西宁出发经甘肃合作市进入四川境内，再由若尔盖、红原、马尔康最终到达理县薛城。另一条则通过甘肃天水经陕西汉中进入四川并由成都赶往薛城。

任德宁选择第一条线路，他非常清楚，进入灾区这条路用时最短，不到1000千米，但他也知道，这条路通行危险性最大。

5月13日晚23时，救援组到达若尔盖，较为通畅的路况，使大家焦急的心情有所缓解。“如果后面的路也这样，估计明天早上就能见到薛成项目部的同志们。”任德宁在想。

然而事实并非如此，从若尔盖开始，危险和艰辛就再也没有离开过他们。

由于余震不断，陡峭的山壁不时有石块滚落，路面上出现裂痕，车辆只能慢慢行使，焦急的队员尽可能控制着情绪。

5月14日3时，救援队到达红原，100多千米的路程汽车行驶了整整4个小时。

是继续前进还是在红原修整，在征求了大家意见后，任宁德决定继续向薛城前进。

5月15日1时，救援队到达理县县城。“再往前行驶20多千米就可以见到他们了”，任宁德掩饰不住欣喜，对身旁的同事说。

看到许多车辆停靠在路边，才知道通往薛城镇的公路被山石堵塞，抢险队正在全力抢修，预计凌晨才能通行。

焦急的心情让大家都不愿再等待，任德宁决定跟在抢修车后面徒步前进。“路修到哪里，我们就跟到那里”，跟随着抢修公路的大军，任德宁和抢险队员沿着杂谷脑河徒步前往薛城，20千米，他们走了4个多小时。

5月15日凌晨5时，救援队终于看到了薛城项目部被困员工。当项目部副经理汇报，薛城项目部现场18名员工全部安全，目前正在开展抗震自救工作时，任宁德和他的队员们都哭了……

由于所有的通信已全部中断，只有前往理县，利用县里抗震救灾指挥部的卫星电话，才有可能尽快将这里的消息传递出去。

在初步了解了现场灾害情况后，任德宁又只身徒步返回了理县。

5 月 15 日 9 时 45 分，在经历了 67 小时的焦急等待后，员工家属、黄河水电公司、中电投集团相继接到任德宁从灾区传来的消息，18 名员工平安。

真情永在，大爱无疆

然而就在此时，赶往薛城的第二批抢险队员却在途中经历了一场生死考验。

这支由黄河上游水电开发有限责任公司总经理李树雷带领的救援队伍，于 5 月 15 日凌晨 7 时出发，经过近一天的艰苦跋涉，就在即将到达理县时遇到了大地震发生后最强的一次余震。

5 月 16 日 13 时 25 分，救援队到达距离理县一千米处高家庄镇附近。突然间，四面山体冒出浓烟，巨石裹挟着尘土纷纷滚落，眼看巨大的石头向救援队一号车砸了下来，紧急中司机敏捷地向后倒车 5 米，成功躲避了被塌方掩埋的危险。大家在黑暗中弃车撤退，在漫天尘土中，跑向附近的理县电站躲避，逃过了这生死一劫。

事后了解到，这次余震达到 6 级。

一辆救援车副驾驶车门被完全砸坏，其余 3 个车门全部变形，另外两辆救援车也遭到不同程度破坏。公路上很多车辆被塌方掩埋，山上的房屋严重倾斜，不少逃出的群众失声痛哭。

救援队在附近的理县电站稍做休整后，李树雷决定继续带领队伍前行到理县。幸运的是被石块砸坏的汽车还能开动。通过理县后由于通往薛城的道路余震再次阻断，救援队不得不在理县县城露宿一晚。

5 月 17 日 9 时 20 分，第二批救援队成功到达理县薛城镇，与先期抵达的运营公司任德宁会合。见到 18 位兄弟后李树雷说的第一句话是“看到你们，是我最大的幸福”。

“地震发生时，值班的员工杨涛、刘勋、姚斌迅速操作机组停机运行、关闭机组油压装置出口阀门、检查泄水设备，三位年轻勇敢的员工，凭着强烈的责任感，在地震发生的瞬间，坚守在工作岗位，冷静、果断地采取措施，避免了电站遭受更大的损失。”

在听取了薛城项目部负责人汇报后，李树雷激动地说：“看到你们坚强与自然灾害作斗争，看到你们大灾面前坚守岗位，努力把地震损失降到最低的出色表现，我为你们感到骄傲。”

李树雷还转达了集团公司董事长夏忠、总经理陆启洲以及公司全体员工对项目部员工的关怀和问候。

67小时紧急救援，传递着生命第一的人本理念，67个小时的生死考验，传递着大爱无疆的真情。

（《中国电力报》2008年5月27日第1版，作者汪波，苏伟）

延伸阅读

1.《旧金山完了》（颜雄主编：《百年新闻经典》，湖南大学出版社2000年11月第1版，下册）；

2.《人祸猛于火——克拉玛依“12·8”惨案的警示》（《中国青年报》1995年1月10日，作者刘冰、刘光牛）。

第十章 风貌通讯

第一节 风貌通讯概述

一、风貌通讯的含义

“外面的世界很精彩”，“外面的世界很无奈”。因为“精彩”，我们很想知道外面的世界是什么样子，因为“无奈”，我们受一定的时空限制，没法亲身感受外面的世界。新闻的功能之一就是满足人们的求知欲。这时，我们就可以通过欣赏他人的新闻作品来感知外面的世界，风貌通讯于是应运而生。

风貌通讯，也称概貌通讯，是勾勒某个国家、某一地区、某条战线或某个单位面貌变化的一种通讯。报刊上标以“见闻”“巡礼”“侧记”“纪行”“变迁”“今昔”一类字眼的通讯文章，有很多是风貌通讯。

二、风貌通讯溯源

在没有现代意义的新闻传播（大众传播）活动之前，人们的旅游活动无所不在，而各种描述所到之处的文章数不胜数，我们喜欢将之称为散文或游记。其实，这也是原始意义上的风貌通讯。

著名的旅行家、商人马可•波罗（Marco，Polo，1254—1324），17岁时跟随父亲和叔叔，途径中东，历时4余年来到中国，在中国游历了17年。回国后口授一本《马可·波罗行纪》（又名《马可·波罗游记》《东方闻见录》《寰宇记》），记述了他在东方最富有的国家——中国的见闻，激起了欧洲人对东方的热烈向往，对以后“新航路”的开辟产生了巨大的影响。

马可·波罗叙述的故事，确实激动人心。激动人心的不是别的，而是他向人们展示了一个西方绝大多数人不知道、不了解的未知世界。

大众传播时代来临之后，风貌通讯大行其道，这些作品把外面世界的精彩描绘出来，这些作品从来不缺少读者。

在我国，早在五四运动后不久，就有不少影响深远的此类作品问世。瞿秋白的《饿乡纪程》和《赤都心史》，周恩来的《旅欧通信》，邹韬奋的《萍踪寄语》初集、二集、三集和《萍踪忆语》，范长江的《中国的西北角》《塞上行》《西线风云》等，都是中国现代文学史、新闻史上的名篇。

改革开放以来，我国介绍世界各地城乡风貌、生活状况、文化现状、风土人情、风景名胜的风貌通讯，为我们打开了一扇扇透视世界风貌的大门。同时，反映国内各地各条战线的建设成就、发展变化、旅游风光的风貌通讯，也不断给我们展现生动的社会和自然情景画卷。

三、风貌通讯的特点

1. 题材广泛

风貌通讯涉及面非常广。天文地理、自然风光、文化教育、社会生活、道德面貌、经济状况、历史遗迹、园林建筑、地方特产等，都可以成为风貌通讯的报道对象。

如《京东大地又一城》的开头：

一位在外工作的人回到老家燕郊下了火车竟迷了路。哪里来的高楼、水塔、柏油路？又啥时建的工厂、学院、研究所？两年前，除了老镇子上有一条窄窄的小街外，周围还都是荒沙地、故围子啊。变了，变得太快，变化太大啦！

（《北京日报》1986年10月27日）

2. 形式多样

风貌通讯可以采用多种不同的名目，如：见闻、侧记、巡礼、印象记、速写等。在写法和形式上，风貌通讯也是多种多样的，如日记体、书信体、散文体等。

3. 环境报道为核心

如果说人物通讯的核心是人物、事件通讯的核心是事件、工作通讯的核心是经验（或教训）的话，风貌通讯的核心就是环境。当然，这里所说的“环境”是广义的，可以是自然环境，也可以是社会环境，可以是微观的环境，也可以是宏观的环境。

第二节　风貌通讯的类型及写法

一、风貌通讯的类型

根据不同的分类标准，风貌通讯有不同的类型。

根据地域划分，可分地方通讯、国内通讯和国际通讯，如美国普利策新闻奖作品《漫步在无人区》就是一篇非常优秀的国际通讯。高中语文教材（人教版）选修课本《新闻阅读与实践》选入了本篇通讯。通讯的背景是，1970 年 9 月约旦当局驱逐巴解组织后，巴解总部所领导的游击队主力一万余人从约旦转移到黎巴嫩境内，在黎巴嫩南部建立营地，逐步控制了黎巴嫩南部地区。1978 年 3 月，以色列以报复巴解组织为由，出兵入侵黎巴嫩南部地区。这时，美国《费城问讯报》记者理查德·克雷默步行穿越中东无人区，目击战后死一样的寂静。他的报道获得当年普利策奖——全球记者最高荣誉。他的这一报道细腻、生动，而人们津津乐道的，是年轻战地记者的勇气和关爱之心。“这类战争，就像越南战争一样，没有前线，也无所谓防御或进攻。它把记者个人的安全置于十分危险的境地。一枚炸弹或者一粒子弹不知从什么地方就会钻了出来，这种情况已成为家常便饭。所有记者都了解这种情况。”这是普利策评选委员会对克雷默报道的一段推介。这种情况至今没有改变，2000 年 9 月巴以流血冲突爆发以来，已经有 10 多名记者在前线丧生，受伤者更是难以统计。

根据报道的时空维度，风貌通讯又可以分为综合性报道和专题报道，综合性报道是指全面报道一个地方的政治、经济、文化等多方面的面貌，专题报道则只报道某一方面的变化和某一项建设成就。根据其具体内容划分，风貌通讯则更加庞杂：可以报道某一自然景观和人文景观，可以报道某地风土人情和人们的精神面貌，可以报道某地的名胜古迹和今昔变化，等等。

二、风貌通讯的写法

读者阅读风貌通讯，就如同在作者的导游下作旅行。当然，风貌通讯不仅仅是照相式地录下一些场景，它还可回顾过去，展望未来。既可叙述某一地方的经济文化现状，也可说一些地方的风土人情、民间传说等，使之能给人以思想上的教益，同时又获得一种艺术美的享受。常言道：文无定法。风貌通讯的写作更是如此，不过，理论上，我们还是能对一些有代表性的风貌通讯的写法进行归类。

1. 见闻式风貌通讯

见闻式风貌通讯，主要写作者的所见所闻所感。这种文章我们平时可能司空见惯。如：

昔日“靠”发电　今朝“看”发电

“北有小丰满，南有狮子滩。”国家电投集团重庆狮子滩发电有限公司（简称狮子滩发电）的历史可以追溯到 1937 年春，中国水电史上第一支水力发电勘测队伍——资源委员会龙溪河测量队来到这里，开启了狮子滩水电建设的大幕，也即中国水力发电事业的序章。

“新中国水电专家的摇篮”

新中国成立后，狮子滩水电被列入国家“一五”计划 156 项重点工程之一，成为我国第一座自行设计、自行开发的梯级水力发电厂。

狮子滩水电的成功开发，为新中国水电建设积累了丰富经验，同时也为国家培养、输送了大批水电专家和人才。1958—1963年，周恩来、朱德等老一辈无产阶级革命家先后到这里视察并亲笔题词，对龙溪河梯级综合利用所取得的成绩给予了高度评价。

狮子滩被誉为"新中国水电专家的摇篮"，我国第一代水电专家黄育贤、张昌龄、覃修典、张光斗、吴震寰等都是龙溪河狮子滩的早期开拓者。其中黄育贤、张光斗、吴震寰等在抗战时期设计施工的桃花溪和下清渊硐两座水电站，虽然装机规模很小，但却是中国政府自己修建的第一批水电站，在当时的历史条件下，亦属不易，其影响可谓深远。

龙溪河真正被世人瞩目还是在新中国成立之后。1954年，龙溪河梯级开发被重新提上议事日程，正式纳入国家"一五"计划156项重点工程之一。在最多时达到3万人规模的大会战中，狮子滩水电站提前一年发电，成为"多、快、好、省"的社会主义建设的成功典范。作为梯级开发龙头的狮子滩电站装机容量4.8万千瓦，形成了库容为10.28亿立方米、控制流域面积为3020平方千米的狮子滩水库——也就是人们今天熟知的长寿湖。

"看发电"成为发展新思路

龙溪河梯级电站现在的主人是狮子滩发电。经过多次的改扩建，狮子滩发电在龙溪河、大洪河两条河流上建有狮子滩、上硐、回龙寨、下硐、大洪河5座水电站，发电机组28台，总装机容量17.35万千瓦。对比现在的水电开发动辄百万千瓦的装机，狮子滩发电只能算个"小兄弟"，但作为国家"一五"计划的重点项目，从年龄上说，狮子滩发电无疑是"老大哥"。

如果将时间定格在10多年前，曾经辉煌无比的狮子滩发电也遇到了大多数老国企共同的难题。那些年，由于体制改革问题及由此浮现的各种历史遗留问题，再加上多年干旱少雨，使企业发展举步维艰——员工思想观念保守、传统行为方式较重、信心和动力不足、危机生存意识不强。怎么办？这是摆在狮子滩水电新一代领导班子面前的大问题。

狮子滩发电的执行董事、总经理岳宗科向笔者介绍了当时的困境和走出困境的艰难探索。形象地说，就是除了依靠发电及老电厂的人力资源优势开展承运、承检业务谋生存外，还要依托老电厂丰富的工业地产资源优势和旅游资源优势，发展电力科普产业和旅游业，让“看发电”成为狮子滩发电的一个新的发展思路。

在狮子滩水电文化展厅，一件镇馆之宝吸引了笔者的眼睛：这是一台容量仅为292千瓦的水力发电机组，其铭牌保存完好，水轮机是英国古柏公司制造，发电机是美国西屋电气公司制造。它于1939年在桃花溪电站投运，后来在电站改扩建工程中被拆除闲置。它是中国政府投资修建的第一台水轮发电机组，其历史价值不可估量。

岳宗科向笔者介绍，这件藏品背后折射出狮子滩最深厚的水电文化底蕴，也正是狮子滩发电发展电力工业旅游的底气所在。现在，狮子滩水电正借此打造“活的水电历史博物馆”，充分发挥该公司工业遗产和文化资产价值，对现有的工业遗产实施保护性改造、保护性开发。在此基础上，狮子滩水电更进一步打造国家级新能源科普基地，以狮子滩大坝为中心，建设新能源科普公园，打造新能源智慧知识展厅、水电文化长廊、专家步道、红色文化广场等，面向社会进行科普、爱国主义教育和社会实践，并由此带来价值。

传承优良基因新时代焕发生机

狮子滩发电党委书记张君生对“看发电”工程充满期待：企业的发展离不开深入挖掘狮电近80载的发展历史，传承“四创”精神、奋斗者精神、工匠精神、红色基因、绿色基因和先锋队传统。

现在，狮子滩发电已经修建了狮子滩水电文化展厅，成功创建重庆长寿区“爱国主义教育基地”，这些举措已经小有成果。狮子滩发电已经形成“特质化”文化基因、“绿色能源、和美狮电”战略性文化愿景，凝聚员工共识，促进员工文化认同。截至目前，狮子滩发电已经接待内外部团队近170个，超1900人次。

漫步雄伟的狮子滩大坝，但见长寿湖碧波万顷，岛屿星罗棋布，满目青山秀水，好一幅绿水青山就是金山银山的美丽画卷！

人们有理由相信，在“创新、协调、绿色、开放、共享”五大发展理念的指引下，来日的狮子滩发电，无疑将延续其传承80年的优良基因，在新时代继续焕发勃勃生机。

（《中国电力报》2020年11月16日第7版，作者王琳、苏伟）

2. 步移式风貌通讯

步移式风貌通讯随着记者立足点的变换，笔下的场景也随之变化。如下例：

感受速度与激情

——大唐新疆清洁能源有限公司发展见闻

若从大唐新疆清洁能源有限公司的前身大唐新疆风电项目筹建处2010年成立时算起，短短5年间，该公司的风电及光伏发电装机容量已过“半百”，达到52.7万千瓦。这不能不说是一个巨大成绩，但对比到今年底风电及光伏装机容量突破百万千瓦的预期，大唐新疆清洁能源有限公司真的让记者感受到了什么叫发展速度！

在新疆广阔的能源版图上，大唐新疆清洁能源有限公司备受瞩目，而在每个已建或正建的风电场，一个个生龙活虎的年轻面孔也让人激情澎湃。据公司总经理常国斌介绍，大唐新疆清洁能源有限公司目前职工总数约为250多人，平均年龄不到30岁，这让少数几个刚刚过了40岁的骨干员工都有了“老人”的感觉。

在采访大唐新疆清洁能源有限公司党委书记、副总经理王效辉时，王效辉反复强调，到我们的项目上看看，你肯定会有不同的收获。于是，在大唐新疆清洁能源有限公司纪委书记、工会主席骆小军的陪同下，记者千里奔波采访了大唐新疆清洁能源有限公司的几个风电场及在建项目。

走马川行三塘湖

从乌鲁木齐乘坐刚刚开通的高铁到哈密，大约3个多小时，再从哈密驱车，230多千米的路程，因路不好走，加上区间限速，我们花费近5个小时。最后来到了大唐巴里坤风电开发有限公司三塘湖风电场（一期）。

这个风电场距三塘湖乡直线距离约20千米，风电场区域的海拔在1330～1420米，场地开阔，地形平坦，地势南部高、北部低。

本期4.95千瓦机组以单回110千伏线路接入220千伏变110千伏侧上，线路长度约9.3千米，机组接线方式采用一机一变单元接线方式。风力发电机组出口电压为0.69千伏，采用低压电缆接至箱式变电站。机组经箱式变压器升压至36.5千伏，通过35千伏集电线路汇至110千伏升压站，二次升压至110千伏后接入电网。

风电场按"少人值班"的运行方式设计。风电场控制系统分为两个部分，即风力发电机组计算机监控系统和110千伏升压站计算机监控系统，两套系统均布置在110千伏升压站控制室，控制功能各自独立。

本着"精干、统一、高效"的原则，结合本风电场的特点进行机构设置和人员编制，全部员工平均年龄只有24岁，大都未婚，来自五湖四海。

风电场场长张佳伟告诉记者，这里夏季较短，气温最高时达38℃～39℃，虽然有点热，但并不难熬。特别是今年这里雨水较多，茫茫戈壁多了一些青草，每个人的心情便不那么沉闷。但这里冬季非常漫长，从每年10月份开始，到次年5月份结束，气温最低时达零下40℃，严寒常伴随大风，茫茫的戈壁只闻风声呼啸，生活非常枯燥，能在这里值守本身就是对个人意志的考验。

三塘湖风区属新疆九大风区之一，优越的风力资源吸引了众多的风电企业相继进入该区域实施风电项目开发建设。作为自治区"十二五"期间"疆电东输"基地的重要组成部分，三塘湖风区已被自治区核准风电项目300多万千瓦。

就在一期工程的不远处，大唐哈密十三师三塘湖风电场20万千瓦风电项目的建设正如火如荼地进行。据了解，国家能源局于2013年7月17日将本项目纳入特高压直流外送项目，项目建成后通过哈密南—郑州 ±800 千伏特高压直流输电线路，采用风光互补并与火电机组打捆外送的方式，将哈密市的风电、光电外送，扩大新能源资源配置范围。风电场以 8 回 35 千伏线路接入风电场配套新建 110 千伏升压站，升压站以 2 回 20 千米 110 千伏线路至红星 220 千伏汇集站，红星 220 千伏汇集升压站新建 1 回 220 千伏线路至三塘湖 750 千伏变电站 220 千伏侧实现送出。

项目 2015 年 4 月开工建设，计划 12 月并网发电。本项目与北京宣力三塘湖风电场 30 万千瓦风电项目及兵团项目将合建一座 220 千伏升压站——红星 220 千伏汇集站，将该区域共 110 万千瓦风电汇集后通过 1 回 220 千伏线路送至规划建设的三塘湖 750 千伏变电站（预计 2015 年底建成投运），集中升压后接入哈密南 ±800 千伏换流站，通过哈密南—郑州 ±800 千伏高压输电工程送出。工程的建设可以优化电源结构，促进节能减排，对推动当地经济和社会发展、实现我国能源的可持续发展具有重要意义。

负责大唐哈密十三师三塘湖风电场 20 万千瓦风电项目和红星 220 千伏汇集站建设的项目经理、大唐新疆清洁能源有限公司副总工程师贺飞昊告诉记者，项目组只有 6 个人，为了将这两个项目按时优质完成，项目部的几个人从项目开工后只能借回大唐新疆清洁能源有限公司总部开会时顺便回趟家，平时基本都待在工地或到哈密市处理各种事务。

淖毛湖里烟尘飞

结束对大唐哈密十三师三塘湖风电场 20 万千瓦风电项目的采访后，记者马不停蹄地直奔大唐哈密淖毛湖风电场。

大唐哈密淖毛湖风电场 20 万千瓦工程位于哈密市伊吾县淖毛湖镇以西 15 千米处的戈壁滩上。工程年利用小时数为 2215 小时，工程新建一座 110 千伏升压变电站，通过 2 回 110 千伏线路接入淖毛湖 220 千伏变，升压站选用 2 台 100 兆伏安三相双卷有载调压型变压器，工程计划 2015 年 12 月 30 日并网发电。

2014 年 10 月 23 日国网新疆电力公司组织召开了《大唐哈密淖毛湖风电

场20万千瓦工程接入系统设计》审查会，2014年11月21日国网新疆电力公司印发了《关于鲁能达坂城风电场二期等10个项目接入系统审查意见》的批复，国网哈密供电公司根据国网新疆电力公司的批复意见，2015年6月16日下达大唐哈密淖毛湖风电场20万千瓦发电项目出线间隔的批复，同意该风电场110千伏送出线路接入国网淖毛湖变220千伏升压站。

淖毛湖风电场20万千瓦工程于2015年5月30日进行临建施工，6月15日正式进行升压站综合配电楼基础开挖。截至目前，已完成水泥搅拌站的建设，并取得质量校验报告，驻地及办公临建已完成90%，计划7月12日前具备入住和办公条件；首台风机基础于7月5日进行开挖，已开挖完成20基，首台风机垫层于2015年7月21日浇筑。

偌大的项目，业主方只有3人组成，3人分别来自新疆、甘肃和陕西。项目经理王建明告诉记者，100年前淖毛湖还是不毛之地，是当年哈密王流放犯人的地方。由于我国天山山脉与蒙古国的山脉在此形成一个喇叭口，从西伯利亚吹来的风一直贯通到这里，常年风速8米/秒左右，是风力发电较为的理想风速。为了不浪费丰富的发电资源，他们现在正在加班加点抢进度。

而在哈密东南约160千米处，大唐新疆清洁能源有限公司哈密东南部第一风电场则已投产发电。

哈密东南部第一风电场开发利用面积63平方千米，场区地貌属于戈壁荒漠，土地类型为中硬土。场址海拔高度为1240～1355米，春季和冬季风速较大，夏季风速较小，风速变化明显，具有较强的季节性变化。哈密东南部第一风电场于2012年8月21日取得国家发展和改革委员会的核准批复，风电场建设规模为20.1万千瓦，所发电能采用35千伏架空输电线路及一段35千伏电力电缆输送至唐华变的35千伏母线上。与同等规模的火电厂相比，该风电场每年可节约标准煤14.2万吨，减少二氧化碳排放42.8万吨、二氧化硫为1594.5吨、氮氧化合物为1645.8吨、烟尘为1926.3吨。哈密东南部第一风电场秉承和谐可持续发展思想，以强化安全生产为核心，以提高发电量为原则，以为社会提供持续稳定的清洁能源为目标，积极进取，迎难而上，努力成为一个行业领先的风电场。

托克逊县奏凯歌

作为此行的最后一站，大唐托克逊风电场可谓大唐新疆清洁能源有限公司的“长子”。其实，两年前记者已经采访过此风电场，它给我们的印象非常深刻：炎炎夏日，这里的最高气温经常超43℃，茫茫戈壁，高温暴晒，让记者感觉这里不适宜人类居住。但这里的风资源非常丰富，也是新疆九大风区之一，场区年平均风速约为7.43米/秒，年有效风时数分别为4458小时(4～25米/秒)和5519小时(3～27米/秒)。

风电场规划容量为50万千瓦，分十期建设。已投产的一期、二期、三期装机容量为14.85万千瓦，工程分别于2011年6月30日、9月28日、12月28日投产发电。

风电场建有220千伏升压变电站一座，是吐鲁番枢纽变电站，现有18万千伏安主变压器两台，站内送出线路四条，其中220千伏两条，分别送至吐鲁番小草湖变电站和工业园变电站，110千伏两条，一条为南疆电气化铁路专用线专为南疆铁路供电，另一条送往克尔碱变电站。该变电站不仅为其他风电场并网创造了条件，也为千家万户送去了清洁电能，实现了“提供清洁电力、点亮美好点生活”的夙愿。

托克逊项目自建设以来，创造了大唐新疆公司许多“第一”：第一个大唐集团公司在疆投产的项目；第一个当年实现了即投产、即赢利、即稳定的项目；第一个创大唐集团公司单位千瓦标杆造价工程；第一个荣获中电联“全国风电场生产运行指标竞赛一等奖”的项目；第一家在疆内使用电压优先方式调节无功的风电场；第一家在疆具备电网对并网运行风机低电压穿越能力的要求的风电场。荣获了中电联、中国大唐集团公司、新疆区颁发的20余项省部级及以上荣誉。

在风电场，记者看到它与两年前最大的不同：在亭亭玉立的风机下面，在茫茫的戈壁上，多了一抹绿色。托克逊风电场的场长卢建宏告诉记者，这是现场工作人员在休息时间试验种植的西瓜，现在获得成功，在装扮绿色生活的同时，还为大家提供解暑上品，也算是一举两得。明年，他们将扩大种植面积。

卢建宏还告诉记者，在发展过程中，托克逊风电场逐步成为大唐新疆清洁能源有限公司的培训基地。目前，公司各场站主要管理人员、技术人员均出自托克逊风电场，被大唐新疆公司誉为“培养风电人才的摇篮”。

据记者了解，大唐新疆清洁能源有限公司今年已有5个已核准并取得集团开工报告批复的工程项目在积极建设之中，年底公司装机容量超百万的目标指日可待。

（《中国电力报》2015年9月7日第8版，作者苏伟、孙岩辉、李娅）

3. 侧记式风貌通讯

侧记式风貌通讯写一些重要活动、重要事物的有关情景，有较强的现场感，比如重要会议、重要展览的侧记等。这类通讯取材自由，不求反映全貌、全过程，但求抓住特点，扣紧受众的兴趣点、回答受众普遍关心的问题。写作时往往夹叙夹议，兼谈感受，如前面举例的《期待“十二五”——十一届全国人大四次会议开幕侧记》。

延伸阅读

1. 《今日大寨》(《人民日报》1985年10月5日，作者李克林)；

2. 《雪域高原第一乡》(《人民日报》1995年11月16日，作者刘伟)。

第十一章　工作通讯

第一节　工作通讯概述

一、什么是工作通讯

工作通讯是报道实际工作中出现的新事物、新变化、新成就，及经验、教训或问题等的一种通讯，其内容有较强的针对性和指导性。

由于工作通讯所反映的内容不具有偶然性和突发性，从时间上看它可以反映一个较长时期的工作过程，较之消息在时效性上有一定的缓冲余地。

从写作内容上来看，工作通讯应以“新”取胜，要切实抓住新事物的主要特点，切忌面面俱到。特别要注意，工作通讯与工作总结不一样，工作总结一般是面面俱到，在叙述工作过程、措施和取得成果之外，往往还要加上几点体会或存在的问题等，业务性、技术性都较强。从写作方法上来看，工作通讯强调主题集中，表达灵活、生动，可长可短，有起有伏，不拘一格；工作总结大体有一套格式，平铺直叙，语言中套话、“官话”较多，往往是“一情况，二经验，三措施”的模式。从对象上来看，工作通讯是面向社会上广大读者；工作总结是下级对上级，上级对下级或领导对本部门、本单位的群众。

二、工作通讯的种类

工作通讯多种多样。

1. 经验性工作通讯

经验性工作通讯是对某一行业、企业、部门、某一地区创造出的好的东西比如经营管理经验，值得向全社会、全系统、全省或全国推广而写成的通讯，如《鲁布革冲击》(《人民日报》1987年8月6日头版头条，记者杨飚)。该通讯的写作背景是，1984年，我国首次利用世界银行贷款，首次按照国际惯例对引水系统工程实行国际招标，建设鲁布革水电站。鲁布革水电站建设工程全面引入了竞争机制，鲁布革水电站先进高效的建设实践对当时我国工程建设在管理体制、劳动生产率和报酬分配等方面产生了重大影响，促进了中国水电建设管理体制改革。

2. 探讨性工作通讯

探讨性工作通讯是对某一行业、企业、部门或地区涌现出的一些萌芽状态但还不成熟的东西，进行研究、探讨之后写成的通讯，如《关广梅现象》。该通讯是1987年6月13日《经济日报》头版头条发表的一篇通讯，报道了辽宁省本溪市一家副食品商店职工关广梅通过“租赁经营”，逐步发展为拥有千名职工的租赁群体，由此产生了一系列变化，同时也引发了一大堆议论。《经济日报》以此为由头，组织了为时40天的“关广梅现象”大讨论，引起了中央高层关注和国内外广泛反响。《关广梅现象》所触及的判断改革成效的标准究竟是有利于发展生产力还是“姓社姓资”，在此次大讨论后不久召开的中共十三大得到了明确回答：“是否有利于发展生产力，应当成为我们考虑一切问题的出发点和检验一切工作的根本标准。”《关广梅现象》被授予当年全国好新闻特等奖，这篇工作通讯被公认为中国深度报道的扛鼎之作。

再比如1993年中国新闻奖作品《“小机”斗“大机”——记发生在大连市的“三师出走”风波》也属此类。该通讯先列出大连机床厂总经济师、总设计师、总会计师3人“出走”，创办另一机床厂的事，然后对这一“出走事件”引起的严重后果进行分析。整篇通讯分析透彻，以理服人，给人思索和启迪。这样的工作通讯，所抓问题往往很有针对性和普遍意义，叙述层次清晰，观点明确，具有较强的针对性。

3. 社会现象性工作通讯

社会现象性工作通讯是透过我们日常生活中的某些现象，反映出问题本质的通讯类型。如对房改、医改、教改、扶贫等直接关系群众切身利益与群众生活密切相关的“热点”问题进行探讨的通讯。

比如《一个工程师出走的反思》(《光明日报》1986 年 6 月 17 日，作者丁炳昌等) 客观公正地对事件做了全景式透视。这一报道推动了我国人才政策的出台。同时，《一个工程师出走的反思》也使新闻传播学辞典中因之有了“中性报道”与“全息摄影”概念。同时，报道中这篇工作通讯，所抓问题很有针对性和普遍意义，是社会前进中产生的新矛盾，同时，报道中又有典型材料的解剖分析，叙述层次清晰，作者的观点也十分明确，因而其具有较强的针对性。

第二节　工作通讯的写法

改革和社会发展改变了人们的思维方式，开阔了人们的视野。人们不再以“一个原因导致一个结果”和简单的“好”与“坏”来分析和评判一个复杂的事件。随着社会的发展，一些新情况、新问题、新矛盾不断涌现，这些都迫切需要人们去揭示、探讨、评论和总结。在此背景下，工作通讯以它特有的优势，显示出巨大的生命力。怎样写好工作通讯，从选题到立意，从结构到行文，有许多地方需要记者和通讯员注意和研究。

一、把问题和经验讲透

写工作通讯的目的是为了分析、研究和解决问题。因此，工作通讯要力求把问题和经验讲透。要做到这一点，首要的是精选事例。工作通讯以叙述事实为主，要用事实提出问题，要善于精选具体、典型、有说服力的事例。同时，针对这些事例，进行分析，层层深入，把问题和经验讲透。

前面提到的《关广梅现象》为了把问题和经验讲透，通讯约长 2600 字，共分五部分。

开头介绍“关广梅现象”的由来：关广梅在两年内连续租赁 8 家副食品商

店，实现了惊人的利润增长，在一定程度上左右着本溪市的副食品市场，由此引出“关广梅现象带来了什么”的问题。

第二部分分别从售货员和顾客的不同角度做了回答：租赁把营业员的劳动收入与劳动量直接挂钩，使长期死气沉沉的小型商业企业激发了活力；售货员态度好了，收入高了，顾客有了“上帝”的感觉。

第三部分介绍了租赁机制对干部选拔方法的刷新：平庸的领导者改干力所能及的烧茶炉工作，市委处长下海给关广梅当助理，长期精简不下去的科室脱产人员减少了一半。

第四部分介绍了商店租赁后职工生活的变化：过去店里少有赢利，每人每月发 25 元生活费，现在租赁 5 个月，利润涨 3 倍，奖金每月都有几十元。

第五部分提出“关广梅现象究竟带来什么？”分别记述了营业员、买菜的退休干部、上级公司经理、市委书记、省委书记对关广梅改革的肯定，也如实记述了四类人对关广梅的抨击，“不要党的领导”“会跳交谊舞”“带有剥削性质”“干的是社会主义吗”，等等。

末段，文章振聋发聩地提出：“新与旧、进与退、未来与以往、变化与僵化，环绕着‘关广梅现象’，发生着冲突、碰撞，有时甚至是对峙。”

二、多研究，把问题的来龙去脉弄清楚，多设想些解决问题的办法和对策

要写好工作通讯，记者和通讯员，必须深入一线亲自体验，掌握第一手材料，发现问题，分析问题，探讨解决问题的办法，这样才能写出有见地、有深度的工作通讯来。比如前面提到的《鲁布革冲击》，记者在掌握第一手材料的基础上，深入调查研究，写出了这篇通讯。其结果是“鲁布革冲击”冲击了封闭状态中狭隘自满的思想观念，唤起了竞争意识；冲击了旧的管理体制和自营管理机制，促进了新型管理体制的形成和发展，增强了改革意识；引进了国外先进的科学技术、管理经验和先进设备，培育了创新精神；锻炼了队伍，培养了人才，也激发了职工拼搏进取的精神。最终，“鲁布革冲击”激发了中国企业的改革热情，促进了我国建筑行业项目管理的发展。

鲁布革工程管理经验的精髓是改革、发展和创新。“鲁布革冲击”带来了思想的解放。我国水电建设率先实行业主负责、招标承包和建设监理制度，推广项目法施工经验。新的水电建设体制逐步确立，计划经济的自营体制宣告结束，改革成效逐渐显现。这种新的管理模式带来了效率的极大提升，加快了我国水电开发进程，促进了中国水电建设管理体制改革。在此之后，全国大小施工工程开始试行招投标制与合同制管理，对我国工程建筑领域的管理体制、劳动生产率和报酬分配等方面产生了重大影响。它的影响早已超出水电系统本身，对人们的思想造成了强烈冲击，是中国水电建设改革史上的重要里程碑，在中国改革开放史上也占有一席之地。

三、写法灵活多样，力求引人入胜

工作通讯一般谈经验、谈问题，叙述起来很难生动活泼，弄不好会给人“板着面孔训人”的感觉。因此，记者、通讯员应该下功夫，尽量把工作通讯写得生动活泼些。

1994 年中国新闻奖获奖通讯《开封何时能“开封”》(《经济日报》1994 年 2 月 28 日第 1 版，作者詹国枢、庹震、刘海法）就写得生动有趣，仅从标题就可见一斑。针对开封市领导干部思想僵化、群众安于现状、思想观念落后、不思进取等现状，记者深入河南省开封市进行深入调查，撰写出的这篇通讯让读者一点都不感到枯燥无味，反而欲罢不能。文章在《经济日报》头版头条刊登后，影响很好。接着，记者又赶赴开封再做深入采访，撰写出了《开封缘何不“开封”》(《经济日报》1994 年 3 月 4 日第 1 版，作者詹国枢、庹震、刘海法)，对开封干部群众无疑是一次思想上的大解放，从而激发了人民群众献计献策的积极性。

第三节　工作通讯的写法禁忌

工作通讯与工作总结是两种不同的文体。不能简单地将工作总结掐头去尾，按照通讯这种文体的格式改写了事。将工作总结掐头去尾直接改成通讯，这是工作通讯写作的大忌。

笔者在《中国电力报》从事采编很多年，经常收到一些貌似工作通讯，其实是工作总结的文章。在编辑版面过程中，由于大量的工作总结被当作工作通讯投稿，加上采编人员任务重，或者由于责任心的问题，从而导致大量的工作总结被当作工作通讯刊登。反过来，这类文章又被大家当作写作范文或写作模式去模仿，结果，这类稿件越来越泛滥。

也许有些朋友会说，一些大型企业的重点工作，只能用宏大叙事的方式来写作，这也是企业领导的要求。如果你不按照这个套路去写，企业领导就通过不了。

其实错了，在实际工作中，更为重要的国家大政方针的文章也可以写成真正具有可读性的通讯。不信，请看《东方风来满眼春》。这篇通讯的背景是，1992 年，邓小平同志南方谈话，一些重要讲话涉及中国下一步的政策走向。如果按工作报告的方式的处理，必然是干巴巴的，传播效果就会大打折扣。时任《深圳特区报》副总编辑陈锡添作为这一事件的见证者和记录者，从 1992 年 1 月 19 日到 23 日，全程跟随了小平同志在深圳 5 天的活动，并于当年 3 月 26 日在《深圳特区报》发表了著名新闻通讯《东方风来满眼春》，以个人见闻和感同身受的方式写成了这篇工作通讯。这篇文章后来被评为中国新闻奖一等奖、单列深圳市头条新闻竞赛特等奖、广东新闻奖特别奖、全国改革好新闻一等奖、深圳新闻奖特别奖。

上面的例子是从个人见闻的角度切入写工作通讯，还有一种方式是解读新闻。国家电网公司青藏交直流联网工程是国家西部大开发 23 项重点工程之一。在青藏联网工程全线架通之际，报社领导让笔者负责带领的中国电力报社“三人报道小组”开始了对青藏联网工程的现场报道，从 2011 年 7 月 19 日开始，至 2011 年 8 月 3 日结束采访，采访小组克服高寒缺氧、交通不便、住宿简陋等一系列困难，高质量地完成了对青藏联网工程的系列报道。其中，对青藏联网工程建设成就进行总结的一篇报道是典型的工作通讯。通讯标题是《电力天路的奇迹——青藏联网工程的技术成就解析》（《中国电力报》2011 年 9 月 20 日第 4 版，作者苏伟）。通讯的开头是这样写的：

一条电力天路，穿越历史和未来；一条能源通道，寄托梦想与期待。今年7月，从青海到拉萨的电力天路全线架通，这是世界上迄今为止在最高海拔地区建设的规模最大的输电工程，这条能源大动脉，将为西藏经济实现跨越式发展提供重要的能源保障。它挑战了两个“世界之最”：沿线海拔最高、高原冻土区施工最长。青藏联网工程的直流工程线路穿越地区的平均海拔为4650米、最高海拔5300米，87%的线路穿越海拔4000米以上的地区。另外，青藏联网直流工程沿线地质条件复杂，穿越了长达565千米的多年连续冻土。种种因素导致建设联网工程的技术难度前所未有。联网工程的建设者们是如何攻克这些技术难关的？7月19日，本报记者开始了对青藏联网工程的深入采访，为读者破解青藏联网工程施工技术之秘。

接着通讯用两个小标题将青藏联网工程解决的两个方面的技术问题进行了归纳。第一个小标题是《冻土施工：随开挖、随支护、早封闭、快衬砌》。这一部分的开头是这样写的：

多年冻土是冻结状态持续两年或两年以上的冻土，指温度低于0℃并含有冰的岩土体。青藏高原冻土是高纬度冻土，最普遍的特点是热稳定性差，对气候变暖反应极为敏感，水热活动强烈。在青藏铁路的施工中，建设者们曾遇到冻土施工的巨大难题，那么，他们的施工经验在青藏联网工程中能被照搬吗？

青海送变电公司副总经理杨记宁在接受记者采访时给予了否定回答。

接着，通讯借专家之口分析了青藏联网工程的技术难点及工程技术人员是如何进行技术攻关并获得技术突破的。

通讯第二个小标题是《克服高寒：电气设备过电压与绝缘配合技术集大成》。这一部分的开头是这样写的：

在平均海拔4400米、最高海拔5300米的地区设计和建设直流工程，在国内外均属首次，电气设备正常使用所面临的技术难点可想而知。从海拔

2000 米到 5300 米，这是高度的跨越。高海拔电气外绝缘研究，成为未来青藏联网工程安全运行的关键。

据青藏联网工程建设指挥部综合与建设协调部主任赵临云介绍，我国在平原地区建设和运行 ±500 千伏直流远距离输电工程已经有 20 多年的经验。目前，常用的海拔校正标准适用范围仅在海拔 2000 米及以下地区，要把相关标准延伸到 2000 米及以上地区，计算得到的校正结果和实际试验结果差别很大，原有的海拔校正方法远不适用于海拔 2000 米及以上地区的输变电工程设计。对于青藏联网工程来说，这一标准更不能适用。

在这一部分的结尾，通讯集中描述了工程技术人员是如何解决电气设备过电压与绝缘配合技术问题的。

整篇通讯杜绝了“总结”口吻，用记叙的方式，将青藏联网工程的技术成就完整地展现在读者面前。

前些年，笔者经常到一些企业采访，很多企业的通讯员拿出他们所写的扶贫工作的报道，让笔者修改，笔者感到无从下笔。为什么呢？都是一些工作总结改写的！无非是扶贫来了几拨人，做了几个方面的工作，取得了什么效果，都是高度概括的材料。这样的作品几乎不能叫新闻通讯。怎么改？其实，如果我们通讯员具备一定的新闻写作素养，完全可以先阅读企业的工作总结，找出扶贫工作中最有特点的方面深入采访，挖掘其中最有典型意义的一个或几个事件，用记叙的方式写作，最后以点带面，完全可以写出有温度的新闻！

行业报的记者和编辑可能更多地接触到企业通讯员投来的稿件，我们可能发现，很多是工作汇报式的通讯。如何把企业的工作通讯写好，下面的例子很好地作了注解：在大城市的供电服务中，总会有一些因鸟害引起的架空线路事故。而各单位几乎都有关于处理这事的工作报告。如果鸟害引起的架空线路事故明显减少或杜绝，对于电力行业的行业报《中国电力报》来说，便是一件值得报道的新闻。如按照一些通讯员报道习惯，将这个单位防鸟害的总结报告拿来改改，按照通讯的体裁掐头去尾，便成了一篇部分通讯员认为的工作通讯。其实，这不是工作通讯，只是貌似工作通讯的工作报告。

鸟害引起的架空线路事故明显减少在北京海淀供电公司同样发生了：从2009年到2010年3月，北京海淀供电公司仅发生了一起因鸟害引起的架空线路事故。这一数据明显优于往年，无疑，这是值得报道的新闻事实。北京海淀供电公司的通讯员了解到这个新闻事实后，他不是简单地将工作报告进行简单修改，而是找到北京海淀供电公司线路工区的主任了解情况，并且到现场目击了带电作业去鸟窝。后来又采访了公司生技处、运行班和抢修班的人员，写成了别具一格的通讯《海淀有支“拆弹部队”》，投给了《中国电力报》(2010年4月19日第8版，作者居然)。顺便说一下，2008年10月10日，由马克•鲍尔编剧，凯瑟琳•毕格罗执导，杰瑞米•雷纳、安东尼•麦凯、布莱恩•格拉提和拉尔夫•范恩斯等出演的战争题材影片在意大利威尼斯电影节首映。电影主要讲述了一组美国拆弹专家被派往巴格达执行任务的故事。在那里每个当地人都像潜在的敌人，每一个目标都像伪装的炸弹，他们必须小心翼翼，稍不留神就会付出生命的代价。2010年，这部电影在中国还“余热”未停。文章的标题首先就抓人眼球，因为对电杆来说，上面的鸟窝就是一个个“定时炸弹”，保不齐会在哪天出事！而文章的写法更是跳出工作总结的窠臼，是一篇非常不错的工作通讯。

延伸阅读

1.《鲁布革冲击》(《人民日报》1987年8月6日第1版头条，作者杨飏)；

2.《关广梅现象》(《经济日报》1987年6月13日第1版，作者杨洁、谢镇江、庞廷福)；

3.《别了，白家庄矿》(《山西日报》2016年12月28日第3版，作者张临山、冷雪)。

下　编

新闻评论写作

XIN WEN PING LUN XIE ZUO

第十二章　新闻评论概述

第一节　新闻评论的定义

一、什么是新闻评论

如何定义新闻评论？很多新闻学者对此均有表述。丁法章认为："新闻评论，是媒体编辑部或作者对新近发生的有价值的新闻事件和有普遍意义的紧迫问题，运用分析和综合的方法，就事论理，就实论虚，有着鲜明针对性和指导性的一种新闻文体，是现代新闻传播工具经常采用的社论、评论、评论员文章、短评、编者按、专栏评论和述评等的总称，属于论说文的范畴。简而言之，新闻评论就是对有价值的新闻事实和社会现象发表意见以指导实践的一种文体。"① 这个定义，准确地道出了新闻评论的内涵和外延。新闻评论也简称评论。

新闻评论对象是新闻事件和有普遍意义的紧迫问题，表达的是编辑部或作者的观点、立场、看法或态度。它是论说文（或议论文）的一种。它与别的论说文（或议论文）的不同源于其新闻性，其他论说文可以就古往今来的任何事件、观念或现象进行评论，而新闻评论的"新闻"则最好地诠释了新闻评论与其他论说文的不同：即使是就历史事件进行评论，也要挖掘其当今作评的原因和新时代的意义。比如，对南京大屠杀进行评论，写新闻评论的动因很可能是当今日本某些政客否认这段历史的新闻，或者当今的某些国人患了健

① 丁法章：《当代新闻评论教程》，复旦大学出版社 2020 年版，第 18 页。

忘症的新闻，或者是纪念日到来、某个纪念馆举行悼念活动的新闻从而引发媒体编辑部或作者发表言论。新闻评论对眼下的事件或紧迫的问题表达观点、立场、看法或态度，有着鲜明的针对性和指导性。

新闻评论的作用具体包括：其一，引导作用。运用马克思主义的立场、观点、方法，对现实生活中的新闻事实和重要问题做出分析，可以旗帜鲜明地表彰先进，针砭时弊，帮助群众明辨是非，区分先进和落后、正确和错误；为群众解疑释惑；使人们正确认识当前的形势，指明方向。其二，监督作用。以正面宣传为主，坚持正确的舆论导向。新闻评论在舆论监督中处于一种显要的地位，在弘扬先进思想和精神的同时，还要不断揭露和抨击各种腐败现象和不正之风，对不良之风和现象形成强大的舆论压力。其三，表态作用。代表一定的机构、组织对当前重要问题和事件表明态度、观点、看法。可以指导受众的意见走向、行为走向，形成社会性的舆论压力，发挥引导和监督的作用。其四，深化作用。通过新闻评论的方式对新闻事件发表看法、表明态度、指出症结、提出希望和看法，引导社会认识。通过对事实的分析，从思想、政策、理论高度提出问题、分析问题和解决问题，而不应局限于就事论事。

二、新闻评论的起源

现代新闻评论，若论源头，笔者认为，当属古代杂文（与现代杂文概念有所不同）无疑。

我国文学史上第一个提出“杂文”这个概念，并把它当作一种独立的文体的人，是南朝（梁）文艺理论家刘勰。他在《文心雕龙》中专门写了题名“杂文”的一章。按照刘勰的说法，先秦诸子百家的那些说理论事的文章，都是“杂文”。

也许有读者要问，那不就是散文吗？是的，古代带有论说、说理性质的韵文之外的文章按照这个分类都可以称为杂文。这可能与我们很多人头脑中的概念不一样，我们姑且称之为古代杂文。古代杂文在现代报刊诞生的大背景下产生了一种新的文体——报刊政论文。

我国近代报刊的开拓者王韬1874年在香港创办《循环日报》，自任主编，该报每天都载有一篇政论文章。这些政论文章大多出自王韬的手笔。在10年时间里，他以“弢园老民”“天南遁叟”“遁窟废民”等笔名，发表了数百篇评论。这些评论后来被收录在《弢园文录外编》里。《弢园文录外编》是我国最早的一部报刊政论文集。王韬也因此成为我国新闻史上第一位报刊政论家，他的政论反帝爱国，昌言变法，短小精悍，深入浅出，富于感情，在他的影响下，报刊政论文后来发展为一种新的报章文体。这种文体不同于盛行一时的桐城派古文，而是一种比较通俗浅近的文体。在维新派的报刊活动期间，梁启超等人将之发扬光大。其发表在《时务报》上被称为“时务文体”，发表在《新民丛报》被称为“新民文体”，其特点是半白半文，平易畅达，笔锋常带感情，有时还夹以口语和外来语。

这些被冠以各种名目的报刊政论文向读者进行了资产阶级思想的启蒙教育。提倡资产阶级新文化，鼓吹革命，颂扬自由、平等、天赋人权等思想，介绍进化论学说，对陈腐的封建思想文化进行批判，同时向读者进行了民族主义和爱国主义的教育。那个时期报刊政论文有些是泛泛而论，有点像诸子百家散文，偶尔有些报刊政论文开始以时事作为评论对象，与现在我们所说的新闻评论相差无几。

现代杂文则是在古代杂文和报刊政论文的基础上发展起来的，以新文化运动为分水岭。1918年4月《新青年》第四卷第四号设立“随感录”栏目，陈独秀、刘半农以及鲁迅等都发表杂感，一时间蔚然成风。“随感录”的创作，奠定了现代杂文的基础。此后，中国现代文学社团“语丝社”编辑出版的《语丝》多刊发针砭时弊的杂感小品。其独具风格的“语丝文体”，在思想内容上任意而谈，在艺术上以文艺性短论和随笔为主要形式，泼辣幽默。这些杂文，成为20世纪20年代中国文学的重大收获。不论是“新文化运动”还是“语丝社”，鲁迅都是其中的骨干作家，是现代杂文的开创者和奠基人之一。鲁迅的杂文以改良人生、振兴中华的历史使命为基本点，以思想批判，改造国民性为原动力。鲁迅之外，现代文学史上涌现了一大批善于写杂文的大家，以瞿秋白、王任叔、唐弢、柯灵、周木斋等为代表，这些人撰写的杂文呈现出鲜明的思想启蒙特色。

现代杂文以短小、活泼、锋利为特点，内容广泛，形式多样。有关社会生活、文化动态以及政治事变，以杂感、杂谈、杂论、随笔为表现形式，逐渐成为一种新的文体。因其带有立论或驳论性质，是新闻评论的一种特殊形式。

这个时期，有些报刊政论文在后来的办报实践中逐渐针对时事有感而发，逐渐“时评化”，加之现代杂文的逐渐形成，新闻评论的各种形式在新闻实践过程中也开始出现，最后逐渐在媒体上大行其道。

第二节　新闻评论的分类

和新闻通讯的分类一样，新闻评论的类别目前也众说纷纭。特别是所依赖的分类标准不一样，呈现的面貌也不一样。

首先需要说明一点，中国新闻奖奖项的新闻评论是按媒体性质划分的，将其分为报刊评论、广播评论、电视评论、网络评论。这个分类的好处是显而易见的，有利于平衡各种媒体报送的好稿获奖数量。

有一种分类方法是按文章内容涉及的领域划分，可以分为政治评论、军事评论、经济评论、文艺评论等。这个分类有一定的科学性，但其不足也是明显的，它不能把所有评论都囊括其中。

也有按评论是否署名来分类的。不署名的评论，其实就是以编辑部的名义发表意见和看法，主要是指社论和评论员文章。有些报刊版面编辑为文章配发了“编者按”，这种“编者按”和署名差不多，作者一般是版面的编辑。署名的评论主要有新闻时评、专栏评论、新闻短评（偶尔也有不署名的）、述评、杂文等。有些评论虽然署名但属集体写作，也代表了编辑部的意见，像《人民日报》署名任仲平的评论便是如此。总体来说，按是否署名来分类在指导评论写作时意义不大。

也有按评论写作论述的方式分类的，将新闻评论分为立论性评论、驳论性评论、释论性评论。

立论性评论正面提出自己的见解和主张，阐述客观事物的本质和规律。

与立论性评论相对，驳论性评论是针对违背当代社会发展主流思想、阻碍社会进步行为和落后观点、观念，通过批评、反驳、揭露，让人们辨别是非、澄清认识，从而确立正确的主张和认识的评论。

在立论性评论和驳论性评论之外，还有一种释论性评论，它以阐释、说明为主要论说手段，以帮助人们释疑解惑、正确地认识和对待有关事物的一种评论。与立论性评论相比，它虽然也有明确的判断或论断，但更侧重于阐明和解释，是对某种理论或观念主张的肯定分析，而不是证明自己的主观见解。在实践中，党和政府的纲领路线、决策部署、法律政令的发布，都可以配发释论性评论。释论性评论是指导社会实践，推动各项事业健康发展的重要评论。

按内容的性质，将新闻评论分为立论性评论、驳论性评论、释论性评论的好处是显而易见的，所有新闻评论都可以归为这三类里边。

一、立论性评论

在我国古代传统文论中论说文即论辩文，一般分为两类：一为“论”，指正面阐明自己的见解和主张，其主要作用在于“立”；一为“辩”，也就是反驳别人的意见和主张，其主旨在于“破”。这种传统体现在现代报刊的论辩文中，便有了立论性评论和驳论性评论。

如前所述，立论性评论，是指从正面直接提出自己的见解和主张的评论。这里的立论性，是与驳论性相对应的概念。立论性评论从来都是媒体的主角。有些评论，至今还闪耀着思想的光芒。如《光明日报》的特约评论员文章《实践是检验真理的唯一标准》(《光明日报》1978年5月11日第1版)，带动了一场对于促进全党和全国人民解放思想、端正思想路线具有深远的历史意义的大讨论。有些立论性评论，针对社会生活中的某种现象发表自己的个人见解，给人耳目一新的感觉。如下例：

加快水电开发需典型引路

十年磨一剑。历经十年的艰辛，华能小湾水电站终于迎来首台机组投产

发电。在我国能源结构调整力度加大、能源发展面临转型期的当下，水电建设开发备受关注。小湾水电站，在争议最多的移民安置和环境保护问题上交出了优秀答卷。或许在我国加快水电建设的道路上，“小湾”可以成为一个引导航向的坐标。

小湾水电站库区的移民是幸运的。在小湾的开发中，华能集团公司坚持征地移民工作与扶贫开发工作有机结合，从源头上加大了扶贫开发工作力度，把水电工程真正建设成了“兴农富民”的工程。他们充分依靠和尊重地方人民政府，充分依靠移民群众、尊重移民意愿，加强前期补偿和后期扶持相结合，多渠道、多形式安置移民，实现了移民“搬得出、稳得住、能发展”的水电建设与移民搬迁的和谐局面。小湾移民搬迁安置点，基本上做到了水电移民从山区向坝区、小城镇、公路沿线转移，实现了“迁入地优于迁出地，搬迁后生活水平超过原有水平”的目标。

不能以牺牲环境为代价，换取经济的一时繁荣——这是中国水电人的共识。在小湾水电站建设过程中，华能集团公司的环保工作同样出色：启动环境保护永久工程，与地方管理机构签订了金光寺自然保护区、绿孔雀自然保护区、猕猴保护点建设和管理协议；实施了水库淹没区国家二级保护珍稀野生植物千果榄仁和红椿的移栽保护工作；建成营地生活污水处理、厂区生活污水处理等工程和库区气象站。

在小湾水电站的建设过程中，曾有专家表示：“小湾水电站建好后，不是中国人去外国学习水电建设，而是外国人到中国学习水电建设。”所谓“学习”，除水电建设技术外，更包括了进行移民和环境保护工作的经验。从国家能源战略考虑，加快水电开发势在必行，但在水电开发过程中，移民和环境保护是两道必须迈过的槛。从小湾的经验不难看出：只要国企用心履行社会责任，移民和环境保护问题一定可以得到妥善解决。

在我国当前水电开发屡有受阻、舆论质疑颇多的今天，我们需要更多的“小湾经验”，期盼更多优秀的水电工程，并以它们为范本，在水电站建设、保障移民安置、保护生态环境方面，走出真正的绿色水电之路。

（《中国电力报》2009年9月29日第1版，作者苏伟）

二、驳论性评论

驳论性评论是指以违背当代社会发展主流、阻碍社会进步的事物和观念为批驳对象，通过批评、反驳、揭露的方式让人们辨别是非，进而确立自己主张的评论。

既然是“驳”，就要选准“靶子”，瞄准“靶心”。要根据社会发展趋势分清主次，把注意重点首先集中于那些背离党和政府的基本路线、方针政策，干扰国家社会发展建设，阻碍国家统一和民族团结、败坏社会道德风尚，以及与人民群众休戚相关的现象和问题上。评论要触及实质，注意分寸，有理有据，以理服人，选好途径，讲究方法，破中有立，立为归依，如下面这篇评论：

“简单限电”为何屡禁不止

在河北、浙江某些地方为了完成节能减排指标出现“简单限电”的做法后，国家发展改革委及时制止了这种不好的“苗头”，要求各地在推进节能减排工作中避免采取停限居民和公共服务单位用电及其他“简单限电”的错误做法。之后，国务院办公厅更是下发紧急通知，要求各地立即恢复受影响的居民生活等重点用户的供电，不得非法干预电网调度和发电生产，并继续严格限制高耗能高排放企业用电。两个禁令的发出离现在还不到半个月，但“简单限电”又在某些地方上演。

“简单限电”有一个明确的目的指向：完成“十一五”节能减排任务。因为2010年是实现“十一五”节能减排目标的最后一年。根据规划，要完成“十一五”降耗20%的目标，今年单位国内生产总值能耗还要下降5.2%。从结果来看，这种“简单限电”的措施无疑有助于完成“十一五”节能减排目标，但就采取的手段而言，这种简单化的做法非常不可取。

节能减排的目的是什么？是为了调整经济结构，转变发展方式；是为了建设资源节约型、环境友好型社会……无论是为了什么，简单限电拉闸，是以不发展来实现节能减排目标，同当前调结构、促发展的政策方向格格不入。对所有企业“一视同仁”，对那些响应国家节能减排号召、不断提高技术水平的企业也进行停电，不仅有失公平，也有违初衷。而不分青红皂白“一刀切”，连居民的生活用电也停的行为，更是对节能减排初衷的极大讽刺！

既然手段不可取，且有关部门又连续发出禁令，但为何屡禁不止呢？笔者认为，这无非是一些地方政府的政绩意识在作怪。节能减排硬指标完不成，政绩考核要大打折扣，于是，“简单限电”的事便接二连三地出现。

再过一段时间，“十一五”就将结束，为了实现“十二五”节能减排目标，我们应该早准备、早动手，立足于转变发展方式，推动结构调整，在节能减排上下足工夫，避免到时又出现“简单限电”的粗暴做法！

《中国电力报》(2010年12月13日第1版，作者苏伟)

三、释论性评论

《广播电视辞典》[①] 对释论性评论这样定义：“它通过分析新闻事件或社会现象、社会问题的来龙去脉、因果关系、对周围事物的影响等，帮助人们正确认识、对待有关事物。常以新闻分析、时事述评等名目出现。”

释论性评论也有明确的判断或论断但以阐释为主，与直接表明立场、观点的立论性评论和以批评、反驳、揭露为主的驳论性文章有明显的区别。它更多侧重于阐明、解释，而不是证明自己的主观见解。

在运用上，释论性评论肩负着阐明党和国家的方针、政策、法律、政令的重要使命。在数量上，这种论述全局性的评论为数不多，但权威性强、影响力大，深受各级党政机关和干部、群众的重视，很多海外媒体也将其作为解读中国政治、经济、社会发展方向的重要途径。如下面这篇评论就是这类：

扫清新能源发展障碍

今年政府工作报告中强调，要加快培育发展战略性新兴产业。特别是要

---

① 赵玉明主编：《广播电视辞典》，中国传媒大学出版社1999年版。

大力推动节能环保、新能源、生物、高端装备制造、新材料、新能源汽车等产业发展。新能源等产业再一次被置于重点、优先发展的序列。

发展新能源的意义不言而喻。我国正处于重要的发展临界点，未来15~20年，如果我国GDP再翻两番，煤炭消耗量将相当于现在的近3倍；而作为能源结构中占比近20%、增长最快的石油，我国2010年进口依存度达55%。逐年攀升的巨量煤炭消耗、过高的原油进口依存度，已经影响到我国的能源安全，加快培育发展新能源产业，已迫在眉睫。

但新能源在发展过程中，或多或少存在这样或那样的障碍。以风电为例，在前几年的发展中，风电发展规划总是赶不上实际进度，风电的并网、消纳与送出存在诸多困难。光伏发电遇到的障碍也不少，光伏电池及组件生产、光伏发电的上网问题、电价问题，都制约着光伏产业的快速发展。而核电投资主体的相对单一，导致核电建设出现资金瓶颈和核电人才的缺乏。

这些障碍，有些是由于历史原因造成的，有些是新能源产业在发展过程中“摸着石头过河”遇到的，但归根结底都是由于相关政策跟不上造成的。要扫清这些障碍，我们就要分析其具体原因，找出问题症结，制订解决方法，落实配套政策，才能真正促进新能源的发展。

面对经济发展对能源的需求，以及节能减排的压力，我们应想方设法扫清新能源发展障碍，全力抢占新能源这一全球新一轮经济发展的制高点，真正把新能源产业的动力释放出来，把大家的积极性调动起来，确保我国能源战略安全和经济社会长治久安。

（《中国电力报》2011年3月11日第1版，作者苏伟）

在新闻实践中，新闻评论常以编者按、短评、新闻时评、杂文、评论员文章、社论等面目出现。粗略分析下，其分类标准有点强调评论的篇幅和规格（重要性）的意味。这个分类标准并不十分科学（无法穷尽每种评论），但对写作帮助巨大，是我们学写新闻评论的良好遵循。在后文中，我们主要按这个分类进行讲解各种新闻评论。

第三节　新闻评论由头

一、什么是新闻评论由头

新闻评论由头是指新闻评论立论的基点，或者说论题选择的对象。这里所说的基点或对象就是新闻事件或社会现象。作为一种新闻体裁，新闻评论表达的是作者或编辑部对新闻事件或社会现象的判断和思考。

我们知道，新闻事件的特征必须是“新”，由此引发的议论和思考才成为新闻评论。同样，这里所说的“社会现象”也必须是确定无疑的，就此引发的议论和思考才成为新闻评论。这与普通的议论文有些不同，普通的议论文可能不需要由头（如一些论家国大事的政论文或论师德、党风的论文），或者有由头，但由头是历史事件或其他不具有新闻性的事件（如古代文学的名篇《过秦论》《师说》等）。

二、依托由头配发新闻评论是新闻界普遍做法

我们先来看这一案例：2007 年 1 月 10 日，原铁道部新闻发言人透露，2007 年铁路春运各类旅客列车票价一律不上浮，以后春运也将不再实行票价上浮制度。这条重磅消息经新华社播发后，次日，全国多家媒体不约而同对这一新闻事件配发了评论。比如，《新京报》发表了《春运车票不涨：一个双赢的公共决策》的评论，《北京青年报》发表了《取消铁路春运涨价是对民意的积极回应》的评论，《齐鲁晚报》发表了《火车春运不涨价的积极意义》的评论。

像这样新闻事件被报道之后，媒体以被报道的新闻事件作由头配发新闻评论是非常普遍的做法。对这种做法，我们要清楚以下两点：

其一，对新闻事件或社会现象配发评论的根本原因，是由于这一新闻事件或社会现象具备评论的价值。它触及了社会生活中人们迫切需要解决的矛

盾，需要评论者提供有启示性的思想和观点。

其二，对新闻事件或社会现象配发评论有助于深化对新闻事件或社会现象的认识。新闻的主要功能是报道新闻信息、反映和引导舆论。可是，有些新闻，尽管六要素齐备，读者读完后却并不满足，对这一新闻事实背后的意义与价值的认识可能比较模糊，配发评论很好地解决了这个问题。

在新闻业务实际操作中，我们可以看到，有些新闻报道是配发了评论的，但更多的新闻报道没有配发评论，为什么？笔者以为，无外乎两点：一是这些新闻事实本身没有评论的空间。比如说，某个赛事某个参赛队伍争金夺银，像这类的新闻事实，配评论的空间非常小。二是有些新闻事实本身已经相当充分地展示了其自身的意义，对其进行评论纯属画蛇添足！

三、一个由头可引发多个立意不同的新闻评论

前文讲过，依托由头配发新闻评论是新闻界的普遍做法。注意，以同一新闻事件为由头配发评论，因为立论的角度不同，评论的立意或观点会有差别。

2008 年 1 月 7 日，湖北省天门市竟陵镇某村村民为阻止环卫局工人到本村填埋垃圾，与前来处理的天门市城管人员发生冲突。路过的天门市水利建筑公司总经理魏文华用手机进行拍照，遭到数十名城管队员的围攻殴打。魏文华在送往医院途中死亡。媒体把这一事件称为“天门事件”，进行了详细报道。随后，多家媒体以这起新闻事件为由头配发了评论。《北京青年报》的评论标题是《又一个城管暴力执法的典型标本》（2008 年 1 月 10 日，作者潘洪其），《新京报》的评论标题是《该重新思考城管的集中执法问题了》（2008 年 1 月 11 日，社论），《检察日报》的评论标题《从“天门事件”审视行政处罚权改革方向》（2008 年 1 月 21 日，作者王彦钊）。

《北京青年报》的评论批评城管执法行为缺乏起码的规矩。呼吁制定相应的法规，对城管部门的执法权限和执法行为进行严格的规范，避免类似的惨烈悲剧再度发生。《新京报》的评论先是肯定“多方执法权集于一身的城管出现后，对整治市容环境发挥了作用”，但落脚点却是抨击由此不断引发的恶性事件。《检察日报》的评论则从行政处罚权改革方向上对城管制度进行了审视，

提出“相对集中行政处罚权必须要有‘横向到边、纵向到底’的监督机制作为保证，各城市的城管执法部门不能成为相对独立的‘地方部队’，地方纪检、监察、司法等部门应建立对城管部门的监督机制”。三篇评论立意各不相同。

四、依托由头配发新闻评论要注意的问题

依托由头配发新闻评论要注意两点。

首先，依托由头配发新闻评论一定要根据所报道的新闻事实或社会现象来立论。也就是说，据此发议论的由头与论题之间应该具有逻辑上的关联，不能跑偏。2007 年 12 月 4 日，人民网的“人民时评”根据一则新闻配发了一条评论。新闻大意是这样的：据媒体报道，刚刚落幕的第 57 届世界小姐总决赛中，中国选手夺得世界小姐冠军殊荣，为中国选美史写下了历史性一页。配发的评论标题《这世上哪有那么多美女？》，先不用看评论的内容，只看评论的标题，我们就知道这是要否定新闻事实的节奏。这个世界上的美女多寡且不论，即便美女真的是稀缺资源，但“矮子里面拔将军”，评选世界小姐只需要选出那个“之最”即可，所以该评论的论题与新闻由头完全跑偏了。

其次，依托由头配发的新闻评论一定要起到深化主题的作用。如前所述，根据新闻报道配发新闻评论要求由头与论题之间应该具有逻辑上的关联，但并不意味着不能发掘新闻事实的思想内涵。在这里，新闻报道是评论的由头，评论是对新闻报道的延伸和升华。

配发新闻评论怎样起到深化主题的作用？笔者有一段经历与大家分享：2011 年上半年，因煤炭价格节节攀升，全国的火电企业亏损严重，为了缓解发电企业经营的困难，国家先是上调了上网电价，后来又上调了销售电价。《中国电力报》在报道销售电价上调的消息时，编辑部要求笔者配发一篇评论，以起到深化报道主题的作用。新闻事实很简单，就是国家在不到半年的时间里分别上调了上网电价与销售电价。经过思考，笔者觉得首先要肯定上调上网电价与销售电价的做法，但进一步分析，只是上调上网电价与销售电价，是治标不治本，解决问题的根本是理顺价格机制。由此，新闻报道的主题得到深化。最终写成的评论文章如下：

不能一“涨”了之

上网电价与销售电价，在不到半年的时间里，分别获得了上调的机会。这对于电力企业特别是长期亏损的火电企业来说，自然是好事，即使还有火电企业继续处于亏损状态，但毕竟上网电价的上调，能缓解企业经营的困难。对那些已经达到或超过了“盈亏平衡点”的火电企业来说，更应该额手称庆，漫长的等待终于有了一个差强人意的结果！

其实，这种结局并不出人意料：每一次电力出现紧张问题，煤电联动和电价问题都会被搬出来讨论一番，“计划电、市场煤”的体制性矛盾让非电行业的人士也耳熟能详，然后，有关部门最终祭起上调上网电价和销售电价的大旗，将激烈的煤电矛盾暂时地平息下去。只是，这一次调价，比以往来得更晚了一些。

我们首先要肯定国家有关部门的决定：就在整个火电行业性亏损严重的情况下，上网电价的上调给火电企业带来了一丝曙光；我们也应该肯定有关部门为稳定电煤价格所做的一切努力：紧急时刻发出稳定重点合同电煤价格的通知，约谈煤企高管控制电煤价格等。但是，我们更要看到上调上网电价的局限性：上网电价的上调往往刺激市场煤价“报复性”上涨，电企刚刚谋得的一点儿微薄利润很快将被悄然吞噬；上网电价的上调还会影响销售电价的上调，而这会直接或间接推高 CPI。

这样看来，仅靠被动调整电价扭转电力紧张局面和火电企业经营困难的努力虽属无奈之举，也非常必要，但远远不够。从本次局部地区的“电荒”来看，尽管结构性因素不可低估，但理论上全国火电机组增加 10%~20% 的发电小时数应该并非难事。如果这样，电力短缺将不成问题，可是事实恰恰相反，问题在哪里？问题就出在电煤价格的持续上涨上，在很多地方，上网电价的上调并不足以弥补电煤上涨带来的缺口，不仅影响了发电企业的发电能力和积极性，而且影响了发电企业建设火电的积极性。长此以往，问题会越来越严重。

在我国，推进电价改革，理顺电价机制的呼吁及努力已进行了很多年，但是进展甚微，这与我国电价改革的起始条件密不可分。因为我国的社会发

展水平、电力供求关系、资源条件、电源结构、网架结构、市场体系、法制条件等都存在特殊性，决定了我国电价改革没有可套用的现成的模式，但是，这不能成为我们不加快推进电价改革、理顺电价机制的理由。在电力工业迅速发展的今天，完善反映市场供求关系、资源稀缺程度和环境损害成本的电价形成机制已经时不我待，单纯依靠涨电价的举措已不能从根本上解决问题了。

（《中国电力报》2011年6月17日第1版，作者苏伟）

第十三章　新闻评论的论点、论据和论证

第一节　什么是新闻评论的论点、论据和论证

一、新闻评论的论点

一篇完整的新闻评论，一般总有一个可称作中心论点或基本论点的东西，就是通常所说的主题，它是评论中全部观点的高度概括和集中，是作者需要全力说明的总主张、总看法，是贯串全文的一根红线。

新闻评论的本质是一种对新闻事实的认识活动，而认识的结果就是论点，其表达形式是一个或多个判断。这种判断包括支持、反对、客观陈述（只陈述、不予置评）等。

新闻评论的论点就是作者对所论述的事物所持的态度。明确肯定什么，否定什么，赞成什么，反对什么，歌颂什么，批判什么。

二、新闻评论的论据

新闻评论的论据是指论点形成的根据和证实、说明论点的证据。它包括以下几个方面：一是事实性论据。包括生活中的人证、物证，典型事例（包括个别事例和概括性事例）、历史资料、统计数字等。二是理论性论据。它包括科学理论；国家的法律、法令，党和政府的政策、决议以及党和国家主要领导人的讲话；历代政治家、思想家、文学家、科学家和知名人士的权威性

的言论；公认的道德规范，人人皆知的生活常识，以及反映客观事物本质和规律的科学公理、定义、法则；古今中外各种著作中带有哲理性的格言、谚语、歇后语以及诗文中的佳句等。

三、新闻评论的论证

新闻评论的论证是指运用和组织论据去说明和证实论点的过程和方法，把材料和观点统一起来，组成一个完整的说理体系的过程。其作用是使文章的道理无懈可击，令人信服，要求论点正确，论据充分准确，恰当安排论据，进行合乎逻辑的推理。

写一篇新闻评论，论点确立了，也有了论据，用什么方式方法把它们二者联系起来，组成一篇有理有据有节有说服力的评论文章，这就是“论证”需要解决的问题。

论证是运用论据证实论点的全部逻辑推理过程，即观点和材料相统一的过程。论证越是恰当，论点和论据之间的逻辑联系就越是紧密，观点和材料就越是能得到统一，中心论点就越是突出，文章的说服力因而就越充分。一篇新闻评论做到了这一点，就有了严密的逻辑性。

第二节　新闻评论的论证方法

一、用推理的方法进行论证

在逻辑学上，推理的方法包括归纳推理、演绎推理、类比推理。用这几种推理的方法进行论证，就产生了归纳法、演绎法、类比法三种论证方法。

1. 归纳法

归纳法就是从众多个别事件中寻找共性。也就是说通过若干个别事例概括它们的共同属性，综合它们的共同本质，从而得出一个反映普遍规律的论点的方法。这是一种经常使用的论证方法。它的特点是：从个别到一般，符合人类认识活动的规律。

司马迁的《报任安书》给我们提供了很好的范例：

盖文王拘而演《周易》；仲尼厄而作《春秋》；屈原放逐，乃赋《离骚》；左丘失明，厥有《国语》；孙子膑脚，《兵法》修列；不韦迁蜀，世传《吕览》；韩非囚秦，《说难》《孤愤》；《诗》三百篇，大底圣贤发愤之所为作也。此人皆意有所郁结，不得通其道，故述往事，思来者。

文章在列举了多个典型论据之后，对这些论据进行比较分析，归纳总结出它们的共同点："此人皆意有所郁结，不得通其道，故述往事，思来者。"

2. 演绎法

演绎法是一种常见也是最古老的论证法，又叫"三段论"，是从普遍性结论或一般性事例推导出个别性结论的论证方法。这是一个从普遍到个别的推理过程。演绎推理的核心可以归结为三段：大前提、小前提、结论。演绎法是评论中运用较多的一种论证方法。

如果前提是一个"一般"的道理，而结论是一个"个别的判断"，那么这基本上可以看成通过演绎法来完成的论证。

1944 年 9 月 8 日，毛泽东在中共中央直属机关追悼中央警卫团战士张思德会上发表了题为《为人民服务》的著名演讲。其中就用到这种论证方法。

为人民利益而死，就比泰山还重。(大前提)
张思德同志是为人民利益而死的。(小前提)
他的死是比泰山还在重的。(结论)

3. 类比法（类比论证、比较论证和比喻论证）

类比论证是把两类（或两个）某些属性基本相同或相似的事物放在一起进行比较，从而得出有关结论的方法。其论证的方法是，两个对象具有某些相似性，已知一个对象具有某项属性，另一个对象势必具有同样属性，强调的

是事物之间的相似性。这是一种间接论证方法。这里的比较，并非双方对等相比，而主要是用“另一类事物”来比较“这个事物”，而“另一类事物”大都是人们所熟知的事物或事例。类比法是一种形象化的论证方法。

《战国策》中《邹忌讽齐王纳谏》为我们提供了很好的例子：

邹忌讽齐王纳谏

邹忌修八尺有余，而形貌昳丽。朝服衣冠，窥镜，谓其妻曰：“我孰与城北徐公美？”其妻曰：“君美甚，徐公何能及君也？”城北徐公，齐国之美丽者也。忌不自信，而复问其妾曰：“吾孰与徐公美？”妾曰：“徐公何能及君也？”旦日，客从外来，与坐谈，问之客曰：“吾与徐公孰美？”客曰：“徐公不若君之美也。”明日徐公来，孰视之，自以为不如；窥镜而自视，又弗如远甚。暮寝而思之，曰：“吾妻之美我者，私我也；妾之美我者，畏我也；客之美我者，欲有求于我也。”

于是入朝见威王，曰：“臣诚知不如徐公美。臣之妻私臣，臣之妾畏臣，臣之客欲有求于臣，皆以美于徐公。今齐地方千里，百二十城，宫妇左右莫不私王，朝廷之臣莫不畏王，四境之内莫不有求于王：由此观之，王之蔽甚矣。”

王曰：“善。”乃下令：“群臣吏民能面刺寡人之过者，受上赏；上书谏寡人者，受中赏；能谤讥于市朝，闻寡人之耳者，受下赏。”令初下，群臣进谏，门庭若市；数月之后，时时而间进；期年之后，虽欲言，无可进者。燕、赵、韩、魏闻之，皆朝于齐。此所谓战胜于朝廷。

与类比论证看起来相似却有所区别的还有比较论证。这是通过几个事物或同一事物的几个方面的比较来证明论点的方法。通过两者的对照，确定其相同与相异之点。比较论证方法不同于前面谈的类比方法。类比论证，是两个相同或相似方面的对照，而比较，则不只是两个方面，还可以是更多方面的对照，也不只是不同方面的对照，还有相同方面的对照。比较，不仅能把道理说得清楚明白，通俗易懂，而且能突出事物的特征，给读者留下鲜明印象，加深对论点的理解。

比喻论证法又叫喻证法，是通过打比方来形象地对论点进行证明的一种论证方法。比喻论证法，用容易理解和浅显的事物，来说明不易理解和深奥的事理。其作用是语言生动形象，深入浅出，平易生动，将深奥的道理浅显化，抽象的道理具体化，具有形象性，让人易于理解与接受。

鲁迅有篇杂文《拿来主义》就用了比喻论证的方法：

譬如罢，我们之中的一个穷青年，因为祖上的阴功（姑且让我这么说说罢），得了一所大宅子，且不问他是骗来的，抢来的，或合法继承的，或是做了女婿换来的。那么，怎么办呢？我想，首先是不管三七二十一，“拿来”！但是，如果反对这宅子的旧主人，怕给他的东西染污了，徘徊不敢走进门，是孱头；勃然大怒，放一把火烧光，算是保存自己的清白，则是混蛋。不过因为原是羡慕这宅子的旧主人的，而这回接受一切，欣欣然地蹩进卧室，大吸剩下的鸦片，那当然更是废物。“拿来主义”者是全不这样的。

文章中用“大宅子”比喻文化遗产和外国文化；用“徘徊不敢走进门”的“孱头”，比喻懦弱无能、害怕继承、拒绝借鉴的逃避主义者；用“勃然大怒，放一把火烧光，算是保存自己的清白”的“混蛋”，比喻割断历史、盲目排斥的虚无主义者；用“羡慕这宅子的旧主人”“接受一切”“欣欣然地蹩进卧室，大吸剩下的鸦片”的“废物”，比喻崇洋媚外、主张“全盘西化”的投降主义者。

二、直接论证和间接论证

直接论证和间接论证是按论点与论据的关系划分的两种论证方式。

直接论证是用论据直接证实自己的论点，即直接通过事实说明评论人的想法和见解。它可以用举例论证、道理论证、引用论证等具体方法。

举例论证又叫事实论证或例证法，是指运用典型事例来证明论点的方法。列举确凿、充分、有代表性的事实，能够增强论述的力量和说服力。

毛泽东的《新民主主义宪政》一文，在讲到“顽固分子”时说：“顽固派，他们总有一套计划，其计划是如何损人利己以及如何装两面派之类。但是从来的顽固派，所得的结果，总是和他们的愿望相反。他们总是以损人开始，以害己告终。”就这个论点，毛泽东引用古今中外一些例子来加以证明，其举的例子有三个，其一，张伯伦过去一心一意想搬起希特勒这块石头，去打苏联人民的脚，但从德国和英法的战争爆发的那天起，张伯伦手上的石头打在他自己的脚上了。其二，袁世凯想打老百姓的脚，结果打了他自己，做了几个月皇帝就死了。其三，段祺瑞、徐世昌、曹锟、吴佩孚等，他们都想镇压人民，但结果被人民推翻了。

道理论证就是运用经典著作中的精辟见解、古今中外名人名言及被人们公认的科学原理、定理、公式等来证明观点。由于道理论证所引用的材料都是被客观实际所证实的科学结论，或是被人们所公认的道理，具有理论的权威性和思想的深刻性，因而具有不可辩驳的力量和说服力。比如我们前面提到的《实践是检验真理的唯一标准》就运用马克思主义的经典理论来进行论证。

间接论证与直接论证相对应，通过否定对立的论点来证明自己论点的正确性。

毛泽东在《论人民民主专政》中，就运用了间接论证的方式，说明人民民主专政的必要性：

我为什么理由要这样做、大家很清楚。不这样，革命就要失败，人民就要遭殃，国家就要灭亡。

（《毛泽东选集》第四卷，人民出版社 1991 年第 2 版，第 1275 页）

三、批驳的方法

1. 驳论点、论据或论证过程

一篇评论有论点、论据和论证，同样的，当我们反驳对方的时候，就可以从这几个方面来反驳。

首先，批驳对方论点的错误，提出自己的观点，这可以用我们上面所说的立论的方式证明对方错误或自己正确。

其次，论据是论点的依据。虚假的论据必然得出错误的结论。在批驳性文章中，把对方的论据否定了，自然也可以说明对方观点的错误了。

最后，批驳论证过程中的逻辑错误。一篇评论，有了论点、论据还不够，还要由论证推导出来。如果论证过程缺乏逻辑规则或通过狡辩得出的结论，也是站不住脚的。

批驳文章，可以批驳对方的论点，也可以批驳对方的论据或论证。只要把其中的一项批驳倒了，批驳的目的就基本达到了。鲁迅先生有一篇著名的杂文《文学和出汗》，其中就用了批驳对方论据的方法：

> 上海的教授对人讲文学，以为文学当描写永远不变的人性，否则便不久长。例如英国，莎士比亚和别的一两个人所写的是永久不变的人性，所以至今流传，其余的不这样，就都消灭了云。
>
> 这真是所谓“你不说我倒还明白，你越说我越糊涂”了。英国有许多先前的文章不流传，我想，这是总会有的，但竟没有想到它们的消灭，乃因为不写永久不变的人性。现在既然知道了这一层，却更不解它们既已消灭，现在的教授何从看见，却居然断定它们所写的都不是永久不变的人性了。
>
> 只要流传的便是好文学，只要消灭的便是坏文学：抢得天下的便是王，抢不到天下的便是贼。莫非中国式的历史论，也将沟通了中国人的文学论欤？

1927—1930 年间，梁实秋曾先后发表《文学批评辩》《卢梭论女子教育》《文学与革命》等文，宣扬超阶级的永恒的人性。其中所用的论据之一便是“莎士比亚和别的一两个人所写的是永久不变的人性，所以至今流传，其余的不这样，就都消灭了云”。鲁迅这里对其所用的论据（不流传你是怎么知道的？）进行批驳。

2. 归谬法和反证法

归谬法是通过将对方的错误论点进行合乎逻辑的引申，得出荒谬的结论，以证明对方论点谬误的方法。这是一种“以其人之道还治其人之身”的方法。这种反驳方法的特点是“设假为真”。以结论批驳前提即明知对方论点错误，却故意认作是正确的，并以此为前提，进行推理，这样得出的结论必然错误。然后，再用这错误结论去推翻前提（对方论点）。运用归谬法的例子如《禁酒很好，专设“禁酒办”很糟》(《新华每日电讯》2012年4月6日，作者李英锋)。

文章以假设可以专设“禁酒办”，再得出也可以成立“禁迟办”“禁游办”“禁聊办”“禁睡办”的荒谬结论。

反证法是在相互矛盾的两方面中，通过证明一方为是来说明另一方为非，或通过证明一方为非来证明另一方为是，这里就不举例说明了。

第十四章　编者按

第一节　什么是编者按

一、编者按的定义

"按"即"按语"。《现代汉语词典》第6版解释，按语（也叫案语，案是书案的意思），是作者、编者对有关文章、词句所做的说明、提示或考证。[①] 编者按即编者案，指编辑人员对文章或消息所加的意见、评论等，常常放在通讯或消息的前面。编者按通常200字左右，甚至更短，有时仅三言两语，但要能够切中要点。它没有独立的标题，是一种最简短最轻便的评论形式，是编者对新闻报道所作的说明和批注。编者按可以表明编者的态度和意见，也可以提示要点，还可交代背景，补充材料或借题发挥，一般起强调重点、表明态度的作用。

过去的文人，伏案著书，写一点关于某事的主旨、相关情况、说明等叫"案语"，后来也写作"按语"。这种做法最早可追溯到古时的"史赞"。丁法章断言："汉朝司马迁的《史记》在'本纪''列传''世家'后的'太史公曰'，是当今按语的起源。在近代，《申报》可以说是最早出现按语的报纸。"[②] 编者按不是一种固定的单独运用的文体，而是在编稿过程中经常使用的一种处理方式。它是最简短、最轻便的言论形式之一，在编辑工作中用途很广。

---

① 《现代汉语词典》第6版，商务印书馆2012年版，第10页。

② 丁法章：《当代新闻评论教程》第5版，复旦大学出版社2012年版，第295页。

编者按是编者所作的，那么，新闻的直接作者所写的叫什么呢？现在，很多报纸的记者习惯于对采写前的策划、写作过程进行说明，或者对新闻事件进行简单地点评，放在文章前面或后面，称之为“记者手记”。其实，这种记者直接添加的手记更像《史记》“太史公曰”。

现在普遍认为，与“太史公曰”相似的记者手记是编者按一种特殊形式。

二、编者按所在位置不固定

从形式上看，编者按可以根据不同的情形放在新闻报道中的不同位置，或放在文前（编前、编者按、记者手记），或放在文中（编中、编者的话、编辑点评、编辑热议），或放在结尾（编后、编后语、采访手记、记者手记）。

1. 放在文前

放文前的按语也称题下按语，是最常用的形式。

2010年末，《中国电力报》评选行业新闻，推出了题为《2010电力大盘点》文章。文章的编者按在文前，内容是这样的：

编者按　我们即将告别2010。

让我们对它作最后一次深情回望。

怀着对2010深深的敬意，本报编辑部从2010年发生的万千新闻事件中，仔细评选出了年度十大电力新闻（详见第1版）。为了避免遗珠之憾，又扩展选择了24个新闻事件，进行梳理回顾，以期勾勒出电力2010主线条，为电力行业的读者们串联出一条方便回忆的捷径。

谨以此向不平凡的2010告别，致敬。

（《中国电力报》2010年12月31日第2版）

2. 放在文中

放在文中这种按语极少。这有点像某些人物阅读名著直接在书上做点评一样。不同的是，这里是编者在点评新闻作品的某一方面或一段话的内容，从而引起读者注意。

3. 放在结尾

这有点像古时“史赞”的现代报刊版。比如：国家电网公司青藏交直流联网工程是国家西部大开发23项重点工程之一。在青藏联网工程全线架通之际，《中国电力报》三人报道小组开始了对青藏联网工程的现场报道。从2011年7月19日开始，至2011年8月3日结束采访。《中国电力报》开辟专栏进行报道。在报道的最后一篇配发的编后是这样的：

编后　到今天为止，本栏目告一段落。十余天的行程，对于宏伟的电力天路，只能算是走马观花；十余篇纪闻，也只是天路建设这部伟大篇章中的点墨。本报将持续关注青藏联网工程进展，随时推出最新报道和专题报道，请读者继续关注。

（《中国电力报》2011年8月9日第1版）

第二节　编者按的类型

编者按内容可分为评论性、介绍性、综合性三种。

一、评论性编者按

一般来说，特点不甚鲜明的文章，编者需要通过自己的分析加以凸现，以便于读者快速把握；还有一些有争议的话题或者观点，也非常适合这种编者按。

1941年8月，毛泽东看了《鲁忠才长征记》调查报告（这个调查报告记述了鲁忠才带领运输队到陕甘宁边区所属的盐边、靖边、定边地区长途运

盐的情况）后，在《解放日报》推荐这篇文章时专门写下的按语就带着评说性质：

这是一个用简洁文字反映实际情况的报告，高克林同志写的，值得大家学习。现在必须把那些“下笔千言，离题万里”的作风扫掉，把那些“夸夸其谈”扫掉，把那些主观主义、形式主义扫掉。高克林同志的这篇报告是在一个晚上开了一个三人的调查会之后写出的。他的调查会开得很好，他的报告也写得很好。我们需要的是这类东西，而不是那些千篇一律的“夸夸其谈”，而不是那些党八股。

（《毛泽东新闻工作文选》，新华出版社，1983年12月第1版，第58页）

二、介绍性编者按

一般来说，篇幅比较长的，说理比较深奥的文章，适合加这类的编者按。对于篇幅比较长的，以梳理情节，归纳主题，点出最大特点为主要内容；对于比较深奥的文章，应以通俗易懂的语言将文章大意复述出来为重中之重。2008年1月中下旬，我到山东临沂深入基层采访，《中国电力报》决定开设“走进临沂”栏目，开栏所写的编者按就是介绍性的：

编者按：山东临沂是著名的革命老区，战争年代，沂蒙人民为抗击外来侵略和中国革命的胜利作出了巨大的贡献和牺牲。在当代经济建设史上，临沂也可圈可点，从毛泽东同志批示过的厉家寨，到艰苦奋斗的新典型罗庄、沈泉庄、九间棚等，临沂总是给人以惊奇和神往。而在电力史上，临沂也留下了浓重的一笔。1月中下旬，记者走进临沂，深入体验了临沂供电的方方面面，产生了一种不得不写点什么的冲动。于是，便有了“走进临沂”这4篇文章，奉献给读者。

（《中国电力报》2008年3月18日第3版）

2011 年 3 月两会期间，《中国电力报》邀请两会代表就“变革能源生产利用方式、促进结构调整”进行话题讨论，为了让读者了解这个话题产生的原因，编者按进行了介绍：

编者按　今年的政府工作报告中强调，要加快推进经济结构战略性调整，推动经济尽快走上内生增长、创新驱动的轨道，加快培育发展战略性新兴产业。国民经济和社会发展第十二个五年规划纲要提出，要坚持节约优先、立足国内、多元发展、保护环境，加强国际互利合作，调整优化能源结构，构建安全、稳定、经济、清洁的现代能源产业体系。

加快转变经济发展方式，推动产业结构调整，加快培育发展战略性新兴产业，成为今年“两会”代表委员关注的热点之一。围绕这些问题，本报特邀出席“两会”的电力行业代表委员以及电力行业外的代表委员展开对话和讨论。

（《中国电力报》2011 年 3 月 15 日第 4 版）

三、综合性编者按

这类编者按有以上两种编者按的特点，只是在具体的撰写过程中，可以根据文章本身的特点，去确定编者按的侧重点，或以介绍为主，或以评论为主，或二者兼顾。因而，前面所讲的两种编者按需要注意的问题，在这类编者按中，都不可偏废。

1955 年，毛泽东为《一个整社的好经验》一文所写的按语就是又有介绍又有评价：

这是一篇很好的整社经验，值得推荐。一个新的社会制度的诞生，总是要伴随一场大喊大叫的，这就是宣传新制度的优越性，批判旧制度的落后性。使我国五亿多农民实行社会主义改造这样一种惊天动地的事业，不可能是在一种风平浪静的情况下出现的，它要求我们共产党人向着背上背着旧制度包

袱的广大农民群众，进行耐心的生动的容易被他们理解的宣传教育工作。目前全国各地都在做这种工作，出现了很多善于做宣传的农村工作同志。这篇文章里所描写的“四对比、五算账”，就是向农民说明两种制度谁好谁坏，使人一听就懂的一种很好的方法。这种方法有很强的说服力。它不是像有些不善于做宣传的同志那样，仅仅简单地提到所谓“或者走共产党的道路，或者走蒋介石的道路”，只是企图拿大帽子压服听众，手里并无动人的货色，而是拿当地农民的经验向农民作细致的分析，这就具有很强的说服力。

（《毛泽东新闻工作文选》，新华出版社1983年12月第1版，第178、第179页）

第十五章　新闻短评

第一节　什么是新闻短评

一、新闻短评定义

用言简意赅的文字对现实生活中的问题直接发表意见、阐述观点的新闻体裁我们称作新闻短评，它是与我们后面将要讲到的篇幅稍长、选题“中观”的新闻评论或选题特别重大的评论员文章和社论比较而言的，新闻短评和这类新闻评论不同的地方就在于一个“短”字。它要求篇幅短小、内容集中、简明扼要，观点内容鲜明独到、语言生动活泼。

我们先看一篇例文：

投标，赔本赚吆喝不可取

在海外太阳能市场陷入低谷之际，甘肃敦煌10兆瓦并网太阳能电站的发电示范工程特许权项目招标，引来了众人青睐。国内主流太阳能电池、组件企业与发电集团组成联合体，参与竞标。投标者已投出了0.69元/千瓦时的最低报价，这个报价让人大跌眼镜。

甘肃敦煌10兆瓦并网太阳能电站的发电示范工程特许权项目，是我国批准的第三个太阳能电站示范项目，另外两个是内蒙古鄂尔多斯项目、上海市崇明岛项目。去年8月，国家发展改革委核定了内蒙古鄂尔多斯项目和上海崇明岛项目上网电价为4元/千瓦时。第三个太阳能电站示范项目投标者报价如此之低，是业界许多人没有想到的。这一价格与风电上网电价相差无几，去年8月，国家发展改革委核定并公布了河北、黑龙江、宁夏等省（区）风电项目上网电价，均价在0.51元/千瓦时至0.61元/千瓦时。

据报道，就此项目招标评价标准，国家能源局的一份复函中曾提到，将以上网电价为主要评标标准，由上网电价最低者中标建设。复函中还指出，该项目的建设和运行管理，执行国家和地方有关大型并网光伏发电的各项优惠政策，如遇国家重大政策调整，给投资者收益造成严重损失时，可按照当时国家的价格优惠政策对该项目的电价进行合理调整。

投标者以如此低价投标，原因无非有二：根据他们自己理解的复函精神，一旦中标，似乎已经得到国家能源局一定的赢利保证；获得了这个项目，还意味着在未来获得了政策和经验等方面的先发优势。对第二层原因，可以理解，至于第一层原因，笔者觉得并不成立。回想我们最初进行风电特许权招标时，也是最低价中标政策，中标者就因为投标价偏低，导致了许多问题。现在，第三个太阳能电站示范项目0.69元/千瓦时的投标价已不是偏低，而是超低了。因为即便是去年年底，如想赢利，太阳能上网电价也要在3元/千瓦时以上。众多投标者认为，报价在1.5元/千瓦时上下是合理的，可以预见，这次的最低报价者一旦中标，太阳能电站能否顺利建设及营运都是问题。

（《中国电力报》2009年3月31日第1版，作者苏伟）

这篇评论文章全篇不过800字，文章有由头：“甘肃敦煌10兆瓦并网太阳能电站的发电示范工程特许权项目招标，投标者投出了0.69元/千瓦时的最低报价。”立论观点鲜明：“赔本赚吆喝不可取”。分析角度集中深刻：有国家能源局对特许权项目招标初衷的分析，有对企业为什么投出超低价的原因剖析，以及对最低价投标后果的论述。

二、微评是新闻短评的浓缩

短评的特点是短，它曾经在报刊上大量出现。现在，由于自媒体的兴起，一种新的利用网络发布的更加短小的评论体裁出现了，这就是微评。笔者觉得，这不过是传统媒体新闻短评的浓缩。这类评论，与短评一样，要求第一时间发声，并且直奔主题，言简意赅，发人所未发、道人所未道。如果说，短评的论证过程比较单一的话，这类微评则大多省略论证过程。如 2018 年 10 月 28 日上午，重庆市万州区公交车上，乘客刘某因错过目的地站要求停车，司机冉某以该处无公交车站为由拒绝停车。刘某对司机大加指责，司机不断回头解释与争吵，乘客大多选择旁观不语，矛盾逐渐升级。当车经过万州长江二桥时，刘某突然拿起手机两次砸向司机头部，司机冉某放开方向盘进行回击，双方开始殴打，最终导致车辆失控，与迎面的小轿车碰撞后冲出二桥护栏坠江，造成车上 15 个鲜活的生命消逝。国内一些主流媒体网站分别发表微评如下：

不形成制度正义，类似悲剧便难断绝

人民微评

一段惊心动魄的视频，还原了悲剧诱因；一场无谓的纷争，拉十几人"陪葬"。教训之惨重，让人不敢直视，却不得不叩问，乘客与司机互殴何以一再出现？痛定思痛，别止于唏嘘，更别停留于愤怒。无彻底反思就无真正救赎，不形成制度正义，类似悲剧便难断绝。

不放任自己，不纵容他人，生活方能平安美好

新华微评

重庆公交车坠江事故原因让人唏嘘不已：一场看似不起眼的争执导致了多条鲜活生命逝去。因为一点怨气，危及公共安全伤及无辜，教训惨痛至极！逝者安息、生者警醒：生活中，情绪难免起伏，但须时刻谨记敬畏生命、敬畏规则、敬畏秩序，理性、平和，多一些推己及人的宽容。不放任自己，不

纵容他人，生活方能平安美好。

方向盘上有人命！司法应对“乘霸”出手

中青微评

不守规则、戾气横生，互殴对骂、害人害己。方向盘上有人命！第一，不跟行进中的司机吵架，这是公共安全的底线；第二，司机不开情绪车，这是职业操守的底线。把车停下来、换个场合好好说话，究竟有多难？重庆公交坠江事件，是完全可以避免的人为之灾。当然，无理取闹的各色乘霸，已经成为主要祸害。司法再不出手，恐人人自危。

(https://www.sohu.com/a/275041172_773791)

三、新闻短评的结构

新闻短评的结构是指其各要素的组织方式。麻雀虽小，五脏俱全。新闻短评和其他的新闻评论一样，同样也需要论点、论据、论证过程。新闻短评的论点是指对事物表达的肯定或否定的看法。它要求作者明确地亮出自己的观点，不能吞吞吐吐。亮明的观点必须切中要害、揭示本质，还必须站得住脚、分得清是非。在满足前几个要求的情况下，观点最好有独到之处，言人所未言、见人所未见。具体解剖一下，一篇新闻短评取好标题后，可分下面几个步骤来操作。

1. 高度浓缩地概述新闻事实，以此作为新闻评论的由头

高度浓缩地概述意味着提取新闻的核心要素，形成“何人、何物、何事、何时、何地、如何发生”的概括模式，当然，为了简洁，上面的有些要素可以省略。

2. 以新闻事实为由头，选取角度，提出自己的观点

选取角度即选准议论的切入点（切忌面面俱到），可以肯定，可以否定，也可以部分肯定或部分否定。而表达的观点必须明明白白，毫不含糊，并且符合社会的价值取向。

3. 对自己提出的观点进行论证，讲究以理服人

论证中可以采用归纳、演绎、比喻、类比等其中一种方法或多种方法组合进行论证。可推究原因、分析危害、揭示意义等。

4. 最后归纳总结

或呼吁鼓励，或称赞歌颂，或劝告警戒，或提出倡议，以此结束全文。

下面这篇新闻短评就按照这个步骤写作：

“亡羊补牢”非上策

局部地区的“电荒”似乎再次来临。和2004年的全国性电荒相比，当时装机容量3亿千瓦，缺口占10%，而当前装机接近10亿千瓦，负荷需求6亿千瓦，缺口只有3%~5%。虽然本次电力缺口占比与上一次相去甚远，但缺口数字几近相同，对国民经济及社会生活的影响也不逊色。

2004年的电荒，理由很简单：发电装机不足；解决的方法也简单，通过电力投资主体的市场化有效竞争，极大地激发和调动了电力建设的积极性，使电源建设投资呈现出爆发式的增长。本次局部地区的“电荒”，理由很复杂，不是由于装机不足，而是由于电价相对锁定、供给疲软无力、需求走向旺盛、结构性的硬缺电所致，解决问题的方法也就相对比较复杂。

“电荒”来临，当然要想办法解决，但是，从这两次“电荒”给国民经济及社会生活造成不利影响的角度考虑，这种“亡羊补牢”之举虽属非常必要，但多少有些被动，我们再也不能走出现“电荒”再治理的老路了。

本次部分地区“电荒”的原因不仅是因为电煤涨价，还有更多深层次的问题。比如：理不顺的煤电市场机制、太阳能风能等新能源发电能力不足等。“电荒”的根源，除了结构性的原因之外，还在于经济增长过于依赖高耗能行业拉动，导致电力等能源远远供不应求。因此，在加快电力结构调整时，促

进高耗能企业转型，推动产业结构调整，已经迫在眉睫。

这些解决之道，明眼人都知道。倘若仅仅停留在字面上就显得毫无意义，需要政府大刀阔斧地推进，而不只是年年“电荒”、年年探讨解决之道。只有一步一步扎实地把这些措施推进，才有望缓解“电荒”，才有望不出现各方一筹莫展、百姓生活不便的局面。

（《中国电力报》2011 年 6 月 21 日第 1 版，作者苏伟）

短评的由头很简单：局部地区的“电荒”再次来临，政府有关部门出手治理。短评以这个由头，对有关做法部分肯定，部分否定，提出自己的观点，“亡羊补牢”有必要，但并非上策。论证中采用类比，把本次局部地区的“电荒”来临与此前的局部地区的“电荒”相比较，分析其不同之处，推究原因、分析危害。最后，文章呼吁有关部门一步步把相关措施扎实推进，从根本上缓解“电荒”，而不只是“亡羊补牢”。

第二节　怎样写作短评

一、新闻短评一定要评在点子上

在前面讲过，依托由头配发新闻评论一定要根据所报道的新闻事实或社会现象来立论，也就是说，据以发议论的由头与论题之间应该具有逻辑上的关联，不能跑偏。新闻短评也应如此，也就是说新闻短评一定要评在点子上。

首先，在角度的选择上，短评的篇幅很小，只需要选择一个角度评论即可，选好角度之后，再提炼观点，一语中的，切不可大而不当，观点杂乱。

怎么评在点子上，下面我们以一则材料为例，看看如何选择角度及如何提炼观点进行论证：

第七次全国人口普查结果公布

国新办11日上午就第七次全国人口普查主要数据结果举行发布会，国务院第七次全国人口普查领导小组副组长、国家统计局局长宁吉喆在发布会上透露，全国人口共141178万人，与2010年（第六次全国人口普查数据）的133972万人相比，增加7206万人，增长5.38%，年平均增长率为0.53%，比2000年到2010年的年平均增长率0.57%下降0.04个百分点。数据表明，我国人口10年来继续保持低速增长态势。

普查主要数据如下：

（一）人口总量。全国人口［注：全国人口是指我国大陆31个省、自治区、直辖市和现役军人的人口，不包括居住在31个省、自治区、直辖市的港澳台居民和外籍人员。］共141178万人，与2010年（第六次全国人口普查数据，下同）的133972万人相比，增加7206万人，增长5.38%，年平均增长率为0.53%，比2000年到2010年的年平均增长率0.57%下降0.04个百分点。数据表明，我国人口10年来继续保持低速增长态势。

（二）户别人口。全国共有家庭户49416万户，家庭户人口为129281万人；集体户2853万户，集体户人口为11897万人。平均每个家庭户的人口为2.62人，比2010年的3.10人减少0.48人。家庭户规模继续缩小，主要是受我国人口流动日趋频繁和住房条件改善年轻人婚后独立居住等因素的影响。

（三）人口地区分布。东部地区人口占39.93%，中部地区占25.83%，西部地区占27.12%，东北地区占6.98%。与2010年相比，东部地区人口所占比重上升2.15个百分点，中部地区下降0.79个百分点，西部地区上升0.22个百分点，东北地区下降1.20个百分点。人口向经济发达区域、城市群进一步集聚。

（四）性别构成。男性人口为72334万人，占51.24%；女性人口为68844万人，占48.76%。总人口性别比（以女性为100，男性对女性的比例）为105.07，与2010年基本持平，略有降低。出生人口性别比为111.3，较2010年下降6.8。我国人口的性别结构持续改善。

（五）年龄构成。0~14岁人口为25338万人，占17.95%；15~59岁人口为89438万人，占63.35%；60岁及以上人口为26402万人，占18.70%（其中，65岁及以上人口为19064万人，占13.50%）。与2010年相比，0~14岁、15~59岁、60岁及以上人口的比重分别上升1.35个百分点、下降6.79个百分点、上升5.44个百分点。我国少儿人口比重回升，生育政策调整取得了积极成效。同时，人口老龄化程度进一步加深，未来一段时期将持续面临人口长期均衡发展的压力。

（六）受教育程度人口。具有大学文化程度的人口为21836万人。与2010年相比，每10万人中具有大学文化程度的由8930人上升为15467人，15岁及以上人口的平均受教育年限由9.08年提高至9.91年，文盲率由4.08%下降为2.67%。受教育状况的持续改善反映了10年来我国大力发展高等教育以及扫除青壮年文盲等措施取得了积极成效，人口素质不断提高。

（七）城乡人口。居住在城镇的人口为90199万人，占63.89%；居住在乡村的人口为50979万人，占36.11%。与2010年相比，城镇人口增加23642万人，乡村人口减少16436万人，城镇人口比重上升14.21个百分点。随着我国新型工业化、信息化和农业现代化的深入发展和农业转移人口市民化政策落实落地，10年来我国新型城镇化进程稳步推进，城镇化建设取得了历史性成就。

（八）流动人口。人户分离人口为49276万人，其中，市辖区内人户分离人口为11694万人，流动人口为37582万人，其中，跨省流动人口为12484万人。与2010年相比，人户分离人口增长88.52%，市辖区内人户分离人口增长192.66%，流动人口增长69.73%。我国经济社会持续发展，为人口的迁移流动创造了条件，人口流动趋势更加明显，流动人口规模进一步扩大。

（九）民族人口。汉族人口为128631万人，占91.11%；各少数民族人口为12547万人，占8.89%。与2010年相比，汉族人口增长4.93%，各少数民族人口增长10.26%，少数民族人口比重上升0.40个百分点。民族人口稳步增长，充分体现了在中国共产党领导下，我国各民族全面发展进步的面貌。

以这个材料为例，可供选择进行评论的角度非常多。如人口数量变化方面：可以选择“我国人口10年来继续保持低速增长态势”提炼观点进行评论；人口结构变化方面可供选择的角度也有几个：家庭户规模继续缩小、性别构成方面男多女少、少数民族人口比重上升等。上面列举的各个方面都可以当作一个角度提炼观点进行评论。当然，我们也可以根据人口变化的总体情况来提炼观点，不过，那样的话，一篇短评可能不易论证得全面，就需要新闻时评来完成了，这是我们下一章要讲解的内容。

短评的角度选择好了之后就是提炼观点，提炼观点要把与此相关的新闻完整地进行把握，不能断章取义。如果我们选择“我国人口 10 年来继续保持低速增长态势”提炼观点进行评论的话，我们还要了解我国人口 10 年之前的情况和国际上 10 年来人口变化的情况进行比对，最后对“继续保持低速增长态势”这种情况的好坏做出肯定或否定的结论。而论证的过程要求联系实际，紧紧围绕论点，运用各种论证方法，包括根据人口学、经济学等相关的理论、国家相关政策的解释、权威人士的看法、某个国家或地区的实际经历等进行论证。最后总结全文，提出倡议或政策建议。

根据上述材料，人民网配发了一篇短评《人口数据变化的背后是发展的中国》(http://opinion.people.com.cn/n1/2021/0512/c223228-32101151.html，作者田宇)。这篇文章选择的角度是整体的人口数据变化，而观点是，变化折射出中国的发展。论证的方法是人口经济学的相关理论及有关政策的分析解读。

二、短评要特别注意时效性

新闻短评通过对新闻事实或社会现象和思想动态的分析解剖，帮助人们明辨是非。因此，及时地发现有代表性的社会动向和思想苗头，抓住时机，并给予正确的引导，就显得十分重要。2021 年 7 月 22 日晚，河南省鹤壁市浚县新镇镇彭村一处卫河河堤决口，红岩运输抢险队十几辆卡车当晚紧急出发，支援抢险。李永祥和车队其他司机一起，将 40 吨石料装上车后投车堵决口。《新京报》在第一时间对这件事配发短评《对“投车堵决口”义举，应有补偿和嘉奖》(《新京报》2021 年 7 月 25 日，作者汪昌莲)。

除了注意时效性外，也要注意短评的单一性。即在评述社会现象时，目标比较单纯，重点非常突出。新闻短评通常是“一事一议”“一理一评”，针对一件事、一种情况或一个问题，讲清一个道理。这样短评才能“短”起来。

第十六章　新闻时评

第一节　新闻时评概述

一、新闻时评是对报刊政论文的继承和发展

在本编第一章，我们讨论过新闻评论的起源。近代以来，以文章论政的传统在中国历久弥新。

清末之前我们称作散文的很多文章其实就是现在所说的议论文，如《过秦论》《六国论》《马说》《师说》等，这些文章有些是对历史事件所作的记述和议论，其议论的新闻性不强（如《过秦论》《六国论》），有些是对当时各种社会现象所作的议论（如《马说》《师说》），其议论的新闻性强些。

近现代报刊出现后，王韬提出了“佳文”的“纪事述情”“自抒胸臆”的标准。他说：“知文章所贵乎在纪事述情，自抒胸臆，俾人人知其命意之所在而一如我怀之所欲吐，斯即佳文。于古文辞之门径则茫然未有所知，敢谢不敏。”在实践方面，在西方传教士的影响下，王韬开始尝试一种见诸报端的新文体——报刊政论文。

清末是中国报刊政论文最为繁荣的时期之一，它不仅为中国近现代报刊带来了大发展的机会，而且推动了文学革新，引导五四新文学的到来，启蒙了民智，推进了中国近现代化的发展。但是，它的很多文章并不是针对时事而发，有的谈治国理政，如《少年中国说》；有的谈新思想新变革，有点像现在的理论文章。而那些针对时事而发的政论文与我们现在的时评有些类似。

1896年在上海创刊的《时务报》在刊登报刊政论文的过程中，开始把评论时事作为重点，开创了时事评论的先河，掀起了中国第一次的时评热。这一做法在20世纪40年代的《大公报》得到继承，催生了我国历史上的第二次时评热。①

进入21世纪之后，新闻时评又开始热起来，不仅报刊上新闻时评大量涌现，广播、电视、网络上也大量推出新闻时评。2005年4月，《人民日报》推出"人民时评"栏目，成为影响最大的时评栏目。这一做法也为其他媒体仿效。而同样为人民日报报业集团旗下的人民网创办的"人民网评"成为我国目前最具影响力的网络时事评论，被誉为"网上第一评"。它围绕舆论关注的焦点、百姓关心的热点发表评论，评述权威、有力，语言明快、犀利，具有极强的冲击力和感染力，因而点击率高，转载率高，网友反馈也非常好。

其他媒体创办的时评栏目如新华网评等都具有非常大的影响。

二、新闻时评的勃兴是新闻功能的回归

新闻时评在新媒体时代重现勃兴之势，应该是新闻功能的回归。经典的新闻理论告诉我们，新闻的主要功能是报道新闻信息、反映和引导舆论。事实的内涵能够在多大程度上引起受众普遍关注，是新闻传播主体衡量、选择新闻事实的依据。而反映和引导舆论的重要任务就落在以新闻时评为代表的新闻评论上。

我们仔细地看一看2021年5月的"倒奶事件"，就可以看出新闻和评论如何反映和引导舆论的。

2021年5月，《青春有你3》选秀节目策划的为偶像助力的打投。粉丝需要购买赞助商的牛奶，扫瓶盖内二维码为"爱豆"助力，购买的越多，可以投的票也越多。由于只需要瓶盖上的二维码，不少粉丝买了牛奶后喝不完只能雇人倒进下水道。

① 参见丁法章：《当代新闻评论教程》，复旦大学出版社2020年版，第二十二章第二节。

2021年5月5日晚，就引发社会关注的粉丝为给偶像刷票“只要瓶盖不要奶”“成箱成箱地倒奶”现象，“@央视新闻”发文评论称：这种荒诞的追星方式，背后是商家和平台的诱导，商家和平台在倒奶事件中难辞其咎。粉丝买奶不是为了喝，进而产生了包括大量倒奶、撕超市包装、开封后不买、奶票黄牛等一系列乱象。

2021年5月6日深夜，“@爱奇艺”发布声明，就“倒奶事件”致歉，并表示从即刻起关闭《青春有你3》所有助力通道。

2021年5月7日，蒙牛“真果粒”通过微博发出致歉声明：“作为《青春有你3》的赞助商，蒙牛高度重视并主动与节目组多次协商。完全支持并积极配合爱奇艺及节目组的整改措施，确保妥善处理。对于浪费牛奶饮品的行为，蒙牛无比痛心并坚决反对一切形式的食品浪费。对于由此产生的不良社会影响，我们深表歉意，并将深刻反思，积极整改，切实履行社会责任，避免此类事件再次发生。”

就这一典型的事件，2021年5月7日、8日、9日，人民网连发三篇新闻时评，《不花钱不配当粉丝？》（http://opinion.people.com.cn/n1/2021/0507/c204041-32097083.html，作者赵春晓），《多少利益暗中驱动？》（http://opinion.people.com.cn/n1/2021/0508/c223228-32097922.html，作者董晓伟），《整治乱象刻不容缓！》（http://opinion.people.com.cn/n1/2021/0509/c223228-32098093.html，作者归辰）对舆论进行引导。

三、新闻时评是作者通过大众传媒，对新闻事实表达观点或意见的一种议论文

新闻时评里的“时”，就是指最近发生的新闻事实或各种社会现象。“评”就是针对最近发生的新闻事实或各种社会现象发议论，讲道理，直接发表意见的文章。新闻时评也被称为“新闻背后的新闻”，它通过选择新闻事实和社会现象，进行补充性叙述，进而点评说理，表达观点或意见，展开议论。

从评论的对象与时效性上看，新闻时评与文艺评论和思想评论有显著的不同。

文艺评论的对象是文艺作品；它所涉及的内容很广泛，诗文歌赋、小说戏曲、书画篆刻、广播影视等应有尽有，评论的目的是通过对其思想内容、创作风格、艺术特点等方面议论、评价，提高阅读、鉴赏水平，评论时当然可以旁征博引，引用各种材料论证，但这旁征博引的各种材料，应是与文艺作品有关的。文艺评论的时效性也不如新闻时评强，它可以评论当今的作品，也可以评论过去的作品，只要有新的观点及发现即可。文艺评论其价值可从三个方面去认识：其一发表文艺创作观点，其二是品评作家、作品，其三是分析创作技巧。

思想评论是对社会生活和人们在其生活、工作中表现出来的某种社会现象、思想倾向、社会思潮等进行分析，目的是进行思想引导，帮助人们提高思想认识，分清是非；它可以通过各种各样、各方面的材料予以论证，只要紧扣你所要阐明的观点就行。思想评论时效性比文艺评论要强些，但不如新闻时评。思想评论由于有比较浓厚的理论色彩，可以看作报刊政论文的一种延续。现在人民日报报业集团创办的《人民论坛》里的很多文章，就属于思想评论的范畴。作为中央重点党刊，《人民论坛》的思想评论坚持党的基本理论、基本路线和基本方针，力求及时、准确阐述党中央精神，反映群众意愿，交流时代信息，展示思想理论成果。它紧紧围绕当前重大热点、焦点、难点问题策划选题，集结各领域前沿思想，致力推动中国改革发展重大实践理论创新与传播。

第二节　新闻时评的选题

一、选择有评论空间的选题

新闻评论的选题是指新闻评论的对象。和写其他文章一样，新闻评论写作首先需要解决“写什么”的问题，也就是“选什么题材来写”“选什么事”来写。选题成功与否，是一篇文章走向成功的前提。

从新闻的属性上来看，一般而言，新闻评论的对象有事件性新闻选题和非事件性新闻选题之分。对新闻时评而言，事件性新闻更容易成为时评的对象。另外，从选题的重要性来考究，评论的选题可分为宏观、中观和微观三种，而中观选题更容易成为时评的对象，这是因为，微观选题基本上属于家长里短型，可以就事论事，有时一篇短评足矣。而宏观性选题则指那些经济社会发展中产生重大影响的方针政策，或对党、国家、民族等有重大影响的新闻，撰写评论员文章和社论更合适。介于两者之间的中观选题由于新闻性较强，社会关注度大，撰写新闻时评更合适。

是不是“中观”的事件性新闻都可以作为时评的对象？也不尽然。因为有些新闻价值大的，评论价值不一定大，因为新闻本身已没有评论的空间。而有些新闻价值不一定大的，评论价值却很大。2008 年 5 月 12 日，汶川发生大地震，这件事的新闻性很强，评论的空间很大。《中国电力报》作为行业报，地震发生后不久进行了评论，缅怀死者，让生者化悲痛为力量，刊登了《我们前行》的评论：

我们前行

2008 年 5 月 12 日，一个铭刻在人类灾难史上的日子。瞬间消失的村庄，刹那不见的生命，我们已经再也追不回了。逝者已矣，家园已毁，而生活还将继续。伤者需要全力救治，无家可归者需要安置，家园待重建，我们必须泣别逝者，揩干眼泪，重新上路，迎难前进。

自然灾害的力量虽然巨大，但它从来无法动摇人类在这块大地上的生存意志。在天灾面前，我们从来都不是弱者。面对自然灾害，我们只有前行。眼泪可以尽情流淌，但我们必须挺胸抬头，把悲痛化为力量，把感动化作坚强。而这，是我们在风雨中挺立、在灾难中前行的巨大动力。

前进的路漫漫，因为重建的任务十分艰巨繁重，需要我们更加凝聚起来，尽自己最大努力施以援手。灾后重建离不开强大的电力支持，必须把重建保电作为工作的重中之重。作为电力行业，迅速抢修受损电力设施，尽快恢复灾区通电，保证电力设施和水库大坝安全，全力做好地震灾区的保供电工作。为灾后重建保电护航是我们义不容辞的责任。

前进的路上我们并不孤独，面对汶川强震后的残垣断壁，面对灾区群众亟待救援，胡锦涛主席第一时间作出救灾批示，温家宝总理第一时间飞赴灾区指挥抢险，数万子弟兵火速奔赴救灾第一线，数以千计的白衣天使从异地赶来支援，成千上万袋饱含手足情谊的血浆源源运抵灾区，各地机关单位、慈善基金会、普通群众、演艺界人士发起募捐。在电力行业内部，各单位也发扬“一方有难，八方支援”的精神，向灾区抢修电力设施伸出援手。

让我们凝聚一切力量，把困难踩在脚下，把行动付诸实践，把希望寄予明天！让我们与灾区群众携起手来，共同前行！

（《中国电力报》2008年5月23日第1版，作者苏伟）

一年之后，汶川发生大地震的新闻性已变弱了，但因为是一周年纪念日，《中国电力报》再次刊登了一篇评论：

绝望中升起希望　废墟上重新站立

那是一个不能忘却的瞬间。2008年5月12日14时28分，北纬31度、东经103.4度发生了震级为8.0级的大地震。转瞬间，四川汶川那座如童话般美丽的山城成为废墟，与之毗邻的城市和乡村也未能幸免。

地震是无情的，无论是身处灾区还是遥遥关注，每个人的心灵都在这一刻遭受了巨大的创伤。地震发生后，党中央、国务院高度关注，电监会紧急部署，全国电力行业紧急驰援，灾区电力职工紧急行动，取得了电力抗震救灾全面胜利。时至今日，灾区的恢复重建也取得阶段性成果。

回首不幸需要当事者的勇气，直面创伤则体现一个民族的尊严。汶川大地震之后，无数人懂得了生命的珍贵，感受到人性的温暖，坚忍不拔地忍受苦难，无数人展现了高贵的友爱之情，力尽所能地伸出援手，持之以恒地给予帮助。这一切，都是人类在寒夜中点燃的火光，在绝望中升起的希望，而灾区人民在废墟上重建家园，成为人类战胜苦难的骄傲和榜样。这一切，都值得我们无限赞美。那些在灾难发生时勇于自救，在灾难发生之后，义无反顾地承担起责任的电力职工更是展现了最伟大的人性光辉。

摧毁世界可以是一瞬间，重建却是一个漫长的过程。相比抗震救灾的众志成城，一年来，重建工作无疑更考验着人们的耐心与能力。

一年来，人们看到了中国人民团结奋进的强大力量。在特大灾难面前，全党全国各族人民坚持一方有难、八方支援，举国上下患难与共，前方后方同心协力，海内海外和衷共济，各地区各部门各方面以灾情为最高命令、以救灾为神圣使命，紧急行动，守望相助，倾力支持，无私奉献，凝聚起抗震救灾的强大合力，显示了中华民族的伟大力量。

一年来，灾区的电力企业把重建保电作为工作的重中之重，保证了电力设施和水库大坝的安全，避免了次生灾害的发生，并为灾区的恢复重建和灾区人民的生活提供了充足的电力支持。

一年来，电力职工们没有因悲伤止步，没有被灾难吓倒，相反，他们选择了坚强，擦干泪水，履行自己的职责，让更多的人好好活下去。

一年来，被地震严重损坏的电网站起来了，被视为四川电网恢复重建标志性工程的220千伏二台山输变电工程，在遭遇劫难的废墟上屹立。甘肃、陕西、重庆等地，电网企业将供电能力恢复到甚至高于震前的水平。被地震严重损坏的发电厂站起来了，四川巴蜀电力公司江油发电厂第4台机组3月3日上午正式并网发电……

“多难兴邦。”地震发生已经一年，让我们以最虔诚的真心，为大地震灾难的逝者致哀！为大地震的幸存者祈福：坚强活下来，一路走好！

（《中国电力报》2009年5月12日第1版，作者苏伟）

十三年之后，汶川发生大地震的新闻性已变得更弱了，但因为自2009年起，每年5月12日是全国防灾减灾日，有了第13个全国防灾减灾日这个由头，人民网刊登了一篇评论：《筑牢防灾减灾救灾的人民防线》（http://sd.people.com.cn/n2/2021/0512/c362710-34721798.html）。

二、如何写新闻时评

1. 抓住主要新闻事实，选择“热点”新闻事件作评论由头

社会上每当出现一个新闻热点，我们都可以写作新闻时评。写作的第一步是抓住关键事实。比如，前面我们提到的 2021 年 5 月的“倒奶事件”，其新闻事实有几点：其一，粉丝购买赞助商的牛奶，“只要瓶盖不要奶”“成箱成箱地倒奶”。其二，网友发文评论称：这种荒诞的追星方式，背后是商家和平台的诱导，商家和平台在倒奶事件中难辞其咎（这本身是已具备评论特点的新闻事实）。其三，因为网友的批评，商家和平台分别发文致歉。

抓住这几个新闻事实，我们继续深入追问下去：为什么会发生“只要瓶盖不要奶”“成箱成箱地倒奶”这样的事情？事件中各方到底在作什么“怪”？生活中还有没有类似的事情发生？

2. 选好评论角度

选择评论角度，就是“从哪儿下手”或“如何看待新闻事实”的问题，也就是对新闻事实进行价值判断。价值判断的过程，实际上就是提炼观点的过程。这件事情是好是坏？是否违背相关制度法规或公序良俗？这类事情的背后有什么合理和不合理的逻辑？为什么会出现这样的事情？如何杜绝（前面所举例子中的类似事件要杜绝，有的事件可以提倡或者鼓励）这类事情？这样，评论的主要观点就呼之欲出。

虽然以上每一点都可以进行评论，但需要强调的是，时评选题必须有自己独特的视角，不可人云亦云、盲目跟风，提炼的观点不能太平庸。在媒体竞争尤为激烈的今天，解决评论选题同质化问题，寻找媒体与受众的契合点已成为评论选题的新特点。

前面列举的 2021 年 5 月的“倒奶事件”发生后，人民网连发三篇新闻时评选择的角度，其一是批判大多数流量明星的后援会组织、催促粉丝花钱消费和粉丝疯狂地以“实际行动”支持偶像的行为。其二是批驳“饭圈集资”现象背后的商业逻辑，这种过度的商业逻辑违背了社会的公序良俗。其三是呼吁有关部门整治“饭圈集资”这类现象。其一和其二的观点有些重叠，但论述各有侧重。

3. 展开论证，解决“怎么写”的问题

俗语说“为人宜直，为文贵曲”。但新闻时评写作则贵直不贵曲。所谓“贵直”，是指观点直白、明确，论证上逻辑清晰，文章的结构层次分明，没必要绕圈子，是什么？为什么？怎么办？文章的三大部分最好一目了然。可用演绎法、归纳法、归谬法、类比法等多种方法展开论证。如下篇文章：

期待电价改革取得更大突破

今年3月3日，“继续深化电价改革”第一次写入政府工作报告，自此，期盼国家在电价改革上能有一个大的突破就成了上半年电力行业翘首以待的大事。

从8月3日国家发展改革委公布的能源资源产品价格改革进展情况来看，上半年国家主要在完善可再生能源发电价格政策、进行电力用户与发电企业直接交易工作、清理整顿优惠电价三个方面发力。尽管各项工作正在有序推进，并取得一定的进展，但电价改革的深水区——上网电价和销售电价的改革依然未见具体说法。参照当前电力行业面临的严重亏损局面，全面、快速推进电价改革已经迫不及待。

国家有关部门公布的数据显示，前5个月供电行业净亏损60.5亿元，去年同期为净盈利111.3亿元。有电网企业负责人曾表示：如不出台合理的电价政策，下半年将难以承受。而发电行业前5月则罕见地实现了利润251.9亿元的好成绩，以至于社会各界都惊呼“电力行业的好日子已经来到”。而实际上，根据中电投集团掌舵人陆启洲的分析，上半年出现的发电行业盈利，实际上是各大发电集团主业外的优势产业利润增加起到了主要作用，而作为主业的火电依然处于亏损状态。

作为电网企业亏损的主因，去年两次上调上网电价，将上游成本转移到电网企业，直接导致了去年年底电网企业“利润大幅下降”和今年前5月亏损60.5亿元。作为火电行业亏损的主因，电煤价格尽管已有所回落，但在去年年初价格的基础上上涨4%，火电行业依然难以承受。

种种因素，都需要国家尽快推动上网电价与销售电价改革，形成科学、市场化的定价体系，将资源的稀缺程度反映到终端产品的价格中，顺利将市场变化增加给电企的成本疏导出去。

完善上网电价，推行竞争上网。只有在上网环节引入竞争，实行上网电价的改革，才能推动销售电价以及输配电价的改革。推行竞争上网，既能将煤炭资源的状况体现到电价及电力用户的产品价格中来，也可以通过价格机制来控制资源的消耗量。上半年以来，在电监会的主导和大力推动下，大用户直购电试点工作已经启动，试点所采用的竞价上网模式，对深化上网电价改革具有重要的先行意义。

厘清销售电价，建立市场化定价体系。销售电价改革进展缓慢，其中一个最大的难点在于销售电价分类和结构太过复杂。越是纷繁复杂，越证明了改革的必要性。从国家发展改革委公布的下阶段电价改革重点来看，“抓紧研究下发销售电价分类结构的指导办法，减少交叉补贴”已经提到了日程，但也反映了一点，那就是目前的销售电价改革仅仅停留在厘清销售电价分类结构上。加快改革步伐，最终形成科学的、市场化的销售电价定价体系已经刻不容缓。

（《中国电力报》2009年8月4日，作者苏伟）

为文要“直”并不排除语言风格的“曲”：委婉一些，把自己想说的话说出来，而又要让人感觉到不过分。需要说明的是，杂文就与此不一样了，其观点的提出可以使用“曲笔”，有些杂文，我们看完全篇后才能明白作者要表达的观点是什么。

第十七章　杂文

第一节　闲话杂文

一、辞源梳理什么是杂文

第十二章第一节“新闻评论的起源”里面阐述过杂文这个问题，现在有必要继续探讨。

通过前面论述，我们知道古代杂文有两层含义：其一，杂文里的“杂”是驳杂的意思，即将各种杂七杂八的文章合在一起。其二，杂文不是某种单一文体的名称，而是若干种文体合在一起的总称。换句话说，单篇的文章，一般不称杂文，而在编辑文集时，把一些无类可归比较零星的文章归在一起，这些文章无法用单一的文体名称称呼它们，只好称为杂文，或杂著、杂说。从这个意义上说，杂文的外延很广。

与这个概念不同的是工具书的解释。

《现代汉语词典》的解释是：“杂文，现代散文的一种，不拘泥于某一种形式，偏重议论，也可以叙事。”①

《辞海》的解释是：“杂文，散文的一种，是随感式的杂体文章。一般以短小活泼、犀利为其特点。内容无所不包，格式丰富多样，有杂感、杂谈、短评、随笔、札记等。中国自战国以来诸子百家的著述中多有这类文章。”

① 《现代汉语词典》第6版，商务印书馆2012年版，第1617页。

工具书的解释都把它归结于散文的一种。那我们就从散文的分类来进行分析。“散文”这个名称是五四时期才有的。古代没有“散文”这一个名称。

在现代，散文也有广义和狭义之分。广义的散文包括了除去诗歌、小说、戏剧、影视文学之外的一切叙事性、议论性、抒情性的文体。这样，就有了抒情散文、叙事散文和议论散文等类别。而随着文体的发展，叙事散文中的记人记事、记风土人情、记工作状态的文章包括特写、传记文学、报告文学等，已经发展成为独立的文体——通讯了，议论性散文则有了专门的名称——议论文。狭义的散文专指抒情散文了。

现代杂文与散文或者说与议论文是什么关系呢?

根据工具书的解释：五四以后，经鲁迅等人努力，杂文成为一种直接而迅速地反映社会现实生活或表现作者思想观点的文艺性论文，它以思想性、论战性见长；艺术上言辞机警、行文情感饱满，常借助形象比喻来议论人或事，有强烈的震撼力。

也就是说，狭义的杂文是广义散文的一个分支中议论文的一个变体（或者说是议论文中的一种）。它萌芽于文学革命和思想革命，由鲁迅等人所开创、推动而发展成熟的一种文体。瞿秋白称之为“文艺性的论文”。它是直接而迅速地反映社会事件或社会倾向的一种文艺性论文。以短小、活泼、锋利为特点。内容广泛，形式多样。有关社会生活、文化动态以及政治事件的杂感、杂谈、杂论、随笔，都可归入这一类。它是形象性、情感性和逻辑性的完美结合，它有严密而生动的逻辑结构，善于辛辣而幽默的讽刺。我们本章后面所讲都围绕这个狭义的定义展开。

二、杂文的分类

杂文是新文化运动之后逐渐发展起来的，五四运动以后，许多革命家、思想家、文学家都写过优秀的杂文。那个时期的杂文是杂文典范。其中最杰出的当属鲁迅，他是开创一代杂文新风的大家。

进入当代之后，杂文得到进一步的发展，涌现了一批专门的杂文刊物。纸质媒体主要有河北日报报业集团主办的《杂文报》与《杂文月刊》，有吉林省新闻出版局主办的《杂文选刊》和共青团山西省委主办的《法制博览·经典杂文》等。网络媒体有红网的杂文版、人民网的观点版、中华杂文网（《杂文选刊》主办）、围城杂文网、平民杂文网、百姓杂文网、经典杂文吧等。值得一提的是，第三届（2001—2003）鲁迅文学奖就授给了杂文选集《一个人的经典》的作者鄢烈山。

如果将现当代的杂文进行分类，我们可以发现，杂文大致可以分为四类，其一是批评性杂文，其基调是揭露批判假丑恶的东西，批判和反对种种缺点和错误。鲁迅的很多杂文都可以归于这一类。又如2010年第二十一届中国新闻奖新闻评论二等奖作品《专家哪里去了》（《科技日报》2010年8月31日第5版，作者张显峰）也属于这一类。

其二是评议性杂文，其基调是对社会问题进行评价，发表意见。表面上看，这类杂文与新闻时评有些相似，但其实二者是有明显区别的，后面笔者会专门谈到这个问题。

其三是赞颂性杂文，其基调是称颂、褒扬、赞美先进的事物。比如，获得第十五届中国新闻奖新闻评论一等奖的杂文作品《感恩老兵》（《新民晚报》2004年7月8日，作者郭松民）。

其四是知识性杂文，其基调是传播和广大群众的日常生活有关的真理和知识。比如，《常怀敬畏之心》(http:// www.wenzhangba.com/renshengganwu/201610/101716.html，作者罗西）。

第二节　区分杂文与新闻时评

杂文与时评同属议论文范畴，但两者有显著不同

杂文最初主要以报刊为发表阵地，是随着现代报纸副刊的发展而发展起来的，也带有报刊新闻性的特点。在这点上，杂文与新闻时评相似。但仔细品味，杂文与新闻时评的区别还是很明显的。

1. 行文方式不同

新闻时评主要是根据新闻事实提出观点，促进现实问题的解决，以建设性为主。新闻时评价值在于提出的观点直接、独特、有创造性，论证上层层递进，以理服人，文风平易近人。杂文根据新闻事实提出的观点有建设性的，也有批评性的，但行文的方式与新闻时评有显著不同。

杂文之中的批评性杂文，以批判性为主，其基调是针砭时弊，揭露批判假丑恶的东西，批判和反对种种缺点和错误。在这个点上，杂文的批判性社会功能与时评的建设性功能就好像一块硬币的两面。

杂文的价值在于深刻、独特的思想。比如杂文家鄢烈山《社会环境不是个体免责的理由》(https://view.news.qq.com/a/20110216/000040.htm) 这篇文章，就严厉批评把人不当人待的烂污的“教育宾馆”、宾馆方接受采访的服务员以及旅行社受访的经理等人。文章思想深刻、独到。

杂文之中的评议性杂文，其基调是对社会问题进行评价，发表意见。在这一点上，它与新闻时评相似，但在行文方式上（指文章的开头、说理方式、布局谋篇与其笔法）却与新闻时评千差万别。新闻时评一般先概括事实，再提出观点，然后进行论证。而杂文很少这样做，以致有时候我们在文章结束的时候才明白作者想要表达的是什么意思。如下面这篇针对山西“黑窑事件”（黑砖窑老板利欲熏心，大量非法雇用童工，官商勾结的事件）撰写的杂文便是如此。

“黑窑事件”怎不见有人辞职

还要说什么呢？对于近来发生在山西黑砖窑里的一切，早在1854年7月4日的演讲中，道格拉斯先生便已经说完了：

“难道还要我说：像对待兽类一样对待人，剥夺他们的自由，逼迫他们劳动而不给付工资，让他们对与其交往的同类的关系一无所知，用棍棒殴打他们，用皮鞭抽打他们的肌肤，用烙铁烧灼他们的肢体，让警犬追咬他们，把他们廉价拍卖，离散他们的家庭，敲落他们的牙齿，烧焦他们的肉体，以饥饿驱使他们服从并降顺他们的主人，要我说所有这一切都是不道德的吗？难道非要我来辩论这样一个用血写出的、浸染着污秽物的体系是不道德的吗？

不！我不屑辩论。”（见道格拉斯《论奴隶制度》的演讲）

……

无人引咎。官员们究竟怎么了？莫非他们像熊猫一样被喂养惯了，害怕一旦不被喂养就再也找不着其他活路？就像不久前那只被放归野外的圈养大熊猫那样，在与野生大熊猫在领地和食物争夺中，从高处摔下去……

康有为说：“风俗之美，在养民之耻。”卡莱尔同样认为：“羞耻心是所有品德的源泉。”没有羞耻心，就没有良知；没有良知，如何能担当作为众人之事的政治？显而易见，羞耻心作为一种宝贵的精神资源，它既可以维系社会公德，又是规范权力、维护政治秩序的重要力量。正因为此，在许多国家，类似丑闻足以导致一场严重的政治危机与信用危机。然而在中国，事到如今，我们连个引咎辞职者的影子都找不到。中国官员常说与世界接轨，我想在如此强大的民意谴责之声中，在眼泪又一次洒遍互联网的昨夜与今天，有关官员的羞耻心是不是也该和国际接接轨了？

（原载南方新闻网，转引自 http://news.sina.com.cn/c/pl/2007-06-18/081213252577.shtml，作者熊培云）

这篇文章要评议的新闻事实很明确：山西“黑窑事件”；观点很鲜明：黑窑事件中，渎职官员应该在山西黑砖窑事件中承担更大的责任，应该有人辞职，或被问责。想一想，如果按照写新闻时评的方式，文章呈现的风格与杂文风格的本篇文章肯定有非常大的不同。

2. 杂文多用曲笔，有时很“散”

由于杂文担当了思想文化批判、政治批判和社会批判的角色，其议论有时很“散”，经常使用曲笔表述，有时很幽默，有时讽刺意味很重，“反话正说”或“正话反说”。幽默，是通过影射、讽喻、双关等修辞手法，在善意的微笑中，揭露生活中荒谬和不合情理之处。讽刺，是以含蓄的语言或夸张的手法，讥刺、嘲讽落后、黑暗的人或事。杂文笔法，就是以讽刺、幽默为主的笔法。

细细体会《牛奶不兑水　日本人傻到家》（http://comment.hebnews.cn/2011-12/22/content_2443401.htm，作者许家祥）这篇文章，我们可以很明显感受到这些特点。文章“正话反说”：日本人的“傻”不是“傻”，是真正的精明，反讽那些办事不守规矩，禁止吸烟的地方吸烟，不准扔垃圾的地方扔垃圾，图书馆、医院等地方不遵守公共秩序，排队时插队，十字路口闯红灯等等诸多不守规矩的国人才是真“傻”。

与此对比，新闻时评很少使用这种笔法。

3. 杂文兼有评论和文艺的双重特性

杂文是一种边缘形态的理论类文体，它兼有评论和文艺的双重特性。因为如此，杂文摆观点时，有时很明确，有时并不明确，并且摆观点有时放在结尾。杂文往往以文艺的笔法形象说理，寓理于形象之中。它是逻辑思维和形象思维相结合的结晶，或者说是抽象思维的内核披上了形象思维的外衣，议论与叙述、描写等交叉糅合成为一种形象化的议论。

如前面列举的《社会环境不是个体免责的理由》一文，虽然在标题中亮明了观点，但在整篇文章行文过程中，几乎快结束时才摆明了观点。为了突出其批判性和文艺性，议论与叙述、描写等交叉糅合在一起。

再如《谁教会了孩子写“撒谎作文”？》(http://comment.hebnews.cn/2012-01/11/content_2480533.htm，作者朱铁志)这篇文章，其观点模糊，其行文过程兼有评论和文艺的双重特性，但我们读之却能够获得很强的愉悦感。

而时评必须观点鲜明，并且在简单阐述新闻事实(评论由头)后立即亮明观点，然后进行论证，论证方法较少用文艺的笔法形象说理，而是通过概念、判断、推理这样明确的认知形式表达观点，在论证时，类比、归纳、演绎等方法综合运用。

第三节　如何写好杂文

一、选好杂文的由头

杂文的由头，有些是作者自己从现实生活中采集的有新闻价值和议论价值的事实或者作者的某些生活感悟，有些则是作者从报刊或其他资料中选取的有议论价值的信息，后者所占的比例往往更大。我们前面提到过的例子《社会环境不是个体免责的理由》，就是作者根据自己的旅行经历而写。而《牛奶不兑水 日本人傻到家》则是根据自己生活中的感悟而写。《谁教会了孩子写“撒谎作文”？》则是作者根据其他报纸刊登的社会调查报告而写。

二、取好具有杂文意味的题目

俗话说，题好一半文。任何一篇文章，都需要有一个好的标题。对于评论来说，更是如此。有人说“标题是评论的眼睛”，意思无非说，眼睛是传神的，评论的标题应该把读者的眼睛留住，让他非把文章读下去不可。对普通的新闻评论而言，可以使用比喻、拟人、对比、反问等多种修辞来引人注意。

杂文的题目要求则更进一步，要求有“杂文味”。“杂文味”听起来有些抽象，我们可以通过比较一些新闻时评与杂文的题目可以获得直观的印象。

我们以 2008 年部分获中国新闻奖评论奖的作品为例。《永恒的经典 历史的丰碑——写在北京第 29 届奥林匹克运动会闭幕前夕》(2008 年第十九届中国新闻奖报纸评论奖特别奖，新华社社评)《灾难中挺立伟大的中国》(2008 年第十九届中国新闻奖报纸评论奖一等奖，《人民日报》，作者任仲平)《以诽谤罪追究记者必须慎之又慎》(2008 年第十九届中国新闻奖报纸评论奖二等奖，《检察日报》，作者李国民)。这些是新闻时评的题目。

《“田”字新解》(2008 年第十九届中国新闻奖广播评论奖一等奖，山东人民广播电台)、《祸起三鹿奶粉》(2008 年第十九届中国新闻奖广播评论奖一等奖，甘肃广播总台)、《推荐鲁冠球的一封信》(2008 年第十九届中国新闻奖报纸评论奖二等奖，《浙江日报》，作者江坪)、《今天，让我们体悟生命的尊严》(2008 年第十九届中国新闻奖报纸评论奖二等奖，《河北日报》，作者李忠志)。这些是杂文的题目。

新闻时评的标题一般直接点明了观点，而杂文的标题则不一定，有些杂文，其观点要作者从内容中去寻找。取好“杂文味”的题目是写作的第一步。当然，有些新闻评论的标题像杂文标题，有些杂文的标题却像新闻评论的标题，这就要从行文的方式去区分了。

三、杂文的行文方式不拘一格

杂文的生动性、形象性重于议论的逻辑性，这并不是说议论的逻辑性不重要，而是杂文的重点不在此。杂文作者在发现问题、分析问题、认识问题时，和一般论说文作者是一样的，但在表述自己的见解时，就应当优先考虑杂文作为文学作品的特点，把生动性、形象性作为主要的考虑，力求把道理说得活泼有趣。

杂文作为议论文的一种类型，当然可以运用就事论理法，直接针对发生的事情进行分析，发表意见。但是，为了把道理说得活泼有趣，体现杂文生动性、形象性的特点，大多数时候却是运用其他的方法或者说运用曲笔。比如由此及彼法：由一件事或一个问题，联想到另一件事或另一个问题，通过两件事或两个问题的联系、比较或对照，来说明一定的道理。又比如引申扩展法：把现实中存在而未引起人们充分注意的社会问题，加以引申、扩展，甚至夸大，以使该问题的严重性充分暴露出来，从而引起大家的关注。再比如漫画写真法：把现实生活中可笑的人或事，用漫画的笔法勾勒出来，使讽刺对象可笑的面目暴露得更清晰。

如果说，新闻时评还有一定的套路可以遵循，那么杂文则没有什么套路。所谓文无定法是也。只要我们多读、多想、多写，自然会驾轻就熟。

延伸阅读

《一个人的经典》(鄢烈山著，长江文艺出版社 2003 年 1 月版。该杂文集获第三届鲁迅文学奖)。

第十八章　评论员文章和社论

第一节　评论员文章特点及写作

一、何为评论员文章

评论员文章是以本报（本刊、本台等）评论员或（本刊、本台等）特约评论员名义发表的重要评论文章。评论员文章有时直接冠以作者的名字，这时，虽然从形式上文章的观点是评论员个人的观点，不代表编辑部意见，但从这种文章能够经过把关人传播出来与受众见面来分析，很显然，编辑部是同意这种意见的。评论员文章有时笼统地冠以本报（本刊、本台等）评论员，不署作者个人名字。这种情况更是毫无疑问，文章代表了编辑部的立场、观点和态度。

评论员文章是除社论之外最重头的评论，具有重要的导向和喉舌的作用。比起新闻时评来，评论员文章的选题一般都比较宏观，其评论的由头一般为较重大的新闻事件和社会现象，有时大到涉及一个行业甚至一个国家的政策方针路线。在这个时候，它的选题与社论没有严格的界限，必要时可升格为社论。而它们之间主要的区别是：社论一般较为全面地论述某一重大问题和决策，文风必须严肃、持重；而评论员文章通常不去全面地论述某一重大问题和决策，而是就一个侧面和问题的一个方面去论述，文风可以轻松活泼。

1978 年 5 月 11 日，《光明日报》发表的本报特约评论员文章《实践是检验真理的唯一标准》，由此引发了一场关于真理标准问题的大讨论。

文章指出，检验真理的标准只能是社会实践，理论与实践的统一是马克思主义的一个最基本的原则，任何理论都要不断接受实践的检验。这是从根本理论上对“两个凡是”的否定。

这场讨论冲破了“两个凡是”的严重束缚，推动了全国性的马克思主义思想解放运动，是中国共产党第十一届中央委员会第三次全体会议实现新中国成立以来中国共产党历史上具有深远意义的伟大转折的思想先导，为中国共产党重新确立马克思主义思想路线、政治路线和组织路线，做了重要的理论准备。

二、什么情况适合发评论员文章

以下几种情况可以发评论员文章。

1. 传递方针、路线、政策，及时地指出一个时期中心工作或侧重点

这样的例子很多，比如，2018 年 9 月，中央全面深化改革委员会第四次会议审议通过《关于建立更加有效的区域协调发展新机制的意见》，有力指引了中部地区的发展。2019 年 5 月 23 日《人民日报》便发表了评论员文章《推动中部崛起再上新台阶》。

两年之后，《人民日报》再次发表了评论员文章《开创中部地区崛起新局面》（《人民日报》2021 年 7 月 23 日第 1 版）。

2. 对某一行业或领域或实际工作中的某一方面的问题进行指导和评价，这种评价带有方针政策的性质

比如 2008 年，在举国上下隆重纪念改革开放 30 周年，全党深入学习实践科学发展观活动的重要时刻，中国电力改革开放 30 年座谈会隆重召开。作为电力行业的唯一一家报纸，《中国电力报》发表了评论员文章《改革开放三十年 电力工业大跨越》，全面总结了电力工业 30 年改革发展成就，对电力工业和电力行业发展现状进行评价，旨在继续推动电力工业又好又快发展，文章便属于这种类型。

改革开放三十年　电力工业大跨越

本报评论员

改革开放的30年是中国电力工业不断探索，不断前进的30年。30年间，中国电力人创造了人类电力发展史上的奇迹，实现了一个民族发展的历史跨越。在举国上下隆重纪念改革开放30周年，全党深入学习实践科学发展观活动的重要时刻，中国电力改革开放30年座谈会隆重召开，座谈会全面总结了电力工业30年改革发展成就，旨在继续推动电力工业又好又快发展。

30年，中国电力工业取得的成绩有目共睹。电力工业作为国民经济重要的基础产业，从改革开放之初的1978年发电装机仅有5712万千瓦，发展成为目前装机突破7亿千瓦，到今年年底有望达到8亿千瓦。35千伏及以上输电线路超过了110万千米，发电装机容量和年发电量连续13年居世界第二位。

30年，我国电力结构不断优化，电力工业装备和技术水平已跻身世界大国行列。改革开放初期，中国只有为数不多的20万千瓦火电机组。目前，30万千瓦、60万千瓦及以上大型发电机组已成为电网的主力机组，并逐步向世界最先进水平的百万千瓦级超超临界机组发展。2008年9月底，全国已有10台百万千瓦超超临界机组投运。大机组的广泛应用使我国火电的发电效率大大提高。

30年，我国电网技术等级不断提高，全国大部分地区已形成了500千伏为主（西北地区为330千伏）的电网主网架。除西藏、新疆、海南及台湾外，全国六大区域电网已实现了互联，全国电网基本形成，跨区跨省送电稳步增长。750千伏输变电线路投入运行、±800千伏特高压直流输电工程和1000千伏特高压试验示范工程开工建设，我国已进入更高等级输电发展阶段。

30年，我国电力装备制造业也取得长足进步。超超临界机组技术应用达到国际先进水平；大型空冷发电机组的开发应用居国际领先地位，并成为世界上大型循环流化床锅炉应用最多的国家；以三峡工程为代表的大型水电机组的制造能力和水平迅速提升，水电站控制自动化水平、大坝建设等重大技术取得重要突破，已达到世界先进水平。在核电等其他领域也同样取得了突破。

电力工业实现大跨越，改革开放无疑是最重要的推动力。30年来，电力行业以改革促发展，不断加快电力建设步伐，加大结构调整力度，加强企业经营管理，转变电力发展方式，才实现了电力供应的历史性跨越。可以说，每一步改革都是一次生产力的解放，都激发了行业的活力。

遥想改革开放之初，电力"瓶颈"及此前全国大面积缺电的状况困扰着国人。为了消除长期制约国民经济发展的瓶颈问题，我们开始了体制上的改革，同时利用外资，开展国际合作，打破了独家投资办电的格局，调动了中央、地区以及外资等多方面的积极性，促进了电力投资主体多元化，有力地推动了电力工业的快速发展，很快在全国范围内实现了电力供需的基本平衡。

随着改革开放的不断深入，按照公司化原则、商业化运营、法制化管理的改革思路，电力行业逐步实现了政企分开，颁布实施了《电力法》，确立了电力企业的法人主体地位。

随着社会主义市场经济体制的不断建立发展，2002年，按照国务院5号文件，电力行业实施厂网分开，组建了两家电网公司、五家发电集团公司和四家辅业集团公司，出台了电价改革方案和相应的改革措施，改进了电力项目投资审批制度。设立了电力监管机构，出台了《电力监管条例》和相关配套政策，进一步强调了行业协会的自律、协调、监督、服务职能，初步形成了政府宏观调控，监管机构依法监管，企业依法自主经营，行业协会自律管理和服务的电力体制格局。电力行业迎来了又一次快速发展的新机遇。

30年弹指一挥间，是改革开放使中国电力工业在规模上、技术上均跨入世界电力的先进行列。当前，中国电力工业要全面落实科学发展观，就要继续坚持改革开放，加大结构调整力度、促进节能减排，使电力工业在又好又快的发展轨道上继续前进！

（《中国电力报》2008年11月17日第1版，实际执笔苏伟）

3. 站在较大的高度，提倡或反对某些现象、正反典型

对某些重大问题，单篇文章讲不透的，可以分解成若干个方面、多个角度进行论述，成一个系列。

2016 年 2 月，中共中央办公厅印发了《关于在全体党员中开展“学党章党规、学系列讲话，做合格党员”学习教育方案》，并发出通知，要求各地区各部门认真贯彻执行。通知指出，开展“学党章党规、学系列讲话，做合格党员”学习教育（以下简称“两学一做”学习教育），是面向全体党员深化党内教育的重要实践，是推动党内教育从“关键少数”向广大党员拓展、从集中性教育向经常性教育延伸的重要举措。通知要求，各地区各部门各单位党委（党组）要根据方案要求，结合实际制订具体实施方案。开展“两学一做”学习教育的情况，要及时报告党中央。

通知发出后几个月后，总书记在庆祝中国共产党成立 95 周年大会上的重要讲话，激荡起“两学一做”学习教育的新热潮。在这种形势下，《人民日报》连续发表了三篇评论员文章：《把学习“七一”讲话精神引向深入——一论深化“两学一做”学习教育》（《人民日报》2016 年 8 月 19 日第 1 版）、《把解决问题贯穿始终——二论深化“两学一做”学习教育》（《人民日报》2016 年 8 月 22 日 第 1 版）、《把党支部主体作用发挥好——三论深化“两学一做”学习教育》（《人民日报》2016 年 8 月 24 日第 1 版），从不同的侧面对“两学一做”学习教育活动进行了分析论述和评价。

第二节　社论写作

一、社论的定义

社论，我国第一部新闻学专著《新闻学》（徐宝璜著，1919 年出版）中对此有专门论述。在这部专著里，徐宝璜在第九章《新闻纸之社论》中说：“新闻纸之‘社论’，乃其正当发表对于时事之意见以代表舆论之地也。此栏与新闻栏，应来分界线，前者发表意见，后者专登新闻。若混而为一，则流弊甚多。”[①]根据其后的分析细琢磨其意，他这里所说的“社论”大概指的是各种新闻评论。

《现代汉语词典》对社论的解释是“报纸或杂志社在自己的报纸或杂志上，以本社名义发表的评论当前重大问题的文章，旧称为社评”[②]。这个定义有两点值得注意，其一是“重大问题”，其二是“以本社名义发表”。笔者认为，这个定义准确地道出了社论内涵和外延。

甘惜分主编的《新闻学大辞典》对此定义做了补充：“（社论）集中反映并传播一定政党、社会政治集团或社会群众团体对当前重大事件和迫切问题的立场、观点、主张。”中国人民大学出版社出版的教材《新闻评论》把社论与本台评论相提并论，认为“这是报纸、电台、电视台的最高规格的评论，通常用来论述重大的、全局性的新闻事件和问题”。[③] 作者对“重大的、全局性的”解释是，这需要综合考虑各种因素的判断。

二、社论是最为重要的新闻评论和舆论工具，其权威性不容置疑

对于社论的重要性，丁法章在《当代新闻评论教程》一书这样说：“社论是代表报社、刊物或通讯社编辑部（政党机关报代表同级党委）就当前国内外重大事件、事变或问题表明立场的指导性言论。社论是报纸的旗帜和灵魂，是新闻评论中最重要的体裁，它以科学的世界观和方法论为指导，针对当前社会生活中的重大问题，围绕党的工作重心，及时阐明党的路线、方针、政策，提出解决问题的指导思想和措施，指出今后的任务和奋斗的方向，从而统一干部群众的思想和行动，推动各项工作的开展。”[④]

除了代表编辑部发言（代表同级党委的立场、态度和意见），评论的事情（针对当前的重大事件、重大典型、重大问题或重大节日和纪念活动）特别重

① 徐宝璜：《新闻学》，中国人民大学出版社 1994 年版，第 80 页。

② 《现代汉语词典》第 6 版，商务印书馆 2012 年版，第 1148 页。

③ 李舒：《新闻评论》，中国人民大学出版社 2013 年版，110 页。

④ 丁法章：《当代新闻评论教程》，复旦大学出版社 2020 年版，第 265 页。

要外，社论的权威性，还体现在以下两个方面：

其一，在传播渠道方面进行强势处理。如：各报对社论进行编排时，方法诸如加框、变换字体、变大字号、排列在最显要的版面上等。另外，像《人民日报》等大报发表的社论经常被各级报纸或各种新闻媒介进行转载，被广播电台或电视台统一联播。而对读者而言，一看到这是社论，就知道是非常重要的文章。

其二，党的领导干部有亲自写作并审阅党报社论的传统。这一点在我国党和国家第一代领导人毛泽东身上表现最为明显。毛泽东在各个时期都写过大量的社论，他还经常审阅社论。1952 年 1 月 1 日晚，中央人民政府在中南海怀仁堂举行团拜会，中央党政军各部委领导、各民主党派和人民团体负责人、文化科教界人士等近 500 人出席。毛泽东在团拜会开始时发表元旦祝词，其中有一段最令人振奋而又让不少人感到压力巨大的祝词是："我还要祝我们在新开辟的一条战线上的胜利，这就是号召我国全体人民和一切工作人员一致起来，大张旗鼓地、雷厉风行地开展一个大规模的反对贪污、反对浪费、反对官僚主义的斗争，将这些旧社会遗留下来的污毒洗干净！"1952 年 1 月 3 日，《人民日报》在第 1 版显著位置发表毛泽东的元旦祝词（1952 年 1 月 2 日《人民日报》休刊），其精心编排的消息《中央人民政府举行元旦团拜　毛泽东主席致祝词 号召大张旗鼓地开展反对贪污、反对浪费、反对官僚主义斗争》非常醒目。第二天，《人民日报》发表一篇重要社论：《在反贪污、反浪费、反官僚主义的伟大斗争中，发动群众的关键何在？》。这篇文章就是毛泽东同志亲自审阅过的[①]。

三、社论与评论员文章的界限具有一定的模糊性

前面我们讲解过评论员文章，评论员文章是除社论之外最重头的评论，具有重要的导向和喉舌的作用。由此可以看出评论员文章和社论之间的界限具有一定的模糊性，就某一重要事件发表评论，不同的媒体有不同的处理方

① 《毛泽东新闻工作文选》，新华出版社 1983 年版，第 425 页。

式，有的媒体可能以评论员文章的形式配发评论，而另外的媒体则可能配发社论。

2008 年 1 月初，国家发展改革委和国家信息产业部发布了将召开手机国内漫游费听证会的消息。北京市消费者协会明确表示：手机国内漫游费应该取消，并建议通过电视台、电台全程公开直播听证会，使之真正公开、公正、透明。手机国内漫游费这是关系民生的大问题，其重要性不容置疑。而就这一事件，同为市场化报纸的《新京报》和《北京青年报》就采取了不同的处理方式配发评论。《新京报》配发的是社论：

希望全程直播成为听证会惯例

针对国家发改委和国家信息产业部将召开手机国内漫游费听证会一事，昨天，北京市消费者协会明确表示：手机国内漫游费应该取消，并建议通过电视、电台全程公开直播听证会，使之真正公开、公正、透明。

手机国内漫游费的改革关涉广大消费者的切身权益，理应让众人看得明明白白，充分参与决策，因此北京市消协道出了民众的心声。

……

听证“全程直播”对于公众也是一种很好的启蒙和教育。听证会实质上属于民主决策机制的一环，它提供的是陈述、辩论和举证的论坛，这一论坛无疑是民主训练和公民教育的生动课堂。并且，由于我们目前的听证制度较之国外还很粗糙，而“全程直播”将使得民众看清现行听证制度所存在的弊端，激发民智，推动听证制度的完善，使之更公正、更规范、更有效率。

有透明政治才会有清明政治，因此不管是各种听证会、还是各种会议等，只要无关机密，都应向公众公开。因此，我们期待手机国内漫游费听证会“全程直播”的呼吁能够实现，同时也希望“全程直播”能写入听证制度的基本规范，让直播听证会不再成为新闻。

（《新京报》2008 年 1 月 7 日）

《北京青年报》则配发了署名的评论员文章：

为什么不召开“取消漫游费”听证会

本报评论员　潘洪其

不少人都领教过保险推销员惯用的一种小技巧——为了诱使你与他见面，让他有进一步说服你的机会，他会在电话中问你：“我去您单位和您面谈吧，您是明天有时间，还是后天有时间？”如果你戒备心不强，很容易一下子就掉进他设下的“圈套”，同意明天或后天在单位恭候他。

这种推销小技巧的奥秘在于，推销员事先给你设置了“同意面谈”的议题，围绕这个议题，再为你设定了“明天有时间”和“后天有时间”两个选项，无论你选择哪个选项，都让他达到了与你面谈的目的，所不同的只是时间上的差别。破解这种小技巧的办法也很简单，就是跳出他为你所设置议题和设定选项的限制，把主动权掌握在自己手里，让自己在“同意他来面谈”和“不同意他来面谈”之间做出选择，避免受到他的误导。

这几年来，随着人们对有关推销业务了解的增多，上述小技巧似乎越来越难以奏效了。

……

从这个意义上说，这次漫游费听证会应当汲取以往的经验教训，尽可能全面考虑到社会各方面的意见，切实维护好听证会的程序正义和实体声誉，最终推动手机漫游费问题得到妥善周到的解决。

（《北京青年报》2008年1月12日）

比较一下两篇文章，我们会发现一些有意义的区别。前一篇是社论，由于社论代表了媒体编辑部的意见，表达的是对当前时事和重大问题（听证会）的解释、评判及主张（本文主张全程直播听证会），其文风庄重、严肃一些。后一篇是署名评论员文章，也代表了媒体编辑部的意见，比起社论来，则活泼一些。尤其是开头，甚至有杂文的风格。

四、社论类型

权威的教科书大都没有对社论进行明确分类。比如，丁法章的《当代新闻评论教程》就没有对之进行明确分类，不过，丁法章对社论的任务有如下表述：①直接地、理论联系实际地阐述当前形势和党的方针、政策，及时传达党的指示精神，部署工作，提出任务。②对国内外重大政治事件和社会生活中具有代表性与方向性的事物加以评述，表明编辑部对此的认识与态度，帮助受众认清这类事物和现象的实质，有时并阐明对我们当前工作的意义和影响。③以重大节目和纪念日为依托，就全局问题发表议论，分析形势，提出任务，或为重大外事活动发表礼节性评论。[①]

也有人将社论分为：阐述型社论、启迪型社论、评介型社论、论辩型社论、礼仪和纪念型社论五类。

按这种分类及其对相应任务的解释，完全可以与丁法章归纳的三个任务进行合并同类项。按其特性及任务划分，可分为立论型社论、驳论型社论、说明型社论三类。

立论型社论包括阐述型社论、启迪型社论、评介型社论。这种社论，要么在理论与实践的结合上阐述党的纲领、路线、任务、奋斗目标，阐述党委和政府新近制定的重要决策、决定、政策、方针和政令的实质、依据和意义，以帮助各级干部和人民群众正确领会其政治意义和精神实质，要么阐述编辑部对某些重大事件所持的具体态度及其原因。要么对有典型意义或重要意义的新闻性人物和事件进行旗帜鲜明的褒贬、评价。

驳论型社论主要是揭露和批驳来自国内外的各种敌对言行、反动思潮和腐朽思想的一种战斗性较强、规格较高的重要言论。

说明型社论主要是指有关评述重要节日、纪念日、活动日、国耻日以及外交建交、签约、各国领导人来访和我国领导人出访等送往迎来外交礼节性活动的社论。

① 丁法章：《当代新闻评论教程》，复旦大学出版社 2020 年版，第 266～267 页。

五、社论的写作

1. 抓好选题

有全国关注度的新闻、中央部委的政策意见、重大外事活动等都是社论选题的重点。对地方报刊、地方广播电台及电视台来说，当地党委及政府的重要议题等都是选题的重点。2006 年 2 月 21 日，《国务院关于修改〈价格违法行为行政处罚规定〉的决定》公布，其中有一条：商家相互串通，操纵市场价格最高可罚 100 万元。继发布《国务院关于修改〈价格违法行为行政处罚规定〉的决定》后，国务院又于 2008 年 1 月 14 日召开了全国保障市场供应、加强价格监管电视电话会议。这次会议，无疑是全国关注的重大事件。2008 年 1 月 15 日，《新京报》就这一事件发表了社论：《百万罚款释放遏制涨价冲动的信号》。无独有偶，同为都市报的《南方都市报》也在同一天就此发表了社论《抑制物价上涨不能只盯着价格》。

另外，一些重要节日、纪念日、活动日、国耻日也可以是社论的选题由头。如 2008 年是我国改革开放 30 周年，《新京报》在 2008 年 1 月 2 日发表了《改革“三十而立”现代化之路尚远》的社论，而同为都市报的《南方都市报》也在 2008 年 1 月 3 日发表了《30 年纪念：为了更改革更开放》的社论。

2. 开个好头

社论的开头通过提出问题、引用某种观点或者阐述本文的中心思想等方式来吸引读者的注意力。开头应当包括了人物、时间、地点、原因、经过、结果等基本信息，保证读者对即将阐述的主题有一个基本的了解。

比如，社论《铸就百年辉煌　书写千秋伟业——热烈庆祝中国共产党成立一百周年》（《人民日报》2021 年 7 月 1 日）的开头：“一世纪风雨兼程，九万里风鹏正举。在全面建设社会主义现代化国家新征程顺利开启的重要时刻，我们迎来了中国共产党百年华诞。站在这个重大历史节点上，回望过往的奋斗路，眺望前方的奋进路，我们心潮澎湃，豪情满怀！”

3. 充分论证

要求论证时把道理说得既深刻又透彻，让读者心悦诚服。

对于立论型社论，要具体阐述编辑部对某些事件或话题所持的具体态度及原因。对于驳论型社论，批判、驳斥的同时，要致力于提供一个更好的解决方案，要让读者看到，存在一种更全面，或更有新意地分析解决问题的角度和方式。

对于说明型社论，或是将关注点放在解决方案而非现存问题上，或是表明支持、表彰做出杰出成就的个人或者表明政府的态度。

4. 文风朴实而生动活泼，文章短而精

社论是代表党委的带有指导性的声音，绝对不允许进行无休止的讨论和辩论；社论因为是集体智慧的结晶，是带有权威性的坚守党性原则的评论文章，因此不允许任意发挥个人意见。这两个特点决定了社论的文风朴实为主。但朴实并不意味语言单调，并不意味着总是板起面孔说教。一篇好的社论，在文风上也应是生动的、活泼的。

社论由于题材和内容的需要，经常写得比较长。看看《人民日报》历史上发表的社论文章，超过 2000 字的社论很多。在新媒体时代，努力把社论写得短小精悍一些，应该是努力的方向。如何把文章写得短而精，业界有很多经验，如打破惯用程式，不搞“穿靴戴帽”。在分析上直接切中肯綮，用简洁明快的笔法进行论证等。